不適切会計対応の実務

予防・発見・事後対応

長島・大野・常松法律事務所
有限責任 あずさ監査法人
KPMG税理士法人【編】

商事法務

はじめに

　近年、大規模な粉飾決算を含め不適切会計の発覚により、過年度決算の訂正を行う事例が多数発生している。有価証券報告書の訂正報告書が、年間 200 件を超えるペースで提出されており、軽微な文言の訂正や注記事項の訂正等を除く過年度の損益を訂正する事案に限定しても年間 30 件程度の頻度で発生している。このなかには、2015 年において発覚した資本市場全体の信頼性を揺るがすような大規模な不祥事事案も含まれている。

　上場会社は、株主、投資家、債権者、取引先、従業員等多数の利害関係者を持つことから、不適切会計が発覚した場合、事後対応に膨大な時間とコストが発生するのみならず、株価の下落をはじめ、国内外においてさまざまな負の影響が発生することになる。場合によっては、行政当局による課徴金等の行政処分、会社・役員等に対する刑事罰、金融商品取引所による上場廃止等を含む重い処分を受ける可能性もある。また、不適切会計自体が及ぼす影響だけではなく、発覚後の対応を誤り、情報開示やその後の改善対応が不十分と受け取られた場合、株価にさらに悪影響を及ぼすとともに、厳しい責任追及が行われ、経営陣の更迭、退陣等につながるケースも散見される。

　これらのリスクを軽減するためには、内部統制の強化等を含む不適切会計の防止体制の構築が必要である。一方で、グローバルで多角的に事業展開している上場会社において、不適切会計のリスクを完全になくすことは現実的には困難であり、不適切会計の防止のための体制のみならず、内部監査等の強化等、不適切会計を早期に発見することにより、不適切会計の影響の拡大を抑止する体制の整備が重要となる。そして、図らずも不適切会計が発生してしまった場合においては、適時適切に対応することにより、企業価値の毀損を最小限に食い止めることが重要となる。

本書においては、不適切会計への対応を考える際に重要となる、上記の不適切会計の防止、発見、対応の実務における勘所を、法務、会計・監査、税務の専門家が大きく3つのパートに分けて解説している。

　まず、第1部では、有価証券報告書の訂正報告書の提出事例に着目し、定量的な分析を行うとともに、公表されている調査報告書等の事例から見る不適切会計の原因分析・内部統制上の弱点・徴候を分析するとともに、不適切会計の防止・発見のための内部統制の構築と内部監査の役割についてまとめている。

　次に第2部では、図らずも不適切会計が発生してしまった場合に、企業価値の毀損を最小限にとどめるための初動対応から実際の調査の方法、適時開示・マスコミへの対応方法等、過年度決算を訂正する場合の法律上の論点、関係者の処分および民事・刑事上の責任、行政上および金融商品取引所による処分等について、法的観点から解説している。

　そして、第3部では、不適切会計の判明により過年度決算を訂正する場合の実務対応について、上場会社における内部統制評価制度に与える影響を含め会計上および税務上の観点から解説している。

　最後に、第1部における事例分析から導き出された不正の徴候発見のための内部統制チェックポイントを巻末に添付している。こちらも参照いただきたい。

2017年11月

著者一同

目 次

第1部 事例からひも解く不適切会計の原因分析と防止・発見のポイント

第1章 過年度決算訂正の事例分析 …………………………………… 2

第1節 過年度決算訂正の年度別発生件数と損益影響額　3
第2節 上場区分、会社規模別発生件数　7
第3節 過年度損益訂正の発生原因別分析　9
　1 訂正内容別分析　9
　　(1) 会計上の見積り　11
　　(2) 売上高の過大計上　11
　2 関与者別分析　11
第4節 過年度損益訂正の発生拠点別分析　14
　1 発生拠点分析――連結グループ会社分析　14
　2 発生拠点分析――地域別分析　14
　3 発生拠点分析――セグメント分析　15
第5節 過年度損益訂正と業績予想　17
第6節 過年度損益訂正と会社法計算書類　18
第7節 内部統制報告書の訂正　20
第8節 過年度損益訂正の訂正年数および適時開示から訂正報告書提出までの期間　23
第9節 過年度損益訂正と監査人および監査意見　25
第10節 過年度損益訂正による上場廃止　27

第2章 過去事例から見る原因分析・内部統制上の弱点・徴候 …… 28

第1節 過去事例から見る内部統制上の問題点の分析　28
　1 統制環境　29

(1) 企業風土 29
   (2) 厳しい業績管理 30
   (3) 自己正当化 31
   (4) 制度の不備・機能不全 31
   (5) 不十分な職務分掌 33
   (6) 不十分な人事ローテーション 33
  2 業務プロセス 33
   (1) 形式的な統制行為 33
   (2) ITシステムの過信 34
   (3) グループ・ガバナンスの欠如 35
 第2節 不適切会計の根本原因 36
  1 動機・プレッシャー 38
  2 機会 39
  3 姿勢・正当化 40
 第3節 公表データ等から読み取れる徴候分析 43
  1 同業他社との業績動向の違い 43
  2 市場環境との違い 44
  3 株価推移との違い 45
  4 業績予想と実績値の相違 46
  5 勘定残高・財務比率の趨勢 47
 コラム　グループ会社の内部統制システム 49

第3章　不適切会計の防止・発見のための内部統制の構築と内部監査の役割 …… 51

 第1節　内部統制の基本的要素 51
 第2節　不適切会計の防止・発見のための内部統制構築における留意点 56
  1 統制環境 57
   (1) 誠実性および倫理観、経営者の意向および姿勢 57

(2)　経営方針および経営戦略　59

　　　(3)　取締役会および監査役または監査委員会の有する機能　60

　　　(4)　組織構造および慣行　61

　　　(5)　権限および職責　63

　　　(6)　人的資源に対する方針と管理　63

　　2　リスクの評価と対応　66

　　3　統制活動　68

　　4　情報と伝達　69

　　　(1)　情報の伝達　69

　　　(2)　内部通報制度・外部通報制度　70

　　5　業務プロセス　72

　　　(1)　権限と職責の分離　72

　　　(2)　新規事業に対する内部統制　73

　　　(3)　ITを利用した統制　75

　　　(4)　子会社の買収における統制　76

第3節　不適切会計の防止・発見のための内部監査　80

　　1　内部監査の役割　80

　　2　内部監査における不正リスクへの対応　82

　　3　対象範囲　83

　　4　対象拠点の選定　84

　　5　内部監査の実施方法　85

　　6　適切な人材の確保　86

　　7　監査役等および監査人との連携　86

　　8　内部監査の有効性および効率性の持続的な監視　87

第4節　不適切会計の防止・発見のための着眼点　89

　　1　趨勢分析　89

　　2　他部門・他事業との比較　90

　　3　ITを活用した分析　90

　　4　不正の行われやすい勘定科目　91

(1) 棚卸資産　92

　　(2) 原価の付替え　93

　　(3) 原価計算　93

　　(4) その他　93

　5　会計上の見積りに関する事項　94

　コラム　M&Aとデューデリジェンス　95

第2部　不適切会計への実務対応

第1章　初動対応　98

第1節　発覚の端緒　98

　1　不適切会計の徴候を認識する必要性　98

　2　代表的な発覚の端緒　99

第2節　初動対応　100

　1　初動対応の重要性　100

　2　体制の構築と情報の集約　101

　3　対応方針の検討　102

　4　証拠保全　103

　　(1) 関連資料・電子データの保全　103

　　(2) 供述の保全　103

　　(3) 自宅待機命令　104

　5　情報管理　104

　　(1) 情報管理の重要性　104

　　(2) インサイダー取引規制　105

第3節　監査人との関係　107

　1　監査人との協議　107

　2　監査人が交代している場合の対応　107

第 2 章　調査 …………………………………………………… 109

第 1 節　調査体制の決定　109

1　調査体制決定の判断要素　109

2　外部専門家が関与する調査体制の特徴　111

(1)　会社関係者と外部専門家が協働する形態　111

(2)　調査の実施を外部専門家に委託する形態　112

第 2 節　調査の実施　114

1　調査のあり方　114

(1)　調査の目的　114

(2)　調査の対象　114

(3)　調査の期間　116

2　調査の方法　116

(1)　資料・証拠の収集および検証　116

(2)　フォレンジック・テクノロジーの活用　117

(3)　ヒアリング　118

コラム　弁護士依頼者間秘匿特権　119

3　調査の根拠と限界　120

(1)　従業員等の調査協力義務　120

(2)　責任減免　121

(3)　子会社に対する調査　122

(4)　第三者に対する調査　122

第 3 節　調査報告　124

1　調査報告書　124

2　調査結果の公表　125

第 3 章　適時開示・マスコミ・捜査機関等対応 ……………… 127

第 1 節　適時開示対応　127

1　適時開示の要否　127

(1)　過年度決算訂正・業績予想修正の適時開示　127

(2)　投資者の投資判断への影響等　128
　2　適時開示のタイミングとその内容　129
　　(1)　過年度決算訂正の開示　129
　　(2)　初回開示のタイミング　130
　　(3)　証券取引所への事前相談　131

第2節　広報対応　132
　1　広報対応の重要性　132
　2　広報内容の管理　132

第3節　捜査・調査機関対応　134
　1　捜査・調査対応の重要性　134
　　コラム　日本版司法取引の導入　134
　2　当局に対する自主申告　136
　3　当局による捜査・調査開始による発覚　137
　　(1)　嫌疑事実等の特定等　137
　　(2)　内部調査実施上の注意点　137
　　(3)　捜査・調査協力の重要性等　138
　　(4)　被疑事実不存在と判断する場合の対応　139
　4　後の民事訴訟を意識した対応　139

第4章　過年度決算訂正の法的取扱い　141

第1節　「財務諸表の訂正」と「修正再表示」　141

第2節　会社法上の各種書類の訂正　143
　1　会社法上の計算関係書類等の作成の手続　143
　2　計算書類の確定手続　145
　　(1)　会計監査人設置会社の場合における決算の確定　145
　　(2)　会計監査人設置会社以外の会社の場合　146
　3　計算書類等に誤りがあった場合の対応　147
　　(1)　確定済みの計算書類に誤りがあった場合の対応　147
　　(2)　計算書類確定後、定時株主総会報告前に誤りが判明した場合　150

4　連結計算書類に誤りがあった場合　151
　第3節　株主総会の対応　152
　　　1　過年度の計算書類を訂正した場合の株主総会での承認・報告の要否　152
　　　2　計算書類の作成が定時株主総会の招集通知の発送時期までに間に合わない場合　152
　　　　(1)　定時株主総会の開催を延期する方法　152
　　　　(2)　継続会を開催する方法　153
　　　　(3)　臨時株主総会を開催する方法　157
　第4節　有価証券報告書の訂正　159
　　　1　過年度の財務諸表に誤りがあった場合の対応　159
　　　2　有価証券報告書等の訂正の方法　160
　　　　(1)　自発的訂正　160
　　　　(2)　訂正命令　161
　　　3　有価証券報告書を訂正する際の留意点　161
　　　　(1)　直近事業年度に係る有価証券報告書等の提出期限の延長　161
　　　　(2)　過年度の有価証券報告書等を訂正する期間　163
　　　　(3)　訂正した財務諸表等に対する監査人による監査報告書の要否　164
　　　　(4)　内部統制報告書の訂正　165
　　　　(5)　訂正の公告　165
　第5節　決算短信等の訂正　167
　　　1　過年度の決算短信等に誤りがあった場合の対応　167
　　　2　決算短信等を訂正する際の留意事項　167
　　　　(1)　決算短信等以外の適時開示事由　167
　　　　(2)　決算短信等が適時に開示できない場合の対応　168

第5章　会計不祥事関係者の処分　169
　第1節　不祥事関係者処分の必要性　169
　第2節　不祥事に直接関与した者の処分　170

1 懲戒処分　170
　(1) 懲戒処分の根拠規定の存在　170
　(2) 懲戒処分の相当性　171
　(3) 懲戒処分の選択　172
　(4) 懲戒処分に要する手続　174
　(5) 懲戒解雇等が予想される従業員への対応　175
　(6) 退職金の不支給　176
2 人事権の行使としての処分（人事異動等）　178
第3節　監督すべき立場にある者の処分　179
1 基本的な視点　179
2 監督すべき立場にある者の処分の内容　180
　(1) 従業員である場合　180
　(2) 取締役である場合　180

第6章　会社および役員等の責任　182

第1節　民事責任　183
1 会社の民事責任　183
　(1) 金融商品取引法上の不実開示責任　185
　(2) 不法行為責任等　190
2 会社の役員等の責任　190
　(1) 金融商品取引法上の不実開示責任　192
　(2) 不法行為責任　193
　(3) 会社法上の責任　193
　　［コラム　課徴金に係る行政対応と民事訴訟　195］
3 近時の証券訴訟の主な動向　196
第2節　刑事責任　201
1 開示書類への虚偽記載に関する刑事罰　201
2 虚偽記載のある有価証券報告書等提出罪の要件　202
　(1) 重要性　202

(2) 虚偽記載の意義　205

　　(3) 虚偽記載の態様　206

　　(4) 虚偽の記載のあるものを提出した者　207

　　(5) 故意の存在　209

　3 捜査・調査、告発、起訴　209

第3節　課徴金　210

　1 概要　210

　2 課徴金の性質　211

　3 課徴金納付命令の対象者　211

　　(1) 保有株式を売り付けた発行者の役員等　211

　　(2) 虚偽記載等のある開示書類の提出に加担した者　212

　4 課徴金の対象行為　212

　　(1) 対象となる開示書類　212

　　(2) 虚偽記載等の態様　213

　　(3) 重要性　213

　5 課徴金の金額の算定方法　213

　　(1) 課徴金の金額の算定基準　213

　　(2) 継続開示書類に関する課徴金　214

　　(3) 課徴金と罰金の調整　214

　6 課徴金の賦課手続　215

　　(1) 調査および勧告　215

　　(2) 審判手続および納付命令　215

　　(3) 除斥期間　216

　　(4) 実務運用　216

　7 課徴金の減算および加算制度　218

　　(1) 早期申告による課徴金の減算制度　218

　　(2) 再度の違反による課徴金の加算制度　218

　　コラム　課徴金の性質の変容　219

第4節　金融商品取引所による処分　220

目次　xi

1　金融商品取引所による処分の概要　220
　(1)　決算短信等の虚偽　220
　(2)　有価証券報告書等の虚偽記載および監査人の不適正意見等　221
2　実効性を確保するための措置　222
　(1)　公表措置　222
　(2)　上場契約違約金　222
　(3)　改善報告書および改善状況報告書　223
　(4)　特設注意市場銘柄指定　224
3　上場廃止　226
　(1)　有価証券報告書等の虚偽記載　227
　(2)　監査人の不適正意見または意見不表明　227
　(3)　有価証券報告書等の提出遅延　228
　(4)　特設注意市場銘柄に指定された会社の内部管理体制の不改善　229

> コラム　不適切会計をふまえた上場廃止および特設注意市場銘柄制度の見直し　231

第3部　過年度決算訂正の実務

第1章　会計上の取扱い　234
第1節　不適切な会計処理が発覚した場合の会計処理方法　234
1　企業会計基準第24号に基づく取扱い　235
　(1)　誤謬の定義　235
　(2)　過去の財務諸表に誤謬が発見された場合の処理　236
2　四半期および中間における会計上の取扱い　241
　(1)　四半期　241
　(2)　中間　241
3　訂正時に影響する項目の会計上の取扱い　242
　(1)　固定資産の減損　242
　(2)　株式の減損　242

(3) 税金費用　242

　　(4) 税効果　243

第2節　過年度の誤謬に関する実務上の取扱い　245

　1　有価証券報告書　245

　　(1) 当期処理で修正する場合　245

　　(2) 訂正報告書を提出する場合　245

　2　計算書類　246

　　(1) 当期損益処理で修正する場合　246

　　(2) 当期の期首剰余金で修正する場合　246

　　(3) 再決算を行う場合　247

第3節　過去の誤謬についての重要性の考え方　249

　1　企業会計基準第24号における重要性　249

　2　内部統制における不備に係る重要性　249

第4節　過去の誤謬の訂正を行う場合の開示　252

　1　企業会計基準第24号による開示　252

　　(1) 財務諸表　252

　　(2) 注記　252

　2　財務諸表等規則における開示　253

　　(1) 定義　253

　　(2) 株主資本等変動計算書　253

　　(3) 注記　253

　3　計算書類における開示　254

　　(1) 株主資本等変動計算書　254

　　(2) 注記　254

　　(3) 事業報告　255

　4　訂正報告書の記載内容　256

　　(1) 有価証券報告書の訂正報告書の記載内容　256

　　(2) 訂正報告書と計算書類との関係事例　256

第2章　内部統制報告制度との関係 …………………………… 262

第1節　制度概要　262

第2節　訂正報告書と内部統制報告書　265

1　過年度に提出した内部統制報告書に与える影響　265

(1) 過年度決算訂正に伴う有価証券報告書を提出した場合、その誤りが該当年度の内部統制の不備に起因しているか否かを確認する必要があること　267

(2) 内部統制の不備に起因している場合、該当の不備が該当年度における評価範囲内から生じたものであったか否かを確認する必要があること　268

(3) 評価範囲内から生じたものであった場合、該当の不備が開示すべき重要な不備に該当するか否か検討する必要があること　268

(4) 開示すべき重要な不備に該当する場合、内部統制報告書の訂正報告書の提出を行う必要があること　270

2　当年度に提出する内部統制報告書に与える影響　270

(1) 該当の内部統制の不備が開示すべき重要な不備に相当する場合、該当の不備に係る業務プロセス等は当事業年度の評価範囲に含めなければならない可能性が高くなること　271

(2) 結果として、当事業年度までに当該開示すべき重要な不備を是正することができない場合、当事業年度末の内部統制評価は有効でないと判断すべきこと　271

3　実際の開示状況　272

第3節　内部統制監査への影響　274

1　過年度の内部統制監査との関係　274

2　当年度の内部統制監査との関係　274

第3章　税務上の取扱い ………………………………………… 275

第1節　企業会計基準第24号と税務　275

1　確定決算主義との関係　275

  2 過年度の誤りがある場合の税務処理 276

  3 過去の確定申告書の修正手続（修正申告・更正） 279

   (1) 概要 279

   (2) 納税額が増加、または、欠損金額が減少する場合 279

   (3) 納税額が減少、または、欠損金額が増加する場合 280

  4 更正の期間制限（税務上の時効） 282

  5 仮装経理があった場合の更正の請求 283

   (1) 概要 283

   (2) 仮装経理の範囲 284

   (3) 修正の経理 285

   (4) 仮装経理に基づく過大申告の場合の還付の特例 288

   (5) 消費税 290

 第2節 過誤納税金の還付手続と実務上の留意点 291

  1 概要 291

  2 不適切会計の全体像の把握と還付請求のスケジューリング 291

   (1) 会社の状況・会社担当者の協力可否 291

   (2) 不適切会計の時期 292

   (3) 不適切会計の手法 293

   (4) 証拠書類の状況 293

   (5) 税務申告の状況 293

   (6) 還付請求のスケジューリング 293

  3 税務当局への事前相談 294

  4 説明資料の整備、各種税務書類の作成・提出 294

   (1) 説明資料の整備 294

   (2) 各種税務書類の作成・提出 295

  5 税務当局の調査対応 296

  6 地方税の更正の請求 296

   (1) 地方税の更正手続 296

   (2) 地方税の仮装経理の更正に伴う還付手続 297

巻末資料　不正の徴候発見のための内部統制チェックポイント　299

　事項索引　315
　編者・執筆者紹介　319

凡例

1 法令等の略称

会	会社法
会施	会社法施行令
会規	会社法施行規則
計規	会社計算規則
金商	金融商品取引法
金商令	金融商品取引法施行令
開示府令	企業内容等の開示に関する内閣府令
課徴金府令	金融商品取引法第六章の二の規定による課徴金に関する内閣府令
民	民法
刑	刑法
刑訴	刑事訴訟法
税通	国税通則法
法税	法人税法
地税	地方税法
上場規程	有価証券上場規程（東京証券取引所）
上場規程施行規則	有価証券上場規程施行規則（東京証券取引所）
財務諸表等規則	財務諸表等の用語、様式及び作成方法に関する規則
財務諸表等規則ガイドライン	「財務諸表等の用語、様式及び作成方法に関する規則」の取扱いに関する留意事項について（財務諸表等規則ガイドライン）
連結財務諸表規則	連結財務諸表の用語、様式及び作成方法に関する規則
中間財務諸表等規則	中間財務諸表等の用語、様式及び作成方法に関する規則
中間連結財務諸表規則	中間連結財務諸表の用語、様式及び作成方法に関する規則

企業内容等開示ガイドライン	企業内容等の開示に関する留意事項について（企業内容等開示ガイドライン）
上場管理等ガイドライン	上場管理等に関するガイドライン
内部統制府令ガイドライン	「財務計算に関する書類その他の情報の適正性を確保するための体制に関する内閣府令」の取扱いに関する留意事項について（内部統制府令ガイドライン）
監基報63	日本公認会計士協会・監査基準委員会「監査基準委員会報告書第63号『過年度の比較情報――対応数値と比較財務諸表』」（2011年7月1日）
監基報240	日本公認会計士協会・監査基準委員会「監査基準委員会報告書240『財務諸表監査における不正』」（2011年12月22日（最終改正：2015年5月29日））
監基報510	日本公認会計士協会・監査基準委員会「監査基準委員会報告書510『初年度監査の期首残高』」（2011年12月22日（最終改正：2015年5月29日））
監基報540	日本公認会計士協会・監査基準委員会「監査基準委員会報告書540『会計上の見積りの監査』」（2011年12月22日（最終改正：2015年5月29日））
監基報610	日本公認会計士協会・監査基準委員会「監査基準委員会報告書610『内部監査の利用』」（2011年12月22日（最終改正：2015年5月29日））

2 判例集・雑誌の略称

民集	大審院民事判例集・最高裁判所民事判例集
下民集	下級裁判所民事裁判例集
刑集	最高裁判所刑事判例集

判時	判例時報
判タ	判例タイムズ
金判	金融・商事判例
労判	労働判例
労経速	労働経済判例速報

3 その他の略称

東証	東京証券取引所
証券監視委	証券取引等監視委員会

第1部

事例からひも解く
不適切会計の原因分析と
防止・発見のポイント

第1章 過年度決算訂正の事例分析

■本章のポイント
- 有価証券報告書の訂正事例のうち、過年度の損益に影響がある訂正事例は年間数十件発生している。
- 過年度の損益に影響がある訂正事例では、会計上の見積りに係る訂正に次いで、売上関係の訂正が多く、不正事例は全体の半数以上を占めている。
- 関係会社における過年度決算訂正事例が半数近くを占めており、海外拠点における過年度決算訂正事例も増加傾向にある。

　近年、金融商品取引法上のディスクロージャーをめぐり、有価証券報告書の虚偽記載等の不正による不適切な事例が相次いだこと等を背景に、「監査における不正リスク対応基準」が金融庁・企業会計審議会から2013年3月に公表され、2014年3月決算に係る財務諸表の監査から適用されている。第1章では、過年度決算訂正の事例分析にあたり、同基準の適用が開始された2013年4月以降、2017年3月までに提出された有価証券報告書の訂正報告書を対象とし、財務諸表上の訂正が行われた訂正事例1,048件を抽出した。このうち、損益計算書上の数値に影響がある過年度決算訂正（以下「過年度損益訂正」という）を行った事例は126件あり、これについて詳細な分析を行った。なお、同時に複数年度の訂正報告書を提出している場合は、1件の訂正として取り扱っている。
　また、連結財務諸表を提出している場合は、連結財務諸表に与える影響を、提出していない場合は個別財務諸表に与える影響を分析しており、過年度決算訂正の内容・原因および計算書類等の情報については、証券取引所の適時開示情報や会社のホームページ等で情報を検索し分析を行い、内容が確認できなかったものは不明として取り扱った。

第1節　過年度決算訂正の年度別発生件数と損益影響額

　図表1-1-1は、2013年4月以降に提出された上場会社の有価証券報告書の訂正報告書のうち、過年度決算訂正が行われた事例および過年度損益訂正が行われた事例の発生状況を年度別にまとめたものである。訂正件数は、2013年度（2013年4月～2014年3月）以降、毎年200件を超える訂正報告書が提出されている。過年度決算訂正が行われた事例および過年度損益訂正が行われた事例はともに2015年度（2015年4月～2016年3月）にいったん減少したものの、2016年度（2016年4月～2017年3月）には再び増加している。

図表1-1-1　過年度決算訂正および過年度損益訂正が行われた事例件数

提出期間　　　　　件数	過年度決算訂正-①	うち、過年度損益訂正-②	損益訂正割合②/①
2013年4月～2014年3月	242件	36件	14.9%
2014年4月～2015年3月	270件	28件	10.4%
2015年4月～2016年3月	265件	27件	10.2%
2016年4月～2017年3月	271件	35件	12.9%
合計	1,048件	126件	12.0%

　図表1-1-2は、四半期単位で訂正報告書の提出状況をまとめたものである。4月～6月および7月～9月での訂正報告書の提出が多くなっている。わが国においては3月決算会社が多数を占めており、3月決算会社が年度の決算を行う過程で、過年度の訂正すべき事項が発見されることが多いことによるものと推察される。

図表1-1-2 四半期単位での訂正報告書の提出状況

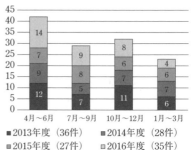

　図表1-1-3は、累積損益影響額別の事例件数をまとめたものである。過年度損益訂正により損益が下方訂正される事例が多くを占めるが、損益が上方訂正される事例もある。なお、損益が上方訂正されるケースは大部分が誤謬による訂正である。累積損益影響額として1億円未満の損益訂正が全体の約4割を占める一方で、毎年、10億円以上の損益訂正も行われており、直近2年では100億円以上の損益訂正が発生している。

図表1-1-3　累積損益影響額別の事例件数

累積損益影響額 提出期間	過年度損益訂正により累積損益が下方訂正されるケース					
	▲1億円 未満	▲1億円～ ▲10億円	▲10億円～ ▲100億円	▲100億円 以上	小計
2013年4月～ 2014年3月	14件	13件	5件	―	32件
2014年4月～ 2015年3月	6件	16件	3件	―	25件
2015年4月～ 2016年3月	7件	11件	3件	2件	23件
2016年4月～ 2017年3月	11件	14件	4件	1件	30件
合計	38件	54件	15件	3件	110件

提出期間 \ 累積損益影響額	過年度損益訂正により累積損益が上方訂正されるケース			
	＋1億円未満	＋1億円～10億円	＋10億円～100億円	小計
2013年4月～2014年3月	3件	－	1件	4件
2014年4月～2015年3月	2件	1件	－	3件
2015年4月～2016年3月	4件	－	－	4件
2016年4月～2017年3月	2件	2件	1件	5件
合計	11件	3件	2件	16件

(注) 累積損益影響額は、過年度損益訂正の各年度の当期純損益への累積的影響額を集計した。なお、▲1億円未満には、営業損益、経常損益等の段階損益の入り繰りや過年度数期間内での損益の入り繰りの訂正等で、過年度損益訂正の累積的影響額がない訂正を含んでいる。

　図表1-1-4は、過年度損益訂正が行われた事例126件のうち、訂正によりいずれかの訂正期において当期純損益が逆転する事例を示したものである。訂正により当期純損益が逆転する場合は、訂正による損益影響額の多寡にかかわらず投資者の判断に与える影響は大きく、質的重要性の観点から過年度損益訂正の要否を判断するうえでの重要な判断指標になっていると考えられる。当期純利益から当期純損失への訂正は全体の約2割が該当しており、当期純損失から当期純利益への訂正も1件発生している。

図表1-1-4　過年度損益訂正により当期純損益が逆転する事例

項目 \ 件数・割合	利益→損失		損失→利益	
	件数	割合	件数	割合
いずれかの訂正期間において損益が逆転	22件	17.5%	1件	0.8%

図表1-1-5は、過年度損益訂正が行われた事例126件のうち、過年度損益訂正が行われた直近年度に当期純損失を計上している事例を示したものである。過年度損益訂正の訂正報告書を提出している会社の約4社に1社が訂正の直近年度で赤字決算となっており、2016年4月～2017年3月に決算を迎えた全上場会社のうち赤字決算の会社の割合が約1割であることと比較すると、その割合が高いことがうかがえる。なお、4年間の推移については微増傾向にある。

図表1-1-5　決算訂正前の直近年度に損失を計上している割合

提出期間	件数　過年度損益訂正－①	うち、直近年度損失－②	割合 ②／①
2013年4月～2014年3月	36件	8件	22.2%
2014年4月～2015年3月	28件	7件	25.0%
2015年4月～2016年3月	27件	8件	29.6%
2016年4月～2017年3月	35件	11件	31.4%
合計	126件	34件	27.0%

第2節　上場区分、会社規模別発生件数

　図表1-2-1は、過年度損益訂正が行われた事例126件の提出会社を市場別に分類したものである。東証1部・2部等の非新興市場の上場会社数は約2,600社、新興市場の上場会社数は約1,000社であることから考えると新興市場における訂正割合が若干高いことがうかがえる。

図表1-2-1　上場市場区分別の状況

提出期間	非新興市場	新興市場	合計
2013年4月～2014年3月	18件	18件	36件
2014年4月～2015年3月	16件	12件	28件
2015年4月～2016年3月	21件	6件	27件
2016年4月～2017年3月	24件	11件	35件
合計	79件	47件	126件

（注）過年度損益訂正を行った会社を次のように集計している。
　　非新興市場：東証1部・2部、名証1部・2部、福証、札証
　　新興市場：ジャスダック、東証マザーズ、名証セントレックス、福証
　　　　　　　Q-BOARD、札証アンビシャス

　図表1-2-2、図表1-2-3は、過年度損益訂正が行われた事例126件をそれぞれ売上規模別、総資産規模別に分類したものである。売上規模、総資産規模ともに1,000億円以下の会社が訂正会社全体のうち約8割を占める一方で、売上規模、総資産規模ともに1兆円以上の大規模会社における訂正も、数は少ないが発生している。

　なお、過年度損益訂正を行った会社のうち、100億円以下の売上高の会社の構成割合は約3割、100億円以下の総資産の会社の構成割合も約3割であった。これらは全上場会社の構成割合と比較すると、いずれも1割程度高く、小規模の会社における訂正の割合が若干高い傾向が見られる。

図表1-2-2　売上規模別の状況

売上高	訂正件数	割合	(参考) 全上場会社における売上規模割合
1兆円以上	6件	4.8%	4.6%
1兆円～1,000億円	21件	16.7%	24.4%
1,000億円～100億円	60件	47.6%	50.8%
100億円以下	39件	30.9%	20.2%
合計	126件	100.0%	100.0%

図表1-2-3　総資産規模別の状況

総資産	訂正件数	割合	(参考) 全上場会社における総資産規模割合
1兆円以上	7件	5.5%	8.2%
1兆円～1,000億円	20件	15.9%	22.4%
1,000億円～100億円	62件	49.2%	50.3%
100億円以下	37件	29.4%	19.1%
合計	126件	100.0%	100.0%

第3節　過年度損益訂正の発生原因別分析

1　訂正内容別分析

　図表1-3-1、図表1-3-2は、過年度損益訂正が行われた事例126件を、訂正の発生原因別に分析したものである。なお、訂正事例1件で複数の内容を訂正しているものは、発生内容ごとに集計しており、その合計は235件となっている。発生原因別に見た場合、会計上の見積りの誤り（60件）が最も多く、次いで、売上の過大計上（56件）、資産の過大計上等（26件）、仕入・債務の過少計上等（26件）、会計処理の誤り（26件）と続く。

図表1-3-1　過年度損益訂正事例——内容分析

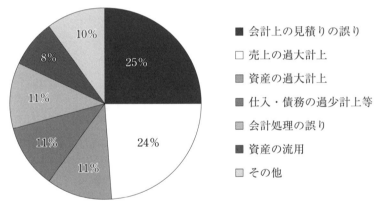

図表1-3-2　過年度損益訂正事例——内容分析表

分類	訂正内容	合計
会計上の見積りの誤り（60件）	繰延税金資産	16件
	子会社等株式の評価	14件
	固定資産の減損	12件

	引当金の繰入額	9件
	棚卸資産の評価損	5件
	その他減損・評価損等不計上	4件
売上の過大計上 (56件)	架空売上取引（循環取引・スルー取引を除く）	25件
	先行売上取引	9件
	循環取引（※1）	7件
	工事進行基準による売上早期計上	7件
	スルー取引（※2）	5件
	売上高の計上誤り（誤謬）	3件
資産の過大計上等 (26件)	原価から在庫への付替取引	11件
	工事原価の他工事への付替	9件
	固定資産の過大計上	5件
	架空資産の計上	1件
仕入・債務の過少計上等 (26件)	費用の過大・過少計上	16件
	仕入・経費計上漏れ	8件
	負債の未計上（簿外負債）	2件
会計処理の誤り (26件)	会計処理の適用誤り	12件
	連結修正処理	9件
	税金計算誤り	3件
	有価証券の評価	2件
資産の流用 (18件)	横領（現金および同等物）	16件
	横領（在庫、その他）	2件
その他 (23件)	監督官庁の指導による修正等	5件
	その他	18件

(※1) 循環取引：架空の売上および利益を計上する目的で、関係する会社間において取引の実態を伴わない架空仕入および架空販売を繰り返し、関係する会社間で取引の循環が行われる取引。

(※2) スルー取引：物理的にも機能的にも付加価値の増加を伴わず、会社の帳簿上を通過するだけの取引。主として、売上高の増額を目的として行われる。

(1) 会計上の見積り

　会計上の見積りは、財務諸表の作成時点において利用可能な情報に基づいて適切に行われなければならないが、多くの場合、見積りを行う時点で不確実な事項に関して何らかの合理的な仮定を設定することになる。したがって、財務諸表の作成時点で合理的な判断が行われたのであれば、会計上の見積りの当初認識額または開示された金額と、翌期以降の確定額との間で差異が生じた場合であっても、それが必ずしも過去の誤謬につながるものではない。逆に、財務諸表作成時に入手可能な情報を使用しなかった場合、またはこれを誤用したことによる事実の見落としや誤解から生じる会計上の見積りの誤りについては、過去の誤謬として取り扱われ、重要なものは過年度損益訂正を行う必要が生じることになる。

(2) 売上高の過大計上

　会計上の見積りの誤りに次いで、売上の過大計上に関する訂正が多くなっているが、売上の過大計上は不正に起因するものが大部分を占めている。内容は、売上の水増し等による単純な架空売上計上や、売上計上時期を前倒しに計上する先行売上計上、工事進行基準における売上早期計上、循環取引やスルー取引といったスキームを用いた不正な売上計上が含まれる。これらは、単独で行われるばかりでなく、原価の付替えや費用の過少計上といった不正取引とあわせて行われるケースも多く、なかにはリベートの着服といった資産の流用も同時に発生しているケースもある。また、取引先の不正取引に巻き込まれて不正取引を行ったというケースもある。

2　関与者別分析

　図表1-3-3は、過年度損益訂正が行われた事例における関与者を累積損益影響別に表示したものである。126件の訂正事例のうち、不正取引に基づく訂正は66件、誤謬による訂正は55件、その他・不明は5件であり、不正取引に基づく訂正が半数以上を占めている。不正事例をさらに細かく分類すると、従業員による不正な財務報告（以下「会計不正」

という）が最も多く、子会社における経営者や役員による会計不正、従業員による資産の流用、親会社（訂正報告書提出会社。以下本章において同じ）における役員による会計不正が続いている。会計不正、資産の流用を含めると、子会社経営者・役員が関与する不正は合計で20件生じており、不正取引の3分の1に子会社の経営者・役員が関与していることになる。

累積損益影響別では、訂正金額が増加するに従い、子会社を含めた経営者や役員が不正取引に関与する割合が大きくなる傾向にあることが見受けられる。

図表1-3-3　関与者別分析――訂正金額別

関与者 \ 累積損益影響別	1億円未満	10億円未満	100億円未満	100億円以上	合計
会計不正					
経営者	1件	1件	−	−	2件
役員	2件	3件	2件	1件	8件
子会社経営者・役員	6件	9件	2件	1件	18件
従業員	9件	11件	4件	−	24件
不明	1件	−	−	−	1件
会計不正　小計	19件	24件	8件	2件	53件
資産の流用					
経営者・役員	1件	1件	−	−	2件
子会社経営者・役員	1件	−	1件	−	2件
従業員	−	9件	−	−	9件
資産の流用　小計	2件	10件	1件	−	13件
不正　合計	21件	34件	9件	2件	66件
誤謬	26件	22件	6件	1件	55件
誤謬　合計	26件	22件	6件	1件	55件

累積損益影響別 関与者	1億円未満	10億円未満	100億円未満	100億円以上	合計
その他	1件	−	2件	−	3件
不明	1件	1件	−	−	2件
その他・不明　合計	2件	1件	2件	−	5件
合計	49件	57件	17件	3件	126件

第4節　過年度損益訂正の発生拠点別分析

1　発生拠点分析——連結グループ会社分析

図表1-4-1は、過年度損益訂正が行われた事例126件を、連結グループ会社別に分析したものである。ⅱ子会社および関連会社、ⅲ親会社、子会社および関連会社をあわせると45％が子会社および関連会社で原因が発生しており、子会社および関連会社で発生した不適切会計が有価証券報告書の訂正につながる事例が多いことがうかがえる。

図表1-4-1　連結グループ会社分析

連結グループ会社 \ 提出期間	2013年4月～2014年3月	2014年4月～2015年3月	2015年4月～2016年3月	2016年4月～2017年3月	合計	割合
ⅰ　親会社	25件	13件	14件	16件	68件	54.0%
ⅱ　子会社および関連会社	7件	10件	12件	17件	46件	36.5%
ⅲ　親会社、子会社および関連会社	3件	5件	1件	2件	11件	8.7%
ⅳ　不明	1件	−	−	−	1件	0.8%
合計	36件	28件	27件	35件	126件	100.0%

2　発生拠点分析——地域別分析

図表1-4-2は、過年度損益訂正が行われた事例126件のうち、有価証券報告書の訂正報告書や調査報告書等から、在外子会社や在外支店等の海外拠点で原因が発生したことが明らかな事例の件数を示したものである。わずかな件数ではあるが、年々増加していることがうかがえる。

図表 1-4-2　地域別分析

地域別＼提出期間	2013年4月〜2014年3月	2014年4月〜2015年3月	2015年4月〜2016年3月	2016年4月〜2017年3月	合計
海外拠点発生件数	1件	3件	4件	5件	13件

3　発生拠点分析──セグメント分析

　図表1-4-3は、過年度損益訂正が行われた事例126件を、セグメント別に調査したものである。本調査では、ⅱ主要ではない報告セグメントを、その他セグメントや連結売上高の5％未満の報告セグメント等、連結財務諸表において比較的重要性の低い事業セグメントとして定義づけているが、図表1-4-3が示すとおり、主要ではない報告セグメントが関連する訂正件数が全体の21％に及んでおり、いわゆるノンコア事業にも留意が必要であることがうかがえる。

　なお、ⅳセグメント損益に影響しない訂正の11件のうち、10件が誤謬その他による訂正で、1件が不正による訂正であった。

図表1-4-3　セグメント分析

	セグメント分析	訂正件数	発生割合
ⅰ	主要な報告セグメント	87件	69.0%
ⅱ	主要でない報告セグメント	14件	11.1%
ⅲ	主要な報告セグメントと主要でない報告セグメントの両方	13件	10.3%
ⅳ	セグメント損益に影響しない訂正	11件	8.8%
ⅴ	不明	1件	0.8%
	合計	126件	100.0%

（注）　ⅰ　主要な報告セグメント：有価証券報告書の「セグメント情報」において、報告セグメントとされている事業セグメント（ただし連結売上高の5％未満の報告セグメントを除

      く）
 ⅱ 主要でない報告セグメント：連結売上高の5％未満の報告セグメント、その他セグメント、および全社費用等調整額
 ⅳ セグメント損益に影響しない訂正：「セグメント損益」とは、最高経営意思決定機関に対して定期的に提供され使用されている損益であり、営業利益が用いられていることが多い。「セグメント損益」を営業損益とした場合、営業外損益および特別損益ならびに税金費用等に係る訂正がセグメント損益に影響しない訂正となる。

第5節　過年度損益訂正と業績予想

　図表 1-5-1 は、過年度損益訂正が行われた事例 126 件について、訂正が行われた決算期の損益訂正前実績（当期純損益）と直前四半期末における業績予想との比較を分類したものである。なお、過年度損益訂正が行われた事例 126 件について、同時に複数年度の訂正報告書を提出している場合は1件の訂正として取り扱っているが、決算期単位での訂正としては 373 件となるため、373 件を対象に調査している。

　過年度損益訂正が行われた 373 件のうち、約4割に該当する 159 件について、訂正前の当期純損益の実績が直前四半期末の業績予想を上回るものとなっている。しかしながら、このうち過年度損益訂正を行ったことにより、訂正後の当期純損益の実績が直前四半期末の業績予想より下回っていた事例は 39 件あり、損益訂正が行われた決算期単位での事例 373 件の約1割を占めている。これらは、もし適正に決算が行われていれば、通常の決算公表の時点で業績予想から実績が悪化したことが開示されていたはずのものであり、不正が発生した背景には、業績予想を達成するための誘因が働いていた可能性があると推察される。

図表 1-5-1　直近四半期末業績予想と訂正前実績の比較（当期純損益）

分類	件数	割合
実績（訂正前当期純損益）が業績予想より改善	159 件	42.6%
上記のうち、損益訂正により実績が業績予想より悪化	39 件	10.5%
実績（訂正前当期純損益）が業績予想より悪化	192 件	51.5%
業績予想の開示なし	22 件	5.9%
合計	373 件	100.0%

第 6 節　過年度損益訂正と会社法計算書類

　図表 1-6-1 は過年度損益訂正が行われた事例 126 件について、会社法の計算書類上の取扱いを分析したものである。企業会計基準委員会「企業会計基準第 24 号『会計上の変更及び誤謬の訂正に関する会計基準』」（2009 年 12 月 4 日）（以下「企業会計基準第 24 号」という）および企業会計基準委員会「企業会計基準適用指針第 24 号『会計上の変更及び誤謬の訂正に関する会計基準の適用指針』」（2009 年 12 月 4 日（最終改正：2013 年 9 月 13 日））の適用前の調査結果と比較すると、損益による一括訂正ではなく、虚偽記載が発見された年度の計算書類で期首の剰余金を訂正するという実務が定着したことがうかがえる。

　株主資本等変動計算書の期首剰余金の訂正方法について、通常は「訂正による累積的影響」といった勘定科目を用いて期首剰余金に調整を加えているが、2013 年 4 月 1 日～2017 年 3 月 31 日の「期首剰余金の訂正」117 件のうち 3 件は、前期末剰余金数値を引き継がず、期首剰余金数値を直接訂正する方法であった。なお、126 件のうち、臨時株主総会を開催していた会社は 3 件のみであった。

図表 1-6-1　計算書類の訂正方法の分類

計算書類の訂正方法 \ 訂正報告書の提出日	2004 年 4 月 1 日～2009 年 9 月 1 日 訂正件数	割合	2013 年 4 月 1 日～2017 年 3 月 31 日 訂正件数	割合
損益による一括訂正	65 件	48.1%	－	－
期首剰余金の訂正	25 件	18.5%	117 件	92.8%
遡及訂正 (※1)	8 件	5.9%	1 件	0.8%
期首剰余金影響がないため未訂正 (※2)	19 件	14.1%	5 件	4.0%
不明その他	18 件	13.4%	3 件	2.4%

| 合計 | | 135 件 | 100.0% | 126 件 | 100.0% |

（※1）　株主総会で過年度の計算書類の訂正を承認または報告したもの
（※2）　過年度の数期間において損益訂正が発生しているが、通算すれば累積損益影響がないため計算書類の訂正を行っていない事例

第7節　内部統制報告書の訂正

　図表1-7-1は、過年度損益訂正が行われた事例126件について、内部統制報告書の訂正の有無を調査したものである。不正の場合は、訂正事例の81.8％が内部統制報告書を訂正しているが、誤謬その他の場合は、内部統制報告書の訂正を行った事例は35.0％にとどまっており、内部統制報告書を訂正しないケースも多く見受けられる。

図表1-7-1　内部統制報告書の訂正の有無

内部統制報告書の訂正の有無		訂正件数	割合
不正	有	54件	81.8%
	無	12件	18.2%
不正　計		66件	100.0%
誤謬その他	有	21件	35.0%
	無	38件	63.3%
	不明	1件	1.7%
誤謬その他　計		60件	100.0%

　図表1-7-2は、内部統制報告書の訂正の有無について、当期純損益への累積影響との関連を分類したものである。内部統制報告書の訂正が行われていない50件については、累積損益影響が比較的小さい訂正に集中している傾向にあり、内部統制報告書の訂正の要否は、損益訂正額の財務諸表に与える影響度を勘案して判断していることがうかがえる。

図表 1-7-2　内部統制報告書の訂正の有無の損益影響別分類

累積損益影響額 \ 内部統制報告書の訂正の有無	有	無	不明	合計
▲100億円以上	2件	1件	−	3件
▲10億円〜▲100億円	13件	2件	−	15件
▲1億円〜▲10億円	35件	19件	−	54件
▲1億円未満	16件	21件	1件	38件
＋1億円未満	6件	5件	−	11件
＋1億円〜10億円	1件	2件	−	3件
＋10億円〜100億円	2件	−	−	2件
合計	75件	50件	1件	126件

　内部統制報告書を訂正している75件のうち、74件は不適切な会計処理が行われた決算期の内部統制が有効でなかったと評価しているが、1件は訂正命令に従って有価証券報告書を訂正したものの、会社はこれを保守的な会計処理を優先したことにより発生したものであるとして、訂正後も内部統制は有効であったと評価している。

　また、図表1-7-3は、内部統制が有効でなかったものとして、内部統制報告書を訂正している74件について、訂正内部統制報告書の提出日直後の決算期における内部統制報告書の評価結果を調査したものである。

図表 1-7-3　訂正直後の内部統制の評価

訂正直後の決算期における内部統制報告書	訂正件数
内部統制は有効である	52件
内部統制は有効でない	16件
未公表	6件
合計	74件

第1章　過年度決算訂正の事例分析

訂正直後の決算期においても内部統制が有効でないと結論づけている16件の有価証券報告書における訂正報告書の提出日と直後の決算日の関係は図表1-7-4のとおりである。16件のうち7件は有価証券報告書の訂正報告書提出後30日以内に決算期末日を迎えており、重要な不備を識別してから是正・評価するまでの一定の期間が確保できなかった可能性が高いと考えられる。なお、訂正直後の決算期においても内部統制が有効であると結論づけている52件についても、うち20件は特記事項や付記事項が記載されていた。

　特記事項の多くは、訂正報告書を提出した旨とその後会社が実施した再発防止策等を記載したうえで、最終的に開示すべき重要な不備は是正され財務報告に係る内部統制が有効であると判断した旨が記載されていた。

図表1-7-4　内部統制が有効でないケースの分類

訂正有価証券報告書提出日から提出後最初の決算期末日までの日数	訂正件数
1日～30日	7件
31日～60日	2件
61日～90日	－
91日～120日	4件
121日以上	3件
合計	16件

第8節　過年度損益訂正の訂正年数および適時開示から訂正報告書提出までの期間

　有価証券報告書の「主要な経営指標等の推移」には、直近5決算期に係る主要な経営指標等の推移が記載される。図表1-8-1は、不適切な会計処理による有価証券報告書の訂正年数と、有価証券報告書の訂正報告書の「主要な経営指標等の推移」において遡及して損益が訂正された会計期間をあわせて分析したものである。

　分析事例のなかには、「主要な経営指標等の推移」における損益訂正会計期間が2期間であるにもかかわらず、有価証券報告書の訂正が1年分にとどまる等、有価証券報告書の訂正年数が損益訂正会計期間よりも短いケースが見受けられた。

　一方で、「既に公表された財務諸表自体の訂正期間及び訂正方法は、各開示制度の中で対応が図られるものと考えられる。」（企業会計基準第24号65項）とされており、今回の分析においても、「主要な経営指標等の推移」における損益訂正会計期間が6期間以上に及ぶ訂正事例があるものの、有価証券報告書およびその訂正報告書の公衆縦覧期間が5年であるため、6年分以上の訂正報告書の提出状況については確認できなかった。

図表1-8-1　有価証券報告書の訂正年数と「主要な経営指標等の推移」における損益訂正期間

損益訂正会計期間 \ 有価証券報告書訂正年数	1年	2年	3年	4年	5年	合計
1期間	33件	−	−	1件	−	34件
2期間	3件	16件	−	−	−	19件
3期間	2件	−	14件	−	−	16件
4期間	−	−	2件	13件	1件	16件
5期間	1件	−	−	4件	8件	13件

6期間以上	−	−	−	7件	21件	28件
合計	39件	16件	16件	25件	30件	126件

　また、訂正報告書が提出される場合には、事前に有価証券報告書の訂正の可能性がある旨を適時開示により公表するケースが多い。過年度損益訂正が行われた事例126件のうち、訂正に関する適時開示が公表されている事例は110件あった。図表1-8-2は、訂正に関する適時開示が公表されている事例110件について、訂正の種類ごとに最初の適時開示から訂正報告書が提出されるまでの期間を調査したものである。最初の適時開示から1週間以内に訂正報告書が提出されているケースはすべて誤謬による訂正事例であり、訂正報告書の提出と同日に初めて適時開示で公表しているケースも多い。一方、不正による訂正事例の場合は、訂正報告書の提出まで3か月程度を要している事例が最も多いが、なかには6か月超の期間を要している事例もある。

図表1-8-2　最初の適時開示から訂正報告書が提出されるまでの期間

訂正の種類 ＼ 期間	1週間以内	1か月以内	3か月以内	6か月以内	6か月超	合計
不正	−	11件	42件	9件	2件	64件
誤謬	13件	15件	14件	−	−	42件
その他・不明	−	1件	3件	−	−	4件
合計	13件	27件	59件	9件	2件	110件

第9節　過年度損益訂正と監査人および監査意見

図表 1-9-1 は、有価証券報告書の訂正報告書に対する監査報告書の有無を、過年度損益訂正の当期純損益への累積損益影響額別にまとめたものである。監査報告書が添付されていない11件については、累積損益影響が比較的小さい訂正に分布しており、訂正報告書に対する監査報告書の要否は、損益訂正の財務諸表に与える影響度を勘案して判断していることがうかがえる。

なお、監査報告書が添付されている115件のうち、1件は訂正過程で証憑が一部保管されていなかったために、十分かつ適切な監査証拠を入手できなかった部分があるとして、限定付適正意見を表明している。

図表 1-9-1　監査報告書の有無の累積損益影響額別分類

累積損益影響額 \ 監査報告書の有無	有	無	合計
▲100億円以上	3件	－	3件
▲10億円〜▲100億円	15件	－	15件
▲1億円〜▲10億円	50件	4件	54件
▲1億円未満	32件	6件	38件
＋1億円未満	10件	1件	11件
＋1億円〜10億円	3件	－	3件
＋10億円〜100億円	2件	－	2件
合計	115件	11件	126件

また、監査報告書を添付している115件のうち26件については、調査時点で監査人が変更されている。ただし、訂正と監査人変更との因果関係は確認していない。

図表 1-9-2 は、監査人が変更されている26件について、有価証券報告書の訂正報告書が交代前後いずれの監査人によって監査されていたか

を調査したものである。実務上、有価証券報告書の訂正報告書に係る監査は、訂正前と同じ監査人が実施していることが多いことがうかがえる。

図表 1-9-2　有価証券報告書の訂正報告書添付の監査証明

訂正監査の実施状況	件数
全訂正期間が訂正前と同じ監査人によって監査されている	19 件
全訂正期間が訂正前と異なる監査人によって監査されている	6 件
訂正期間の一部が訂正前と異なる監査人によって監査されている (※)	1 件
合計	26 件

(※)　過去 4 年分の有価証券報告書を訂正している。4 年分の訂正前有価証券報告書によれば、異なる 2 つの監査人がそれぞれ 2 年ずつ監査を実施している状況であり、途中、監査人の交代があったことがうかがえる。
　　本事例は、前任監査人が監査を実施した期間の訂正監査についても、後任監査人が実施しているケースである。

第10節　過年度損益訂正による上場廃止

　図表1-10-1は、訂正報告書提出会社が、その後上場廃止となっているケースを調査したものである。過年度損益訂正を行った事例126件のなかには、1社が複数回有価証券報告書の訂正を行っているケースもあるため、2013年4月以降、2017年3月までに過年度損益訂正を行った会社数としては、119社となる。調査の結果、119社のうち調査時点で上場廃止となっている会社は12社であった。ただし、有価証券報告書の訂正と上場廃止との因果関係は確認していない。

図表1-10-1　訂正報告書提出企業の動向

項目	会社数
1.　調査時点で上場廃止となっている会社	12社
（1）　不正	7社
（2）　誤謬	3社
（3）　不明	2社
2.　上記以外（上場維持）	107社
合計	119社

第2章 過去事例から見る原因分析・内部統制上の弱点・徴候

■本章のポイント
- 不正は何らかの内部統制上の問題点を利用して行われるため、内部統制上の問題点と不正リスク要因を関係づけて検討することは有意義なものとなる。
- 不正リスク要因を考えることで、どのような不正が生じうる可能性があるか推測することができる。
- どのような状況であれば不正リスク要因が高まるかということを検討することで、不正に対する感度を上げることも有用である。

　本章では、公表されている調査報告書から不適切な会計処理の原因となった内部統制上の問題点を考察する。

　そのうえで、内部統制上の問題点を不正が行われた根本原因である不正リスク要因と関係づけることで、不正リスク要因を検討するうえでの手がかりを示すことを試みる。

第1節　過去事例から見る内部統制上の問題点の分析

■本節のポイント
- 不正は内部統制における何らかの問題点が原因となって行われる。
- 特に統制環境に関する部分は、組織としてではなく、不正の実行者がどう感じているか、が重要となる。

　不正はさまざまな意味を持つ非常に広範囲な概念であるが、本書は過年度決算訂正を主題として扱っているため、ここでは、不正とは、財務諸表に関する重要な虚偽表示の原因となるもの、に限定することとする。したがって、公認会計士が行う財務諸表監査において対象となる、ⅰ不正な財務報告（いわゆる粉飾）、ⅱ資産の流用を対象とする。

会社において不正を防止・発見するような実効性のある内部統制が構築されていれば不正はある程度防止・発見することもできる。いいかえれば、過去に不正事例があった会社においては何らかの内部統制上の問題点があったのではないか、と推測される。本節では、公表されている調査報告書から内部統制上の問題点の分析を試みる。

1　統制環境
(1)　企業風土
　多くの会社で企業風土は不正の原因の1つとして挙げられている。

　公表されている調査報告書を検討すると、以下のような原因が列挙されている。

- 業績達成へのプレッシャーが厳しい
- 上司の意向に逆らうことができない企業風土
- コンプライアンス研修は実施しているもののコンプライアンスに対する意識が低い
- 経営者の適切な会計処理に対する意識あるいは知識の欠如
- 経営者のコンプライアンス意識の欠如
- 子会社管理が厳しいことで子会社側に過度なプレッシャーがかけられている
- 子会社管理が十分になされていないことで子会社側が親会社と異なる独自の企業文化を有している

　企業風土は一般に当該組織に見られる意識やそれに基づく行動、および当該組織に固有の強みや特徴をいうが、組織の最高経営責任者の意向や姿勢を反映したものとなることが多い。長年にわたり会社内に構築されたものであり、組織の内部では平時においては特に意識されないものである。また、内部統制のあり方のように明文化されたものではなく、組織内の人間個々人がどう感じるか、という感性による部分もある。

　組織である以上、目標達成、上司からの指示に関して上司からのプレッシャーがあるのは必然といえるが、それをどのように受け取るかは

受取り手次第である。また、会計処理・コンプライアンスに関する意識についても多くの会社では研修等を実施し、構成員に対して啓蒙活動を実施しているものと推測される。不正を実行した初期の頃は、会計処理・コンプライアンスに違反しているという意識を持ちつつ何らかのプレッシャーを感じ、やむにやまれず不正を実行する程度のところから始まり、次第に不正を実行することに慣れ、会計処理・コンプライアンスに関する意識が欠如していったのではないかと推測される。

いずれにせよ、企業風土は、会社の根幹をなす部分であるにもかかわらず、主要な不正の原因の1つとして数多く挙げられていることは認識しておく必要がある。

(2) 厳しい業績管理

業績管理については、不正の原因として分析されている事例は少ない。また、記載されている場合も、業績達成へのプレッシャーと関係づけられているものもあり、業績管理自体が不正の原因となった、というよりも、目標、予算との比較で業績を管理されているというプレッシャーの方がより強い不正の原因であったのではないかと推測される。

公表されている調査報告書を検討すると、以下のような原因が列挙されている。

- 業績管理が短期的な視点で行われている
- 予算の達成状況を重視している
- 達成困難な業績目標が設定されている

営利企業である以上、持続的な成長のために業績目標は高く設定され、利益管理責任者はさまざまな施策を講じて当該目標達成に向け努力を行っていくこととなる。そして、目標と実績を比較しその達成割合を評価されることとなる。一概にこのような業績管理が悪いというわけではない。ただし、目標を課せられた者としては当然目標を達成しようとするため、適度なプレッシャーとなるように業績目標を設定し、業績管理をしていくことが求められる。

(3) 自己正当化

不正のうち、資産の流用は金額的影響も少額であり、また、首謀者も一従業員ということもあると推測されるが、資産の流用に関する不適切な会計処理についての調査報告書は少数である。公表されている調査報告書は、金額的な影響もあり、首謀者も上席者となっている不正な財務報告の事例が多数を占めている（図表1-3-3参照）。

公表されている調査報告書を検討すると、組織のため、部下のために実施した、ということが記載されている。

資産の流用は個人的な利益を得るために、個人的な動機に基づき実施するものであるが、日本企業においては、個人的な利益を得るためではなく組織の掲げた目標・予算を達成することをはじめとして、組織のために不正が行われていることが多い。このことは、有効な内部統制が構築・整備されているとしても組織のために関係者が共謀して実施した結果であると推測される。

(4) 制度の不備・機能不全

統制環境に関し不正の原因として多く挙げられている制度の不備・機能不全は、取締役会・監査役会・内部監査によるモニタリング（以下「取締役会等によるモニタリング」という）に関する事項と通報制度に関する事項に大きく集約される。

まず、取締役会等によるモニタリングに関しては、以下のような原因が列挙されている。

- 各取締役の保有する情報が取締役会で共有されていない
- 特定の役員に権限が集中している
- 監査役会を含め財務・経理に精通した人材が欠如している
- 海外を含む子会社とのコミュニケーションが不足している
- 内部監査部門に人材が不足している
- 内部監査の結果が適切に報告・共有されていない

次に、通報制度に関しては、以下のような原因が列挙されている。

- 内部通報窓口が設置されていない

- 内部通報窓口は設置されているが従業員に対し広く周知されていない
- 内部通報窓口が利用されていない
- 内部通報窓口の利用対象者に子会社が含まれていない
- 子会社の通報内容が親会社に共有されていない

　取締役会等によるモニタリングは、会社法等で求められている事項もあり、各社制度としては有効に規程が整備されデザインされている場合も多いと推測される。したがって、実際の日常業務への適用あるいはその運用において不十分なものがあったため、取締役会等によるモニタリングにより不正等の防止・発見がなされず、不正等の発生に至ったものと推測される。

　日常業務への適用あるいは運用は、制度を運用する人材と情報の伝達に大きく依存し、運用する人材と情報の伝達次第で有効なものとも有効でないものともなることに留意する必要がある。

　通報制度についても同様であり、内部通報規程等により通報制度は有効にデザインされている場合も多いと推測される。しかし、通報制度が整備されていないという状況や、通報制度の従業員等への周知、実際の運用、通報された内容への対処等実際の業務への適用あるいはその運用面において不十分なものがあったため、不正を発見・防止する端緒となる情報を入手する機会または入手している情報の有効な活用ができなかったので、必要な対応策を講じることができなかったものと推測される。なお、たとえば組織が小さい、あるいは、非常に単純な組織構造であるため十分に目が行き届くので通報制度を設ける必要がない、ということも想定され、通報制度が整備されていないこと自体はそのことのみをもって内部統制における問題とはならないものと考えられる。

　なお、不正発覚の端緒として、取締役会等によるモニタリングや内部通報により不正が発覚した不正事例も多数あることから、有効に整備され、かつ、有効に業務に適用され運用されている場合には、不正の発見に対して一定の効力があるものと考えられる。

(5) 不十分な職務分掌

公表されている調査報告書において、職務分掌の不十分さも不正の原因として挙げられている。

内部統制は職務分掌による従業員の相互牽制を利用して構築されることが多いが、すべての業務、すべての子会社において完全な職務分掌を行うことは人的制約からも現実的に不可能である。しかしながら、不正実行者は不十分な職務分掌は内部統制の弱点となっていることを認識しており、このような事象を利用して不正を実行したものと推測される。

(6) 不十分な人事ローテーション

多くの会社で不十分な人事ローテーションは不正の原因の1つとして挙げられている。

直接的に経理数字に関係する経理部門を意識しがちであるが、公表されている調査報告書を検討すると、取引の担当者や、拠点の責任者の人事ローテーションが不十分であった、という状況が多くを占めている。

取引先との関係の円滑化のために、長年人事ローテーションによる担当者の交代が行われなかったことで不正実行者の有する裁量権の大きさから、取引先との間で馴合いの関係が生じ、癒着関係が生じたことにより不正が生じる原因となったと分析されている事例が多い。すなわち、取引先との共謀である。

また、同一担当者が長年同一業務を継続していることにより当該業務が当該担当者にしか詳細に把握できていなかったと分析されている事例もある。すなわち、業務のブラック・ボックス化である。

2 業務プロセス

(1) 形式的な統制行為

公表されている調査報告書のなかでも、新規事業や子会社で発生した不正の原因として、承認権限者の形式的な承認ということが挙げられている。

たとえば、新規事業に進出した際に、承認権限者が新規事業に関する

商流、商慣行に対する理解がないため、実務担当者にいわれるとおりに、形式的に取引を承認している場合である。また、子会社においても、親会社から出向した者が承認権限者となり子会社管理をする場合があるが、そのような場合でも、財務・経理に詳しくない者、あるいは、子会社の行っている事業への理解不足から新規事業の場合と同様、形式的に取引を承認している場合も想定される。

どれだけ内部統制が有効にデザインされていたとしても、それが有効に業務に適用され、運用されていなければ不正は防止・発見できない、ということを如実に示す原因の一例である。

(2) ITシステムの過信

膨大な日々の取引を適切に処理するため、会社においてITシステムを日常管理で用いることは当然のこととなっている。このようななか、公表されている調査報告書でITシステムが不正の原因であると直接記載されているものは少ない。公表されている調査報告書でITシステムに言及しているものにおいても、ITシステムへの虚偽入力や入力済みのデータを事後的に改ざんすることによる不正について記載があるものが数件あるのみであった。このことは、裏返せば、実際の不正はITシステム以外のところで行われている、ということである。

近年、業務効率化のために、ITシステムへの投資を積極的に行う会社は増加しており、ITシステムにより内部統制を構築することは否定されるものではないし、定型的な処理についてはITシステムにより自動処理する、という流れは業務が多様化するなかでは必然のものである。ただし、そのような状況においても、ITシステムはあらかじめ定められたとおりの処理しかできず、また、エディット・バリデーション・チェック等により誤謬は防止できたとしても、意図的に不正なデータをあらかじめ定められたとおりに登録する、あるいは、ITシステムによるチェックに検出されないようにたとえば取引を分割する等データを不正に操作した場合には不正は防止・発見できないため、ITシステムによる不正の防止・発見には限界があり、人が行う統制はITシステムが

どれだけ進化しようと重要である、ということを認識する必要がある。

(3) グループ・ガバナンスの欠如

公表されている調査報告書において、海外を含む子会社に対するグループ・ガバナンスの欠如が不正の原因として挙げられている。

すなわち、海外を含む子会社については、業績管理・連結決算の観点からの定型的な様式による報告は受けていたものの、内容については吟味せず子会社の事業運営をコントロールしていなかった、という原因である。

これについては、海外を含む子会社をどのように管理するか方針がないという内部統制のデザイン上の問題に起因しているのか、内部統制はデザインされているものの、海外を含む子会社管理が例外的に取り扱われていたのかは不明であるが、いずれにせよ、リスクの高い領域に対するコントロールが十分にできていなかったことが不正の原因であると推測される。

第2節　不適切会計の根本原因

> ■本節のポイント
> ● 不正の背景には必ず何かしらの要因があり、それを不正リスク要因という。
> ● 不正リスク要因は、ⅰ動機・プレッシャー、ⅱ機会、ⅲ姿勢・正当化の3つに分類することができる。

　不正が行われる背景には必ず何かしらの要因があり、人が不正行為を実行するまでの仕組みとして、米国の犯罪学者であるD.R. クレッシーが実際の犯罪者を調査して導き出した「不正のトライアングル」理論が広く知られている。

　「不正のトライアングル」においては、不正リスクの要素として、「動機・プレッシャー」、「機会」、「姿勢・正当化」の3つが示されており、この3つの要素が満たされたとき不正が行われるとされている。

図表2-2-1　不正のトライアングル

動機・プレッシャー	不正を実際に行う際の心理的なきっかけ。処遇への不満や承服できない叱責等の個人的な理由や、外部からの利益供与、過重なノルマ、業務上の理由、業績悪化、株主や当局からの圧力等の組織的な理由が原因として考えられる。
機会	不正を行おうとすれば可能な環境が存在する状態のことである。 重要な事務を1人の担当者に任せている、必要な相互牽制、承認が行われていないといった管理の不備が主な原因である。
姿勢・正当化	姿勢・正当化とは、不正を思いとどまらせるような倫理観、遵法精神の欠如であり、不正が可能な環境下で不正を働かない堅い意思が持てない状態を指す。完璧な管

| 理体制の構築は不可能である以上、道徳律の確立が不正予防の必須要件である。

　第1節で記載している内部統制上の問題点は、いずれもこの不正リスク要因が背景にある。不正は通常は巧妙に隠ぺいされることから、例外的な場合を除きその発見は非常に困難なものである。ただし、不正が行われている可能性を感知し、不正を未然に防止あるいは早期に発見することは会社にとって非常に重要である。不正リスク要因があること自体は、必ずしも不正が行われていることを示唆するものではないが、不正リスク要因が実際の不正事例から導き出された要因であることから、不正が行われている可能性があることを示唆するものとなっている。また、さまざまな事象が密接に関係しあって不正が行われることから、不正リスク要因に重要度による序列はつけることができない。

　たとえば、業績達成のための非常に強いプレッシャーを受けている場合、不正リスク要因として「動機・プレッシャー」が存在する。ただし、この場合でも、不正防止のための内部統制が有効に構築されていれば、不正を試みる者は、そのような内部統制が構築されていることにより、不正の実行を断念することとなり不正リスク要因の「機会」がなくなるため、不正を行わないであろう。仮に不正防止のための内部統制が有効に構築されていない場合には不正リスク要因として「機会」も存在することとなるが、どれだけプレッシャーを受けていても経営者は不正を絶対許さないという姿勢を明確にしていれば不正リスク要因の「姿勢・正当化」がなくなるため、この場合も不正を行わないであろう。ただし、「姿勢・正当化」はあくまでも個人の心理的状態であるため、どういう状況にあっても不正を実行する者は実行する、ということをかんがみると、「動機・プレッシャー」および「機会」に関係する不正リスク要因はやや重要度が上がるかもしれない。

　したがって、どのような不正リスク要因があるか、仮に不正リスク要因があった場合、それは現状構築されている内部統制で十分防止・抑制

できているかを検討し、不正の発生を防止・発見できるようにする必要がある。

　また、不正リスク要因を、会社全体で検討するのみならず、事業部・子会社単位等より詳細な単位で検討した場合、会社全体の場合とは異なる不正リスク要因が識別されることもある。このように、不正リスク要因の理解は非常に重要なものとなる。

　以下では、不正な財務報告（いわゆる粉飾）の場合の3つの不正リスク要因の具体例を記載する。

1　動機・プレッシャー

　動機・プレッシャーは、個人や組織が作り出す場合もあれば、会社を取り巻く環境の変化により生じる。

　ⅰ　財務的安定性または収益性が、次のような一般的経済状況、会社の属する産業または会社の事業環境により脅かされている

　たとえば、以下のような状況にある場合である。

- 利益が計上されているまたは利益が増加しているにもかかわらず営業活動によるキャッシュ・フローが経常的にマイナスとなっている、または営業活動からキャッシュ・フローを生み出すことができないことにより、継続企業の前提に関するプレッシャーがある
- 技術革新、製品陳腐化、利子率等の急激な変化・変動に十分に対応できない

　ⅱ　経営者が、次のような第三者からの期待または要求に応えなければならない過大なプレッシャーを受けている

　たとえば、以下のような状況にある場合である。

- 経営者の非常に楽観的なプレス・リリース等により、証券アナリスト、投資家、大口債権者またはその他利害関係者が会社の収益力や継続的な成長について過度のまたは非現実的な期待を持っている
- 取引所の上場基準、債務の返済またはその他借入れに係る財務制限条項に抵触しうる状況にある

iii　会社の業績が、次のような関係や取引によって、経営者または監査役等の個人財産に悪影響を及ぼす可能性がある

たとえば、以下のような状況にあることで会社と重要な経済的利害関係を有している場合である。
- 経営者または監査役等が大株主である
- 経営者の報酬に業績連動報酬制度が採用されている

  iv　経営者（子会社の経営者を含む）、営業担当者、その他の従業員等が、売上や収益性等の財務目標（上長から示されたもの等含む）を達成するために、過大なプレッシャーを受けている

2　機会

機会は内部統制がどのように構築されているかにより左右され、不正リスク要因として完全になくすことはできないが、不正を防止するための有効な内部統制の構築によりある程度は低減できる不正リスク要因である。

  i　会社が属する産業や会社の事業特性が、次のような要因により不正な財務報告にかかわる機会をもたらしている

たとえば、以下のような状況にある場合である。
- 通常の取引過程から外れた関連当事者との重要な取引、または監査を受けていないもしくは他の監査人が監査する関連当事者との重要な取引が存在する
- 重要性のある異常な取引、またはきわめて複雑な取引、特に困難な実質的判断を行わなければならない期末日近くの取引が存在する
- 明確な事業上の合理性があるとは考えられない商流、あるいは、会社が取引において存在している
- 業界の慣行として、契約書に押印がなされない段階で取引を開始する、正式な書面による受発注が行われる前に担当者間の口頭による交渉で取引を開始・変更する等、相手先との間で正当な取引等の開始・変更であることを示す文書が取り交わされることなく取引が

行われうる

ⅱ 経営者の監視が、次のような状況により有効でなくなっている

たとえば、以下のような状況にある場合である。
- 経営が1人または少数の者により支配され統制がない
- 取締役会または監査役会による監視が有効でない

ⅲ 組織構造が、次のような状況により複雑または不安定となっている

たとえば、以下のような状況にある場合である。
- 異例な権限系統となっている、会社を支配している組織等の識別が困難なほど入り組んだ所有構造等、きわめて複雑な組織構造である
- 経営者または内部統制上重要な役割を担う者が頻繁に交代している

ⅳ 内部統制が、次のような要因により不備を有している

たとえば、以下のような状況にある場合である。
- 内部統制（ITを含む）に対する監視が十分になされていないことで、人による統制や会計システムや情報システムが有効に機能していない

3 姿勢・正当化

姿勢・正当化は、不正は絶対許さない、という企業風土の醸成により低減することはできるが、個人の心理的なものであり組織としては不正リスク要因の有無を検討する際には判断しにくいものである。

たとえば、以下のような状況にある場合である。
- 経営者が、経営理念や企業倫理の伝達・実践を効果的に行っていない、または不適切な経営理念や企業倫理が伝達されている
- 経営者と現任または前任の監査人との間に次のような緊張関係がある
  - 会計、監査または報告に関する事項について、経営者と現任ま

たは前任の監査人とが頻繁に論争しているまたは論争していた
・ 監査上必要な資料や情報の提供が著しく遅延するまたは提供しない
・ 監査人に対して、従業員等から情報を得ること、監査役等とコミュニケーションをとることまたは監査人が必要と判断した仕入先や得意先等と接することを不当に制限しようとしている

　不正事例から導き出される不正のトライアングルに基づく一般的な不正リスク要因は上記のとおりであるが、観点を変え不正実行者がどのような不正を実行することによりどのような利得を得たか、という不正を実行した目的を分析すると興味深いことがわかる。

　すなわち、不正には資産の流用（いわゆる横領）と不正な財務報告（いわゆる粉飾）の２つがあるが、公表されている不正事例において不正の目的として圧倒的に多いのは不正な財務報告である。資産の流用は金額的影響も少額であり、また、首謀者も一従業員ということもあると推測されるが、資産の流用に関する不適切な会計処理についての調査報告書は少数である。

　そして、不正な財務報告の事例においても、不正実行者が、みずからのために、たとえば含み損の隠ぺい等何らかの事項を隠ぺいしたいがために実行している事例は少なく、どちらかといえば、組織の掲げた目標・予算を達成することをはじめとして、組織のために不正を実行している事例が多い。前者の場合であれば、不正実行者は何らかの事項を第三者から隠ぺいするため、そこに罪の意識は若干働くこととなる。他方、後者の場合であれば、不正実行者は組織のことを考えて実行していることから、罪の意識が希薄となり、積極的に不正を実行している自己を肯定していく可能性がある。

　このように、組織のためを考えて不正を実行する、すなわち、不正が行われた場合でも、その不正が「正当化」されている、ということは日本における不正事例の特徴であると考えられる。

　一般的なこれらの不正リスク要因を実際の公表されている調査報告書

で分類してみると以下のようになる。なお、具体的な要因は、第三者委員会報告書を含む各社が公表している調査報告書から不正の発生要因と判断される箇所を抜粋し、代表的なもののみを記載しており、すべてを網羅しているわけではない。

図表 2-2-2　具体的な不正リスク要因の例

不正リスク要因	具体的な要因
動機・プレッシャー	・ 予算達成、計画達成、売上・利益を計上するといった業績目標達成に対するプレッシャー ・ 上記業績目標達成が当然、あるいは、未達の場合報告しづらい社風 ・ 業績と連動した評価、報酬
機会	・ 取締役会等を含む社内の第三者による監視・監督が不十分 ・ 内部通報制度が整備されていない、あるいは整備されていても有効に機能していない ・ 親会社による子会社に対する統制が不十分 ・ 職務分掌が十分にできていない ・ 内部統制に何らかの欠陥がある ・ 人事ローテーションが実施されていない
姿勢・正当化	・ 組織を守るために実施した ・ 自分たちの会計処理が正しいという思い込み

第3節　公表データ等から読み取れる徴候分析

> ■本節のポイント
> ● 本節では外部に公表されている各種データから不正が行われている可能性を発見するための着眼点を記載する。
> ● 不正リスク要因からの分析ではなく、どのような状況に置かれた場合に不正リスク要因が高まるか、という背景分析であるが、不適切会計の事例にもあてはまるものがあり、不正発見の1つの着眼点として検討することは有用であると考えられる。

　第1節、第2節は公表されている調査報告書等からの分析であったが、本節では、一般の投資家等会社の外部にいる者が容易に入手できる情報から不正の徴候を示す異常値にどのように着眼するかについて検討を行う。

　公表情報を用いることとなるため、不正を事前に防止することはできないが、異常値に早く気づけば気づくほど、当該異常値を起点として可能な限り早期に不正の徴候を発見する1つの契機にはなるものと考えられる。容易に入手できる情報としては、有価証券報告書、会社の適時開示情報、株価等があるため、これらを用いて分析を行う場合の着眼点を記載する。

1　同業他社との業績動向の違い

　同種事業を営む会社であれば、特定の顧客に対する依存度が高くない限り、業績動向は市場環境に連動し、業績の良化・悪化は同じ傾向を示す。したがって、ある業種が全般的に低迷しているなか、特定の会社だけ順調に業績が伸びている場合等、同業他社の業績傾向と異なる場合、業績をよく見せるための不正が行われている可能性がある。

　過去の不正事例のなかでも同業他社は全体として悪化傾向にあるなか、1社だけ業績が向上している、という状況下において実際には架空売上

の計上、あるいは、費用・損失の隠ぺい・繰延べがなされていた、という事例も見受けられる。

　なお、この業績動向の違いは、企業グループ全体として、という観点も重要であるが、多角化する昨今の会社経営をふまえると、より細分化した単位、たとえば、セグメント情報で開示されている報告セグメント単位ごと等に比較検討を実施する場合、よりこのような端緒を識別することができる。

　過去の不正事例のなかでも全社を挙げて不正が行われていた、という事例は非常に限定的で、特定の部門・事業部・子会社において不正が行われていた、という事例が圧倒的に多い。そして、このような特定の部門・事業部・子会社は複数の事業を営んでいることは少なく、特定の事業を営んでいることが多い。したがって、セグメント情報等を有効活用することが考えられる。

2　市場環境との違い

　1と類似するが、市場環境と比較することにより、異常値を識別することも可能である。

　市場環境は、景気や価値観の変化等により変化していくものであり、さまざまな団体が公表する販売統計データ、官公庁の公表する統計データ等各種指標により、成長局面なのか、停滞局面なのか、あるいは、衰退局面なのかを識別することができる。また、各種新聞報道でも、たとえば、日本経済新聞が定期的に掲載する「産業天気図予測」等で識別することができる。さらに、業種によっては、各種アナリスト・レポート等も活用できるであろう。

　このような市場環境と比較し、実際の業績がどのようになっているか、ということを比較検討する。

　たとえば、市場規模は拡大している一方で、日本企業の販売シェア・生産量は下落している、という状況下で、特定の会社のシェア・生産量が伸びている、あるいは現状を維持している、というのは、市場環境と

整合しておらず、異常点として識別される。もちろん、詳細に調査を実施すれば、それは会社の経営努力により市場環境と異なる傾向となっていることが判明することもあるが、会社のシェアが落ちていることを隠ぺいしたい、という誘因が働いている場合には、架空売上の計上あるいは費用の繰延べ等が行われている可能性もあり、留意すべき観点であると考えられる。特に、市場における販売シェアが一定程度あり、社会的にも販売シェア・生産量が注目されている会社においては、このような観点での検討は有用であると考えられる。

3　株価推移との違い

　株価は、不特定多数の投資家が参加する証券取引所で、投資家の「売り」と「買い」の関係で決定される。株価の形成要因には各種のものがあるが、もっとも株価に影響を与えるのは業績予想・業績実績である。すなわち、会社の業績が伸びれば、配当の増加・自社株買い等による株主還元策が期待され、株価算定上の指標である1株当たり純資産（BPS：Book-value Per Share）・1株当たり純利益（EPS：Earnings Per Share）・1株当たり配当金（DPS：Dividend Per Share）の向上が期待されるためである。

　近年の会社経営においては株価の維持向上も会社の目標として念頭に置かれている。したがって、市場全体あるいは同業種の株価の推移と異なる株価の推移をしている場合には、株価の維持向上を図るためにBPSやEPSの上昇を企図して不適切な会計処理を行うことにより業績をよく見せている可能性があり留意が必要である。

　また、株式会社においては、所有と経営が分離されており、投資家は上記のように株式価値の向上を期待し株主還元策の強化を期待する一方、経営者は獲得した利益・内部留保を株主還元策に使用すると将来への投資・不測の事態が生じた場合の損失補てん原資がなくなるため、極力社内留保に努めようとする。この両者の方向性の相違を一致させるためにストック・オプション制度あるいは従業員や役員を対象としたESOP

（Employee Stock Ownership Plan）や制限付株式報酬制度（RS：Restricted Stock）といった株式報酬制度が導入されることが多い。株式報酬制度は、自社の株式を原資として、一定の金額の支払いにより、原資産である自社の株式を取得する権利を、会社と雇用関係にある使用人のほか、会社の取締役等に労働や業務執行等のサービスの対価として給付するものである。これにより、会社は使用人、取締役等の意欲や士気を高めるとともに、業績の向上による株価の値上がりを通じたインセンティブを使用人、取締役等に与えることができるため、究極的な権利付与者である株主と経営者の目的を株主価値・企業価値の増加に一致させることができる制度である。

　株式報酬制度はこのように、会社の業績予想・実績により左右される株価と強い連動性を有する。したがって、株式報酬制度により権利を付与されている対象者は株価をできるだけ上昇させたい、そのためには、できるだけ業績をよく見せたい、という誘因が働く。

　株式市場における株価動向は、個社ごとの業績予想・実績により左右されるが、全体としてはマクロ経済の状況にも連動することとなる。したがって、市場全体の株価動向と、株式報酬制度を有する会社の株価動向が連動していない場合、株式報酬による利益を得るために業績予想・実績を操作し、株価を高値に維持している可能性があるため、株式報酬制度を有する会社においては、株式市場との株価の連動性を異常点の1つとして識別することができる。

4　業績予想と実績値の相違

　上場会社は一般的には業績予想として、翌期の「売上高」、「営業利益」、「当期純利益」、「1株当たり当期純利益」、「1株当たり配当金」を開示することが通例となっている。開示した業績予想については、一定の変動があった場合に、「業績予想の修正」として証券取引所において適時開示を行うことが求められている。

　「業績予想の修正」は、行わなければならなくなった場合には適時に

開示しなければならない。しかし、一度公表した業績予想は修正したくない、という誘因が働いた結果、公表した業績予想に近い決算数字、あるいは「業績予想の修正」を行わない範囲の決算数字となるように、決算数字を操作する可能性もある。当然、業績予想の修正が行われていない会社も多数存在し、業績予想値の見積りが非常に精緻で業績予想を修正する必要がない会社も多数存在する。

したがって、一概に業績予想の修正がなされていないことが異常点として識別されるわけではないが、たとえば、業績予想の修正はなされていないが、業績予想値と実績値を比較すると常に「業績予想の修正」を実施する必要のない水準内の乖離となっていることを異常点の1つとして識別することも、不正が行われている徴候を識別するうえで有効ではないか、と考えられる。

また、「業績予想の修正」が行われている会社においても、たとえば、それが毎回下方に修正されているようなことも異常点の1つとして識別することも考えられる。このような会社は「業績予想の修正」は適切に行われているものの、そもそも当初の業績予想値が高めに設定されている可能性がある。業績予想値は一般に社内における予算とも連動しており、社内予算も高めに設定されている結果、各部署・子会社に何らかの業績達成に対するプレッシャーがかかっていることが想定される。当該プレッシャーが強すぎると、**第1節**および**第2節**においても記載したが、業績達成への強いプレッシャーとなり、不正を実行する要因となりうるため、不正が行われている徴候を識別するうえで有効ではないか、と考えられる。

5 勘定残高・財務比率の趨勢

決算数字を用いた分析を実施することも不正が行われている徴候を識別するうえで有効である。

たとえば、売上債権、棚卸資産、仕入債務、売上高、売上原価等の主要数値を用い、回転期間等の時系列分析を行うことで異常値を識別する

こともできる。この場合、単なる2期比較ではなく、5期間等比較的長期間の時系列分析を実施する必要がある。たとえば、架空売上が行われた場合において、架空売上が行われた年度においては、回転期間算定上、対象となる分母・分子両方が大きくなっているため、回転期間としては前年度と比較して変動がないという結果が導き出されている可能性があるが、架空売上が行われた翌年度以降は売上債権が累積していくため分子の値が大きくなることから回転期間が長期化することとなる。このように、回転期間分析は複数年の時系列分析を行うことで異常値に気づく場合があるため、不正が行われている徴候を識別するうえで有効な手段となりうる。

　また、キャッシュ・フロー計算書との関係を分析することも不正が行われている徴候を識別するうえで有効な手段となりうる。一般に順調に利益が計上されている場合は、よほど業績が急拡大しない限り営業活動に係るキャッシュ・フローは黒字となる。また、営業キャッシュ・フローが赤字になった場合は通常は借入金等で運転資金を調達するため、財務活動に係るキャッシュ・フローは黒字となる。

　たとえば、架空売上が計上された場合、当該架空売上に対応する資金の入金はなされないため、売上債権が増加することにより営業活動によるキャッシュ・フローは赤字方向となる一方で、入金されない分を借入金で調達するため、財務活動に係るキャッシュ・フローは黒字方向となる。したがって、利益が計上されているにもかかわらず、営業活動によるキャッシュ・フローは赤字、財務活動によるキャッシュ・フローは黒字、という場合には不正が行われている徴候を示している場合がある。

　また、循環取引の場合もキャッシュ・フロー計算書で端緒をつかむこともできる。循環取引の場合、循環取引の起点となる会社においては、最初に自社が販売した金額よりも最終的には高額な金額で循環取引先から買い戻す必要があるため、資金需要が増加することとなる。したがって、循環取引が行われている場合においては、売上債権の増加によるキャッシュ・アウトがある一方、それ以上に仕入債務の増加による

キャッシュ・インがあることとなる。そのため、営業活動に係るキャッシュ・フローは計算上は黒字となる可能性があるが、買戻し資金を調達する必要があるため財務活動によるキャッシュ・フローも黒字となる。このように、キャッシュ・フロー計算書の各区分金額のみでなく、内訳項目まで含めた詳細な分析を行うことにより、不正が行われている徴候を発見する手段となる可能性がある。

コラム　グループ会社の内部統制システム

　子会社での不適切会計の発覚により、連結財務諸表の作成が遅れ決算短信や有価証券報告書の提出が遅延したり、連結財務諸表等の過年度決算訂正を余儀なくされたり、さらには、それにより課徴金を課されるケースも出ている。このような事態を防ぐため、グループ会社全体の不適切会計を防止するための内部統制システムの構築・運用が重要となる。金融商品取引法上の内部統制報告書における評価の対象には、当然、連結財務諸表を構成する子会社や関連会社も含まれるが（金融庁・企業会計審議会「財務報告に係る内部統制の評価及び監査に関する実施基準」（2007年2月15日（最終改正：2011年3月30日）))、会社法上も、「企業集団における業務の適正を確保するための体制」の整備について取締役会で決議すべきことが定められ（会362条4項6号、会規100条1項5号）、法的にもグループ会社全体の内部統制システムの構築・運用が求められている。

　グループ会社全体の内部統制システムの構築・運用の方法としては、ⅰコンプライアンスやリスク管理に関するグループ全体に向けた行動規範や管理規程を作成して周知徹底させること、ⅱグループ全体の内部統制を統括する委員会等の会議体を設けること、ⅲ各子会社に管理・監査機関を設置し、ⅱのような会議体に報告させる体制を整備すること、ⅳ各子会社で発見された違法行為や不祥事等を通報する制度を作ること、等が一般的に想定される。

　ただし、親会社の体制整備の程度と比較しても、人的にも、コスト的にも限られた子会社の体制整備は課題が多い。また、体制は整備したとしても、実際に適切に運用されないのでは意味がない。内部統制の構築運用を子会社のみに委ねるのではなく、親会社の積極的、継続的な協力体制のもとで、グループ全体の意識を高めていくことが重要であろう。

なお、子会社のうち特に海外子会社については、本社と同様の内部統制システムを導入するだけでなく、日本人駐在員と現地の従業員との信頼関係や、言語の壁を越えて情報の伝達が適切に行われているか否かが分岐点であることが多い。海外子会社においては、そのようなコミュニケーションが円滑であることも統制環境を整えるうえで重要な要素であるといえる。近年、海外子会社での不祥事により親会社が不測の損害を被る事態が増加しており、海外子会社の管理には特に注意を要する。

第3章 不適切会計の防止・発見のための内部統制の構築と内部監査の役割

■本章のポイント
- 不正は完全に防止することは困難であるが、不正が生じにくい内部統制を構築することは可能である。
- 内部統制の構築に際しては防止・発見すべき不正を念頭に置きながら内部統制を構築する必要がある。
- 不正の防止・発見には内部監査機能が重要な役割を担っている。

第1節 内部統制の基本的要素

■本節のポイント
- 本節では内部統制の基本的要素について、内部統制監査基準をもとにまとめる。
- 内部統制は各基本的要素が有機的に結びつき、一体となって機能することでその目的を合理的な範囲で達成しようとするものである。
- 他方、内部統制は経営者がその構築にかかる費用と便益を比較衡量しながら構築するものであり、内部統制には限界があることも認識しておく必要がある。

　内部統制とは、「業務の有効性及び効率性」、「財務報告の信頼性」、「事業活動に関わる法令等の遵守」ならびに「資産の保全」の4つの目的が達成されているとの合理的な保証を得るために、業務に組み込まれ、組織内のすべての者によって遂行されるプロセスをいい、「統制環境」、「リスクの評価と対応」、「統制活動」、「情報と伝達」、「モニタリング（監視活動）」および「IT（情報技術）への対応」の6つの基本的要素から構成される（金融庁・企業会計審議会「財務報告に係る内部統制の評価及び監査の基準」（2007年2月15日（最終改正：2011年3月30日））（以下「内部統制監査基準」という）。

内部統制の基本的要素とは、内部統制の目的を達成するために必要とされる内部統制の構成部分をいう。内部統制監査基準によれば、内部統制の各構成要素は以下のように定義されている。

図表3-1-1　内部統制の構成要素

構成要素	定義
統制環境	組織の気風を決定し、組織内のすべての者の統制に対する意識に影響を与えるとともに、他の基本的要素の基礎をなし、リスクの評価と対応、統制活動、情報と伝達、モニタリングおよびITへの対応に影響を及ぼす基盤をいう。
リスクの評価と対応	組織目標の達成に影響を与える事象について、組織目標の達成を阻害する要因をリスクとして識別、分析および評価し、当該リスクへの適切な対応を行う一連のプロセスをいう。
統制活動	経営者の命令および指示が適切に実行されることを確保するために定める方針および手続をいう。 　統制活動には、権限および職責の付与、職務の分掌等の広範な方針および手続が含まれる。このような方針および手続は、業務のプロセスに組み込まれるべきものであり、組織内のすべての者において遂行されることにより機能するものである。
情報と伝達	必要な情報が識別、把握および処理され、組織内外および関係者相互に正しく伝えられることを確保することをいう。組織内のすべての者がおのおのの職務の遂行に必要とする情報は、適時かつ適切に、識別、把握、処理および伝達されなければならない。また、必要な情報が伝達されるだけでなく、それが受

	け手に正しく理解され、その情報を必要とする組織内のすべての者に共有されることが重要である。 　一般に、情報の識別、把握、処理および伝達は、人的および機械化された情報システムを通して行われる。
モニタリング（監視活動）	内部統制が有効に機能していることを継続的に評価するプロセスをいう。モニタリングにより、内部統制は常に監視、評価および是正されることになる。モニタリングには、業務に組み込まれて行われる日常的モニタリングおよび業務から独立した視点から実施される独立的評価がある。両者は個別にまたは組み合わせて行われる場合がある。
IT（情報技術）への対応	組織目標を達成するためにあらかじめ適切な方針および手続を定め、それをふまえて、業務の実施において組織の内外のITに対し適切に対応することをいう。 　ITへの対応は、内部統制の他の基本的要素と必ずしも独立に存在するものではないが、組織の業務内容がITに大きく依存している場合や組織の情報システムがITを高度に取り入れている場合等には、内部統制の目的を達成するために不可欠の要素として、内部統制の有効性に係る判断の基準となる。 　ITへの対応は、IT環境への対応とITの利用および統制からなる。

　内部統制は各基本的要素が有機的に結びつき、一体となって機能することでその目的を合理的な範囲で達成しようとするものであるが、経営者がその構築にかかる費用（人件費等）と便益（不正・誤謬の防止・発見等）を比較衡量しながら構築するものであり、以下のような限界がある。

　・　内部統制は、判断の誤り、不注意、複数の担当者による共謀に

よって有効に機能しなくなる場合がある
- 内部統制は、当初想定していなかった組織内外の環境の変化や非定型的な取引等には、必ずしも対応しない場合がある
- 内部統制の整備および運用に際しては、整備および運用のための費用とそこから得られる便益との比較衡量が求められる
- 経営者が不当な目的のために内部統制を無視あるいは無効化することがある
- 内部統制目的で作成された情報が、当該情報の検討に責任を有する者がその目的を理解していない、あるいは、適切な行動をとらないことにより効果的に使用されない場合、有効に機能しないことがある

内部統制はどれだけ有効であっても、それをもって会社の財務報告の信頼性を確保するという目的の達成について完全な保証を与えるものではなく、あくまでも合理的な保証を提供するにすぎない。ただし、内部統制はこのような限界を有するものの、巨大化した組織を組織目標に向かって行動させるとともに、経営者あるいは経営者の実施するモニタリングにおいてすべての取引を検証することは現実的には困難であることから、経営者にとって有効かつ適切な内部統制が整備・運用されていることは非常に重要である。また、監査人の実施する財務諸表監査も有効な内部統制を前提とした試査により行われることから、監査人も有効かつ適切な内部統制が構築されているか否かを評価することに重点を置いている。

内部統制の整備は、各種規程等により内部統制をデザインすることのみならず、それが業務に適用されていること、すなわち、内部統制が存在し、実際に会社が利用していることが必要である。また、内部統制は、単に各種規程等をひな形を参考に定めるのではなく、内部統制が単独でまたは他のいくつかの内部統制との組み合わせで不正を含む財務諸表の重要な虚偽表示を有効に防止または発見・是正できるようにデザインされていなければならない。

公表されている不正事例の調査報告書を分析する限りにおいて、重要な内部統制のデザインが行われていなかった、という場合はほとんどなく、内部統制は適切にデザインされていたがそれが業務に適用されていなかった、運用が適切になされていなかった、あるいは、経営者が内部統制を無視した、という事例がほとんどである。

　以下では、不適切会計の発見・防止のための内部統制構築における留意点を記載していく。なお、すべての内部統制の構成要素が密接に関係して不正の防止・発見につながっていくものであるが、すべてを記載することは紙面の関係上困難であるため、特に不正の防止・発見という内部統制構築の観点から重要になってくる内部統制の構成要素に限定して記載する。また、内部監査は「モニタリング」として、内部統制の構成要素の1つをなすものであるが、内部統制の構築という観点と、内部統制の評価・是正という観点で異なるため、両者は別々に検討することとする。

第2節　不適切会計の防止・発見のための内部統制構築における留意点

> ■本節のポイント
> ● 本節では、以下の5つの内部統制の構成要素について、不適切会計の防止・発見のための内部統制構築における留意点を検討する。
>   ⅰ　統制環境
>   ⅱ　リスクの評価と対応
>   ⅲ　統制活動
>   ⅳ　情報と伝達
>   ⅴ　業務プロセス
> ● 内部統制の構成要素の1つである内部監査については次節で検討する。

　コーポレート・ガバナンスの強化および親子会社に関する規律等の整備を図ることを目的として、2014年の会社法改正において、従来、会社法施行規則で定められていた「当該株式会社及びその子会社から成る企業集団の業務の適正を確保するため〔の〕体制」の整備が会社法でも定められた（会362条4項6号）。これは、企業集団全体の内部統制についての当該株式会社における体制であり、企業集団全体の内部統制についての当該株式会社における方針を定めること等を想定している。「企業集団の業務の適正を確保するため〔の〕体制」は企業集団を構成する子会社の業種、規模、重要性を考慮する必要はあるものの、当該株式会社が企業集団を構成する子会社自体の体制について決議することを求めているわけではない。

　しかし、会社法においてもこのように、企業集団、特に子会社に関する事項について明示的に示されたこともあり、内部統制の構築は親会社だけでなく、子会社も含めた企業集団全体としての課題と認識し、有効な内部統制を構築していく必要があると考えられる。

　以下では、内部統制の構成要素ごとに内部統制構築における留意点を記載する。なお、2016年7月1日から2017年6月30日の間で公表された調査報告書（内部・外部を問わず）を分析することで、実際の調査

報告書においてどの構成要素が不適切な会計処理の原因であったかもあわせて記載する。

1　統制環境

上記のとおり、統制環境は内部統制の基礎をなすものである。

統制環境としては、たとえば、以下の事項が挙げられる。

- 誠実性および倫理観
- 経営者の意向および姿勢
- 経営方針および経営戦略
- 取締役会および監査役または監査委員会の有する機能
- 組織構造および慣行
- 権限および職責
- 人的資源に対する方針と管理

一般に当該組織に見られる意識やそれに基づく行動、および当該組織に固有の強みや特徴を「組織の気風」というが、組織の気風は、組織の最高責任者の意向や姿勢を反映したものとなることが多く、組織が保有する価値基準や基本的な制度等は、組織独自の意識や行動を規定し、組織内の者の内部統制に対する考え方に影響を与えるものである。したがって、統制環境の整備・運用はあらゆる内部統制の構築において非常に重要なものとなり、各構成要素を個別に整備・運用していくのではなく、一体としてとらえ整備・運用していく必要がある。

(1)　誠実性および倫理観、経営者の意向および姿勢

組織が有する誠実性および倫理観は、組織の気風を決定する重要な要因であり、組織内のすべての者の社会道徳上の判断に大きな影響を与えることとなる。

経営者の意向および姿勢は、組織の基本方針に重要な影響を及ぼすとともに、組織の気風の決定にも大きな影響を及ぼす。また、経営者の意向および姿勢をどのように伝えるかも組織内の者の行動に影響を与えることとなる。

公表されている不正事例の調査報告書においても、本項目はかなりの数で記載されており、「コンプライアンス意識の欠如」や「会計処理の知識・認識不足」、「適正な財務報告を重視する姿勢」が軽視されていたことにより生じた、と記載されている事例が多数ある。また、「業績達成への強いプレッシャー」や「売上（利益）をはじめとした各種指標の達成への強いプレッシャー」ということもかなりの報告書で記載されている。

　この2つの項目については、たとえば、組織の基本的な理念である経営理念やそれに沿った倫理規程、行動指針等を作成し、経営者からのメッセージとして「適正な財務報告を重視する」ということを組織内に発信していくことにより、形式的には整備できる。ただし、それは理念や方針・規程等を整備すれば即座に組織のなかに浸透していくものではなく、実効性を保つようにするためには、非常に長い期間をかけて組織のなかに徐々に醸成していく必要がある。

　したがって、経営者が組織の内外に示すメッセージにおいて「適正な財務報告を重視する」ということを年初・年度初め等節目節目の各時点で繰り返し発信するとともに、経営者も当該メッセージに従った行動をとり、みずから範を示すように行動していく必要がある。

　また、メッセージの発信も経営者からのみならず、経営者のメッセージを受けて、各事業部門・子会社等でどのように対応するかという点に関し、内部統制において重要な役割を担う者、すなわち、所管取締役・子会社社長や場合によっては部長クラスからメッセージとして繰り返し発信され、これらの者もみずから範を示すように行動していく必要がある。

　さらに、メッセージの発信方法も重要である。電子メールは不特定多数の者に容易にメッセージを伝達する手法であるため安易に利用されがちであるが、電子メールでしかメッセージが発信されていない場合にはメッセージの出し手と受け手の間の距離感がどうしても埋められない。したがって、何らかの会議やイベント等の機会を利用してフェイス

トゥーフェイスでメッセージを発信し、メッセージ発信者の気概を伝達することが重要となる。また、日常的に経営者のメッセージを伝える手段としてポスター等の掲示物を職場の目につきやすい場所に掲示して日々の行動のなかで刷り込んでいくことも有効な手法となる。

上司が不正行為を実施している、あるいは指示してきた場合には、部下の側からそれを指摘・拒否するのは困難かもしれないが、良好な企業風土が構築されていれば指示する側にとっても指示される側にとっても精神的な牽制効果も含め不正を抑止する効果は大きなものとなる。

(2) 経営方針および経営戦略

組織の目的を達成するために、組織がどのような経営方針および経営戦略をとるかは、組織内の者の価値基準に大きな影響を与え、かつ、組織内の各業務への資源配分を決定する要因となり、他の基本的要素に大きな影響を及ぼすこととなる。組織全体の目的は、経営方針および経営戦略に基づき各種予算・事業計画を通して具体化されていくこととなる。

公表されている不正事例の調査報告書で「達成困難な事業計画」あるいは「過度に高い目標設定」等経営方針あるいは経営戦略が原因であったと直接的に記載されている事例はほぼない。ただし、上記の「業績等の達成に対するプレッシャー等」は原因として記載されており、課された売上や利益の目標が実態に合致していない、あるいは、達成目標としては高いレベルであったのではないか、という推測を行うことができる。

会社は成長していくことが必要であるため、当然経営方針および経営戦略を達成するために作成される各種予算・事業計画は、現状維持ではなく現状よりも高めの水準に設定されることが多い。特に、業績が悪化している事業・子会社においては、業績改善のための各種施策を織り込み、それらの施策を実行していくことで業績の改善を図っていくような各種予算・事業計画が策定されることが多い。ただし、現実的に達成が困難な各種予算・事業計画が策定されたり、あるいは、各種予算・事業計画に対する達成状況が非常に重視されるような組織風土であると、これは各種予算・事業計画の策定者から実行者へのプレッシャーとなる。

したがって、各種予算・事業計画は高めの水準のものが策定されたとしても、現実を考慮した達成可能性のあるものでなければならず、また、仮に達成できなかったとしても達成できなかった原因を分析し、当該原因に応じた評価がなされるようになっている必要がある。

(3) 取締役会および監査役または監査委員会の有する機能

取締役会および監査役もしくは監査役会、監査等委員会または監査委員会（以下「監査役等」という）は、取締役の業務を監視する職責を負う機関で、会社法上の規定により個々の会社に設けられる制度である。これらの機関が実質的に経営者や特定の利害関係者から独立して意見を述べることができるか、モニタリングに必要な正しい情報を適時かつ適切に得ているか、経営者・監査役等および内部監査人等との間で適時かつ適切に意思疎通が図れており、報告および指摘事項が組織において適切に取り扱われていること等が重要である。

公表されている不正事例の調査報告書においても、本項目は記載されている項目であり、直接的に「取締役会が機能不全となっていた」や「取締役会の監督不全」と原因分析されている事例もある。なお、分析した限りにおいて、監査役会の機能について触れられているものはなかった。

昨今、会社統治形態として、会社法においては、会社のニーズに応じ定款自治の考え方に基づき自由度の高い機関設計が許容されるとともに、コーポレートガバナンス・コードの導入もあり社外役員の選任も増加している。

組織規模が大きくなればなるほど他部署で生じている事項については情報が希薄となり、当事者意識も薄れていく可能性がある。このようななか、社外役員は、業務執行の重要な事項について、社内外での知見・経験を活かし、業務執行の過程で不可避的に生じる各種リスクに対処し、企業価値の持続的な向上のために外部の視点から忌憚のない意見を述べることが期待されている。

したがって、取締役会、監査役会等において自由活発な議論が行われ、

活気のある取締役会、監査役会等になるように社外役員も含め情報を適時かつ適切に共有していくようにすることが重要である。加えて、事前に提出された議題を議論するのみならず、取締役会・監査役会等においては、事前議題になくてもその時その時に必要な事項を十分議論するようにする必要がある。

(4) **組織構造および慣行**

　組織構造が組織の目的に適合し、事業活動を管理するうえで必要な情報の流れを提供できるものとし、組織の目的を達成し、組織の情報と伝達の有効性を確保するために、その規模や業務の内容、提供する製品・サービスの種類、市場の性格、地理的分散、従業員構成等に従って、組織目的に適合した組織形態、権限および職責、人事・報酬制度等の仕組みが経営者によって適切に構築されていることが重要である。

　このような場合でも、たとえば営業部門のように組織目的として売上を伸ばすということがある場合、人事・報酬制度において売上等の組織目的の指標となる数字に基づき評価される変動部分が大きい場合には留意が必要である。従業員の動機づけとして、人事・報酬制度において成果に見合った報酬配分をするために変動部分を設けることは、組織目的と従業員の行動目的の両者を合致させるために合理的なものであるが、変動部分が占める割合が大きすぎると従業員の報酬・給与の維持あるいはさらなる報酬・給与の獲得のために不正を行おうとする要因となりうる。

　公表されている不正事例の調査報告書においても、「評価が業績と連動している」といったいわゆるインセンティブ報酬について触れられている事例もある。

　したがって人事・報酬制度において変動報酬部分の占める割合について、従業員の動機づけとなる一方で、不正リスク要因にならない程度の比率にとどめることが重要になってくる。

　また、組織の慣行は、組織内における行動の善悪についての判断指針となるものであり、組織の歴史、規模、業務の内容、従業員構成等組織

内部の条件や、市場、取引先、親会社、地域特性等組織外部の条件に合致するように、長い期間をかけて組織のなかに徐々に醸成されてきたものである。そのため、組織の慣行を変更するには大きな努力が必要であり、経営者がみずから率先して組織の慣行の変更に取り組むようにしなければ、従業員にその本気度が伝わらないため、変更に失敗するか、表面的に変更されるだけで実質的には何も変わらない、ということとなってしまうおそれがある。

たとえば、組織内に問題があっても指摘しにくい慣行が形成されている場合には、統制活動、情報と伝達、モニタリングの有効性に重要な悪影響を及ぼすことになる。また、世間の一般的な常識からは大きくかけ離れているが組織の慣行としては当然のことである、という組織の慣行が醸成されていたりすると、そもそも異常な組織の慣行である、ということを経営者が認識していないこともありうる。

公表されている不正事例の調査報告書のなかでは、直接的に組織の慣行について触れているものは分析した限りではなかったが、内部通報が制度として整備されていても有効に機能していないといったことの原因はこのような組織の慣行もあるのではないかと推測される。

したがって、(6)で述べる人事ローテーション等を実施することにより組織内の人材を流動化させ、組織内の風通しをよくし、特定部門・子会社において特有の組織の慣行が醸成されないようにすることが重要である。このような特定部門・子会社に特有の組織慣行は、新規事業・新たに買収した先はもとより、いわゆる祖業といわれる、会社が創世の時期から営んでいる事業に関係する特定部門・子会社においても起こりうるし、会社内における高収益の特定部門・子会社においても醸成されうるため留意が必要である。

また、各種モニタリングにおいても、組織の慣行を所与のものとして扱うのではなく、常に先入観を持たず、公平・公正な観点で客観的に評価することが重要である。その結果、組織の慣行に組織の存続・発展の障害となる要因があると判断された場合には、適切な理念、計画、人事

の方針等を示すとともに、すみやかに当該要因を取り除くよう改善策を立案し対処していくことが重要である。

(5) 権限および職責

権限とは組織の活動を遂行するため付与された権利をいい、職責とは遂行すべき活動を遂行する責任ないし義務をいう。事業活動の目的に適合した権限および職責が設けられ、適切な者に割り当てられていることは、内部統制の目的の達成のために重要である。

比較的大規模な会社であれば、従業員も十分にいるため、権限と職責に基づいた職務分掌が可能であると推測される。ただし、そのような会社はごく一部であり、大半の会社または子会社においては十分な職務分掌をできるだけの従業員が不足している場合、特定の従業員に権限と職責が集中することがある。また、比較的大規模な会社でも新規事業等、相互牽制を中心とした職務分掌のために従業員を十分に配置していない事業においても同様である。権限と職責が集中するということは、取引の実行に際し第三者の観点が入らず、牽制機能が働いていないということである。

公表されている不正事例の調査報告書においても、「会計処理が属人化していた」といったことや「権限が特定の者に集中していた」といったことが不適切会計の原因として記載されているものもある。

したがって、たとえばある取引について自己承認をしても発覚しにくい、あるいは会計操作により簿外資産・負債を作りやすい環境が生じることとなる。

適切な職務分掌の実施が困難な場合には、権限と職責が集中している従業員を特定したうえで、モニタリング等により異常な取引を行っていないか、異常な行動様式となっていないか、といったことを確認することで牽制をかけることが重要である。

(6) 人的資源に対する方針と管理

人的資源とは、組織の経営資源のうち人に関するものをいい、経営上の方針の一部として設定される、雇用、昇進、給与、研修等の人事に関

する方針が人的資源に対する方針である。

　組織の目的を達成していくためには、組織の保有する人的資源の能力を高度に引き出していくことが重要であり、そのためには人的資源に対する方針が適切に定められていることが重要である。

　人的資源に対する方針と管理のなかでも内部統制上非常に重要になってくるのが人事ローテーションである。

　人事ローテーションは、不正事例のなかで内部統制上の問題点として多く挙げられている項目である。具体的には、人事ローテーションが行われていなかったことにより、顧客・取引先との癒着関係が生じると不正を行う機会が生じやすくなる。また、長期間同じ業務を担当することで当該業務が担当者にしかわからないブラック・ボックスと化すことにより、外部からのモニタリングや牽制で容易に発覚しないような手口で不正を行うこともできるようになる。また、顧客・取引先のみならず、社内においても同じ上司と部下の組み合わせが継続しているような場合にも馴合いが生じ、適切な牽制が働かない危険性もある。

　実際、公表されている不正事例の調査報告書においても、「人事ローテーションがなされていない」ということは多数指摘されている。

　したがって、このような癒着関係が生じることを未然に防止する、あるいは、業務がブラック・ボックスと化すことを防止するためにも人事ローテーションを行うことは重要となってくる。

　人事ローテーションを定期的・非定期的に行うことにより、不正を実行すると人事ローテーションが行われたときに発覚する可能性がある、という牽制機能が期待される。たとえば、長期間の取引先・顧客との癒着関係によるいわゆる「貸し借り」は将来的に精算しなければならないものであるが、人事ローテーションが定期的あるいは非定期的に行われることが事前にわかっていればいわゆる「貸し借り」の精算を行わなければいけない、という黙示的なプレッシャーが不正を実行しようとする者に対してかかることとなり、不正防止の牽制となる。

　人事ローテーションの対象となる者は、経理担当者を含む管理部門の

人員だけでなく、営業部門・購買部門を含む全従業員を対象として行う必要がある。顧客・仕入先との関係を重視するあまり、営業担当者・購買担当者等を人事ローテーションの対象から除外することがあるが、その場合、人事ローテーションの対象外となった部署には不正を行う機会が残存することとなるため、留意が必要である。また、子会社においては、人員不足から人事ローテーションが適切に実施されていない場合もあるため、親会社主導によるモニタリングと指導が必要と考えられる。

　もっとも、人事ローテーションを行うためにはある程度の従業員数が必要となる。したがって、ある程度の従業員数がいる場合に不正を未然に防止するうえで有効な方法である。人事ローテーションをするだけの従業員が十分にいない場合には、たとえば、人事ローテーションをすべき部署を優先度をつけて特定し、人事ローテーションが行えない部署については、権限と職責を分けることで職務分掌を明確にする、あるいは、モニタリングを強化する等により、容易に不正が行えない、あるいは、早期に発見できる体制を構築する必要がある。

　また、人事制度においては、公正な評価が必要であることはいうまでもないことであるが、不正・法令違反・コンプライアンス違反があった際には、どのような量刑の処分がなされるか社内で明確に周知されており、仮に違反が生じた場合には当該量刑に従った人事処分が適時に実施され、それが社内に周知されることも重要である。不正・法令違反・コンプライアンス違反があった際に適切な量刑の人事処分が適時に実施されない場合、そのようなことを実施することは悪であるということを組織内に示すことができず、結果として従業員もこのような違反をしてはいけない、ということを重視しなくなる。また、どのような処分がなされるか事前に社内に周知していれば、仮に不正・法令違反・コンプライアンス違反を起こしそうになったとしても、従業員に対し抑止効果として働くため、不正・法令違反・コンプライアンス違反の防止として有効であると考えられる。

　このような違反に対する適時・適切な処分の実施と社内への周知は、

不正・法令違反・コンプライアンス違反を防止するための強力な抑止力となりうるため、厳正・公明正大な人事処分を実施するようにする必要がある。

2 リスクの評価と対応

　公表されている不正事例の調査報告書においてリスク評価が不十分であった、という原因が記載されているものは分析した限りにおいてなかった。ただし、リスクの評価と対応は下記のとおり不適切会計の防止・発見に際しては非常に重要な内部統制の構成要素となる。

　リスクとは組織目標の達成を阻害する要因をいう。具体的には、天災、盗難、市場競争の激化、為替相場や資源相場の変動といった組織を取り巻く外部的要因と、情報システムの故障・不具合、会計処理の誤謬・不正行為の発生、個人情報および高度な経営判断にかかわる情報の流失または漏えいといった組織のなかで生ずる内部的要因等、さまざまなものが挙げられる。評価する必要があるリスクは、組織に負の影響、すなわち損失を与えるリスクであり、組織に正の影響、すなわち利益をもたらす可能性は、ここにいうリスクには含まない。リスクの評価と対応の実務は、個々の組織が置かれた環境や事業の特性等によって異なる。

　リスクの評価は、ⅰリスクの識別、ⅱリスクの分類、ⅲリスクの分析、ⅳリスクの評価、ⅴリスクの対応、の順に行われることが多い。

　リスクの識別は、組織目標の達成に影響を与える可能性のある事象を把握し、そのなかにどのようなリスクがあるのかを識別することである。識別したリスクについて、全社的なリスクか業務プロセスのリスクか、過去に経験したリスクか未経験のリスクかといった観点で、リスクを分類する。このようにして識別・分類したリスクに対して、リスクが生じる可能性およびリスクがもたらす影響の大きさを分析し、リスクの重要性を見積もることとなる。そのうえで、見積もったリスクの重要性を勘案して、対応策を講じる必要があるリスクかどうかを評価する。リスクへの対応に際しては、すべてのリスクに対応するのは現実的ではないた

め、重要性があるものを優先して対応策を講じていくこととなる。

　近年、リスク・マネジメントの重要性が認識されるに伴い、全社横断的にリスクを監視・評価すること、リスク対策の窓口となること、発生したリスクへの対応方針を検討することを所管することを目的に、リスク管理委員会等の名称でリスク管理をする部署を常設・非常設問わず設置する会社が増加している。このような部署においては、設置目的が、天災や市場環境等の外部的要因または、情報システムの故障・不具合や情報流出・漏えい等の内部的要因に起因する事業遂行上のリスク管理が中心であることから、もっぱら事業リスクを中心に識別・評価・対応をしていることが多く、会計的なリスクについてはあまり識別・評価・対応していないことが多い。

　ただし、不正はひとたび発覚すると調査に膨大な時間を要し、過年度財務諸表の訂正まで含め、社会的な影響も大きい。特に不正事例が親会社のなかの非中核部門や国内子会社・海外子会社から生じている傾向が増加していることを考慮すると、もともと情報が乏しい場合には、調査の初動段階での時間も膨大なものとなる。また、誤謬であっても場合によっては過年度財務諸表の訂正に至る場合もある。このようなことをかんがみると、不正リスクのみならず誤謬リスクも含めた会計的なリスクについても管理すべきリスクとして検討する必要があると考えられる。

　不正はいつ顕在化するかわからず、また、どこに不正リスクがあるか識別するのも容易ではないが、職務分掌の状況、監査役等・内部監査室によるモニタリングの状況、人事ローテーションといった要素や中核事業か非中核事業か、既存の事業か新規に開始した事業か、会社が従来から実施している事業と関連性が強いか弱いかといった不正リスク要因を考慮し、不正リスクを識別していくこととなる。留意すべきは不正が顕在化するか否か、実際に行われているか否かではなく、不正が行われる可能性があるかないかで不正リスクを識別していく必要があるため、より広範囲に不正リスクをとらえる必要がある。

　自社で想定される不正リスクを念頭に置きながら不正リスクを識別し

ていくことは、先入観を持たず公平・公正な観点で検討する必要があり、また、リスクに対する感度も必要となるため、一朝一夕に実施することは困難である。したがって、当初は、過去における不正事例等を参考に不正リスクの検討をするとリスクの識別のイメージもつきやすく、作業も進めやすくなる。この際、過去における自社の不正事例のみならず、同業他社における過去の不正事例も考慮することが重要である。なぜなら、同業他社であれば自社と同様の商流・取引慣行となっていることが多く、自社の不正リスクを検討するに際しては具体的な事例となりうるためである。なお、同業他社の不正事例を考慮する際に、自社のなかに複数事業がある場合には、各事業ごとに同業他社における過去の不正事例を考慮する必要がある。

　このようにして不正リスクがあると識別された事業部・子会社等については、監査役等・内部監査室による監査や職務分掌の変更、あるいは人事ローテーションを行うこと等により不正リスクに対応していくこととなる。

3　統制活動

　不正または誤謬等が発生するリスクを減らすために、各担当者の権限および職責を明確にし、各担当者が権限および職責の範囲において適切に業務を遂行していく体制を整備していくことが重要となる。その際、それぞれの担当者間で適切に相互牽制を働かせるために、たとえば、取引の承認、取引の記録、資産の管理に関する職責をそれぞれ別の者に担当させる等により職務を複数の者の間で適切に分担または分離させることが重要である。

　適切に職務を分掌させることで、業務が特定の者に集中することにより、組織としての継続的な対応が困難となる等の問題点を克服することができる。また、権限および職責の分担や職務分掌を明確に定めることは、内部統制を可視化させ、不正または誤謬等の発生をより効果的に防止する効果を持ちうるものと考えられる。

リスクの評価で識別された不正リスクに対しても、1 (5)の権限および職責とあわせ、また、子会社・海外グループ会社も含め、不正防止のためにどのような統制活動を構築していくか、という点が非常に重要となってくる。

　公表されている不正事例の調査報告書においても、「社内規程等が存在しない・更新されていない」、あるいは、「本来行われるべき統制が行われていなかった・無視されていた」といった事項が不適切な会計処理の原因として記載されている。

4　情報と伝達
(1)　情報の伝達

　組織においては、識別、把握、処理された情報が組織内または組織外に適切に伝達される仕組みを整備することが重要となる。組織内においては、たとえば、経営者の方針は組織内のすべての者に適時かつ適切に伝達される必要がある。また、不正または誤謬等の発生に関する情報等内部統制に関する重要な情報が、経営者および組織内の適切な管理者に適時かつ適切に伝達される仕組みを整備することが重要である。

　たとえば、新たな経営方針が策定された場合、この内容が組織の適切な者に伝えられ、その内容が正確に理解されることにより、適時にリスクの評価と対応が行われ、適切な統制活動が実施されることとなるため、内部統制の他の基本的要素を相互に結びつけ、内部統制の有効な運用を可能とする機能を有している。したがって、既存のグループ内の情報の伝達のみならず、新規に買収した子会社とどのように情報の伝達を実施していくかが特に重要となる。

　一方で、統制活動やモニタリングにおいて内部統制の不備に関する重要な情報が発見された場合は、その情報が経営者または適切な管理者に伝達されることにより、必要に応じて統制環境に含まれる全社的な計画、方針あるいは権限と職責等が変更される。

　組織の内部統制の有効性を確保するためには、組織の情報システムが

適切に構築され、質の高い情報と適切な伝達の経路が確保されることが重要である。

このように、組織内における情報と伝達は非常に重要な機能である。不正事例においても、組織のなかで情報が適切に伝達・共有されないことにより情報の偏在化が生じた結果、事前あるいは早期に判明していれば必要な対策を適時講じることにより不正が防止できたのではないかと考えられる事例も多い。特に親会社と子会社、あるいは国内と海外においては情報の伝達が適時適切に行われない可能性もあるため、経営者から発信された情報が適時適切に組織の末端まで伝達されることはもとより、組織の末端から経営層への情報の伝達という双方向の情報の伝達が適時適切に行われるような伝達の経路を確保することが重要である。また、組織内のみならず、組織外からの情報も適時適切に関係部署に伝達されるような経路を確保することも重要となる。

なお、組織の末端や組織外からの情報の伝達の仕組みとして(2)の内部通報制度・外部通報制度は有効なものとなる。

また、分析した限りにおいて、公表されている不正事例の調査報告書において情報と伝達が不適切な会計処理の原因として直接的に記載されている例は少なく、記載されている場合も親子会社の場合の情報と伝達として記載されている。

(2) 内部通報制度・外部通報制度

組織においては、通常の伝達経路ではないものの、組織の情報と伝達およびモニタリングの仕組みの1つとして、内部通報制度を設ける場合がある。内部通報制度は、法令等の遵守等をはじめとする問題について、組織のすべての構成員から、経営者、取締役会、監査役等、場合によっては弁護士等の外部の窓口に直接、情報を伝達できるようにするものである。内部通報制度を導入する場合、経営者は、内部通報制度を有効に機能させるために、通報者を保護する仕組みを整備するとともに、通報内容を調査する方法等も明確にし、必要な是正措置等をとるための方針および手続を整備することが重要である。

また、外部通報制度は一般的には組織の外部の者が直接情報を組織に伝達することができるように設けられるものであり、設けている会社においては会社のホームページ上で通報用のメールアドレスを公開したりしている場合が多い。組織外部の者から内部統制に関する情報のみならず、不正または誤謬に関連する情報が提供されることもあることから、こうした情報が寄せられた場合にどのように対応するかについての方針および手続を定めておくことが重要である。

　多くの上場会社の場合、一般的には内部通報制度は制度として適切に整備されていることが多い。ただし、内部通報制度は制度を設けるのみでは有効な内部統制の構築のためには不十分で、内部通報制度の存在が適切に従業員に周知され、従業員が内部通報制度を利用する機会を得るようにすることが重要である。多くの不正事例においても内部通報制度は設けられているものの、それが従業員に周知されていない、あるいは、通報があっても通報に適切に対処しておらず、結果として適切に運用されていない、といったことが指摘されている。また、内部通報制度を利用することにより内部通報者が不利益を被ることのないように匿名性を確保し、内部通報者が不利益を被ることはない、ということを従業員に周知することも重要である。

　外部通報者の場合は、調査結果等を個別に報告することは困難であるし、公表することもできないが、調査した結果として何らかの変化があれば外部通報者は調査していることがわかる。また、取引先等が外部通報者の場合には不正な取引に関係した情報が提供される場合も想定されるが、内部通報者の場合と同様に通報による不利益を被ることはないということを明示しておかなければ、取引上の不利益を被ることを恐れ、外部通報者からの通報がなされなくなる可能性もあるため、留意が必要である。

　通報制度は経営者、取締役会、監査役等に直接情報を電子メール等簡易な方法で伝達できるため、従業員にとっては何か問題が生じた場合の最終手段ともいえるものである。したがって、通報された事実について

は真摯に対応する必要があるものであることを強く認識する必要がある。

　公表されている不正事例の調査報告書においても、不適切な会計処理が行われることとなった原因として「内部通報制度があるが有効に機能していなかった」と記載されている例が多い。

5　業務プロセス

　1(4)(5)において記載している組織構造、権限と職責といった要素を考慮し、経営者は業務プロセスにおいて、誤謬も含め不適切会計を防止するための内部統制を構築することとなる。業務プロセスにおける内部統制は、主として、職務分掌による権限と職責の分離が中心となるが、膨大な取引量を正確に処理するためにITを利用した内部統制もあわせて構築される。

　以下では主として、業務プロセスにおける内部統制の構築のための留意点について記載する。

(1)　権限と職責の分離

　1(5)でも記載したが、同一人物に権限が集中すると当該者が1人ですべてのことを処理することができるようになり、そこに不正の温床が生じるため、経営者は業務プロセスにおいて権限と職責を分離し、従業員の相互牽制を行うことにより不正を防止するように内部統制を構築する。

　具体的には、権限と職責の分離は、取引を処理する者と承認する者を分離する、といったことや、稟議決裁規程等により金額基準あるいは取引先により取引の承認権限者を変更したりすることによりなされる。

　当然、会社において生じうるすべての取引においてこのような権限と職責の分離ができれば有効な内部統制の構築は可能となるが、他方、そのようにすると組織は硬直化してしまい、昨今の激変する経済環境や取引のスピードに組織が追いついていかないこととなる。また、このようにすると、内部統制の構築に膨大な費用を要することとなる。

　内部統制は、経営者がその費用と便益を比較衡量して構築していくものであり、許容できる範囲内のリスクであれば、内部統制の構築上、当

該リスクを許容するのが現実である。すなわち、経営者は事業リスクを識別したうえで、それに対し、どのようなリスク対応をするか、という観点で内部統制を構築するのである。また、すべてを杓子定規に定めてしまうと、新たな事象・取引に適時適切に対応できなくなることから、内部統制の構築に際しては若干の裁量の余地を持たせることが一般的である。いいかえれば、有効な内部統制が構築されているように見えても、そこには何らかのリスクが残存しているということである。

内部統制の評価に際しては、このようなリスクがあることを十分に理解したうえで、内部統制を評価し、このようなリスクがどれだけあり、それがどれだけ顕在化するリスクがあるかを検討し、そのうえで、当該リスクに対処する必要があるか否かを検討する必要がある。たとえば、売上に関する業務プロセスは取引先・取引金額により詳細に複数階層の権限と職責が分離されていた場合でも、経費に関してはその生じる内容も頻度も売上とは比較にならないぐらい多いため、売上と比較すると比較的単純な権限と職責の分離となっている可能性もある。このような場合には、この経費に関する比較的単純な権限と職責の分離を利用して不正が行われる可能性があるので、当該リスクに対し、どのような方法でリスクが顕在化することを防止しているか、という観点での内部統制の評価が必要である。たとえば、収入印紙等について金額の多寡にかかわらず担当者が自由に購入できたとしても、収入印紙の管理簿を作成させる、あるいは、現物確認を行う、といった内部統制を構築することでリスクは一定規模は低減できることとなるであろう。

分析した限りにおいて、公表されている不正事例の調査報告書において職務分掌が不適切な会計処理の原因であったと記載されている例は少ない。ただし、特定者への権限の集中等が原因として記載されている事例もあり、事実上は同一のものではないかと推測される。

(2) **新規事業に対する内部統制**

内部統制は、想定される新たな事業リスクが生じた場合に、そのつど、経営者が当該リスクに対応するために修正・構築してきた結果として、

現在の内部統制が構築されているものであるが、事業リスクが適時適切に見直されていなければ新たな事業リスクの発生に対応した内部統制が適時に修正・構築されていない可能性があることにも留意して内部統制を評価することが必要である。

　昨今の多様化する経済活動、多角化する会社経営により新規事業への進出は日常的に行われている。また、新規事業への進出は、組織内で強いリーダーシップを持つ者が主導して実施することが多く、最初は少人数で事業を立ち上げることが一般的であるため、十分な権限と職責の分離を行うことができない。さらに、新規事業への進出は失敗することができない、というプレッシャーをも新規事業への進出の責任者に与えることもある。

　このようななか、従来実施していた事業に関係する周辺業務への新規進出の場合は、従来からの取引慣行との親密性もあり事業リスクは比較的適切に識別することができる。すなわち、リスクが想定しやすい分、リスクへの対応として何をすべきかを容易に想定でき、リスクに適時・適切に対応することができるのである。他方、従来実施していた事業と関連性の低い新規事業への進出は組織においても当該事業の経験がなく、事業リスクが適切に識別できていないため、リスクへの対応策が実際の事業リスクに対応していない可能性もある。

　したがって、新規事業への進出に際しては、当該事業を遂行する業務プロセスにおいて十分な権限と職責の分離ができなかったとしても、それを経理部門等の管理部門が事後的に計数的にモニタリングするとともに、監査役等・内部監査によるモニタリングも実施することで、異常な取引がなされないように牽制するようにする必要がある。

　公表されている不正事例の調査報告書においても、概要として不適切な会計処理が行われた対象の事業の経営年数等が記載されている場合もあるが、事業を開始してからそれほど年数が経過していない新規事業において不適切な会計処理が行われたことが記載されている例も散見される。

(3) ITを利用した統制

ITは以下のような利点があるため、内部統制の構築に際してITを利用することが当然のこととなっている。

- 大量の取引やデータを処理する場合であっても、あらかじめ定められた方針や規定に従い一貫して処理し、複雑な計算を実行できる
- 情報の適時性、可用性および正確性を高める
- 情報の追加的な分析を容易にする
- 会社の活動状況と会社の方針および手続を監視する能力を高める
- 内部統制の適用を回避してしまうリスクを抑える
- アプリケーション・システム、データベースおよびオペレーティング・システム内にセキュリティ・コントロールを導入することにより、適切な職務の分離を維持・確保することができる

ただし、ITシステムは定められたとおりに処理することはできても例外事象については処理することができないため、ITシステムによりすべての内部統制を代替することはできない。また、例外事象が生じるとシステムが停止してしまい、会社の事業活動に大きな影響を与えることとなるため、例外事象が生じても適時適切に対応できるようにするために、ITシステムによる統制には一定の自由度を設けることが一般的である。さらに、ITシステムの改修は他のシステム等に波及する影響が大きくなることもあり、一度構築されたITシステムは、仮に不備があったとしても、よほどの不具合がない限り運用で対応し、抜本的なITシステムの改修といったことはなかなか行われない。

たとえば、ITシステムへの登録については、適切な権限と職責の分離により、システムへの登録者と承認者が分かれているものの、登録誤りの修正を適時適切に行うことができるように、一度登録・承認されたデータの修正については、一定金額以下は担当者のみで修正できるようにする、といったITシステムが設計されていることがある。設計当初は誤登録データの適時適切な修正のための機能であったとしても、そこでは内部統制が緩められており、当該内部統制のいわゆる抜け穴を利用

して不正を実行することも可能となる。また、設計当初は明確な目的のもとITシステムを構築し、あえて融通が利きやすくしていることが従業員に周知されていたとしても、ITシステムが長期間安定的に運用されるにつれ、当初の目的や内部統制に緩みがあること自体も忘れられ、当該ITシステムを利用する者のみがこのような機能の存在を認識している、という場合も想定されるため、留意が必要である。

　また、ITシステムはたとえ誤ったデータが登録されたとしても、それがあらかじめ定められているチェック項目に該当しない場合は、当該データを正として処理する。そのため、ITシステムへの登録段階で意図的に誤ったデータを登録した場合には、IT統制が適切に構築されていたとしてもそれを検知することも防止することもできない。

　したがって、高度にIT化されているからといって、ITシステムに過度に依存するのではなく、手作業による統制にも注意を払って内部統制を構築する必要がある。また、安定的に運用されているITシステムであることを理由にITシステムを過信することなく、ITシステムにおける統制機能を今一度評価するとともに、ITシステム間の連携、ということにも着目して、内部統制を構築する必要がある。

　分析した限りにおいて、公表されている不正事例の調査報告書においてITシステムに係る統制の不備が原因であったと記載されている事例はほぼない。原因は不明であるが、ITシステムに投入される前の数値を操作する、あるいは、ITシステムから出力された数値を操作することにより不適切な会計処理が行われていることから、直接的にITシステムに係る統制が不適切な会計処理の原因であった、と記載されていないのではないかと推測される。

(4) 子会社の買収における統制

　近年の激変する企業環境下において、以前であれば、新規事業や新規技術を開発する際に自社で時間をかけて実施していたものを、時間を買う意味も含め自社が欲する事業や技術を有している会社を買収し子会社化することで自社グループに取り込みシナジーを得ようとすることが増

えている。

　企業買収に際しては、候補となる会社の選定から始まり、実際に株式を取得するまでにさまざまな専門家を活用したデューデリジェンスにより、各種リスクを事前に評価し、買収価格への反映が行われる。

　デューデリジェンスには、財務的・税務的なリスクを調べるための財務デューデリジェンス、被買収企業の取引上または法律上の債権債務や現在の法律関係により将来生じうる法務リスクを調べるための法務デューデリジェンス、ビジネス実態を調べ企業買収の目的に合致するか、買収により現在のビジネスにどのような影響が出るか、現在のビジネスフローの把握と課題、将来利益計画等を調べるビジネスデューデリジェンス等が代表的なものとしてある。このほか、対象会社の状況によっては、IT や環境に関するデューデリジェンスも実施されることがある。

　デューデリジェンスの実施は、いずれも、企業買収に際しての潜在的なリスクを拾い上げ、それを買収価格に適切に反映させることが主目的となるため、買収価格に影響がある事項を重点的に調査することが多い。

　そして、企業買収が成功した後には、被買収企業は自社グループに加入することとなるため、自社グループとして管理責任を負う対象となる。買収先がどれだけ魅力的に見えても、買収後修正できない、あるいは、買収後リスクとして残るような事項があり自社として受け入れられない、と判断されれば企業買収は成立しない。

　一方で、買収を行う場合、経営者や経営陣の一部が意欲的になりすぎていたり、被買収企業の本当にほしい事業だけに注目してしまい、興味がなく買収後に縮小や売却を考えていたりする事業については注意が払われず、デューデリジェンスの内容、範囲、結果を重視しないまま、買収の意思決定をしてしまうことがある。

　したがって、企業買収前の各種デューデリジェンスにおいては、買収価格に影響がある事項を重点的に調査するだけでは真のデューデリジェンスの実施とはならない。被買収企業の主要な商流、収益の認識基準を含む会計処理基準といった財務会計に直接関係するような項目から、財

務会計には直接関係しないが、役員の属性・経歴の把握といったことや、役員を含む関連当事者との取引内容・取引条件といったところまでデューデリジェンスにより調査・把握するようにする必要がある。

また、今までの自社グループとは異なる経緯をたどってきた会社が新しく自社グループに加入することとなるため、組織風土も大きく異なっていることが想定される。買収により自社グループに加入させた後は、自社グループの組織風土に合致するように買収先の組織風土も変更していくことが必要となるが、組織風土は長い期間をかけて徐々に醸成されてきたものであり一朝一夕には変更できないことから、組織風土を統合していく過程における不正リスク要因となりうるため、このような観点もデューデリジェンスの過程で検討することが望ましい。

このようにすることで、企業買収後のリスク・コントロールや必要な内部統制の修正・構築といった作業を迅速に行うことができるようになる。

また、買収価格の算定過程も適切に実施する必要がある。企業買収は秘匿性を伴うため、企業買収が成立する、あるいは、一定条件を達成するまでは、買収企業内においても必要最低限の者にしか情報開示がなされないという特性がある。そのため、買収価格についても買収企業の責任者が被買収企業と交渉し、ある程度合意した金額が初めて社内で公表される、あるいは、取締役会等に報告されるということも少なくない。

買収価格は被買収企業の将来の超過収益力や顧客基盤等に基づき決定されていくが、当事者間の交渉によるところもあり決定過程が不明瞭になりがちなところもある。その結果として、被買収企業の企業価値の実態を表さない買収価格となることもある。

もちろん、企業買収における競合先の状況、被買収企業を欲する必要度等により被買収企業の企業価値の実態より高額で取得することもある。そのような場合でも、買収価格の妥当性・合理性を第三者に適切に説明できるように、買収企業内においてどのように買収価格が決定されたか、明確にしておく必要がある。また、このように、買収価格の妥当性・合

理性を説明できるようにしておかなければ、買収後の初度連結において PPA（Purchase Price Allocation：取得した会社の資産負債のすべてを公正価値評価すること）により無形資産に計上される資産、のれん、といった無形資産の金額やのれんを含む無形資産の償却年数の妥当性・合理性を説明できなくなることにもなることから、買収価格の決定過程・理由については社内における明確なプロセスに基づき実施される必要がある。

　調査報告書において、買収プロセスが不適切な会計処理の原因として記載されていた事例もあった。

第3節　不適切会計の防止・発見のための内部監査

■本節のポイント
- 多くの公表されている不正事例の調査報告書において、「内部監査が十分に実施されていない」、あるいは「内部監査が機能していない」ことが不適切な会計処理の原因であると記載されている。このことは内部監査が不適切な会計処理の防止・発見において期待されているものが大きいことを示している。
- 本節では、不適切会計の防止・発見のために、内部監査の役割から内部監査機能が実施することについて再度検討をする。

1　内部監査の役割

　一般社団法人日本内部監査協会「内部監査基準」（1960年（最終改訂：2014年5月23日））によれば、内部監査の本質は以下のように定義されている（内部監査基準1.01）。

　内部監査とは、組織体の経営目標の効果的な達成に役立つことを目的として、合法性と合理性の観点から公正かつ独立の立場で、ガバナンス・プロセス、リスク・マネジメントおよびコントロールに関連する経営諸活動の遂行状況を、内部監査人としての規律遵守の態度をもって評価し、これに基づいて客観的意見を述べ、助言・勧告を行うアシュアランス業務、および特定の経営諸活動の支援を行うアドバイザリー業務である。アシュアランス業務は監査計画に基づいた内部監査の実施、アドバイザリー業務は内部監査の結果を受け実施される改善活動に関する指導・助言である。

　同様に内部監査基準において、その必要性は以下のように述べられている（内部監査基準1.）。

　組織体が、その経営目標を効果的に達成し、かつ存続するためには、ガバナンス・プロセス、リスク・マネジメントおよびコントロールを確立し、選択した方針に沿って、これらを効率的に推進し、組織体に所属する人々の規律保持と士気の高揚を促すとともに、社会的な信頼性を確

保することが望まれる。内部監査は、ガバナンス・プロセス、リスク・マネジメントおよびコントロールの妥当性と有効性とを評価し、改善に貢献する。経営環境の変化に迅速に適応するように、必要に応じて、組織体の発展にとって最も有効な改善策を助言・勧告するとともに、その実現を支援する。

　ガバナンス・プロセス、リスク・マネジメントおよびコントロールの評価は、権限委譲に基づく分権管理を前提として実施される。しかも、この権限移譲に基づく分権管理の程度は、組織が大規模化し、子会社や組織の規模が大きくなり、組織の活動範囲が拡大するに伴いよりいっそう高度化する。この分権管理が組織の目標達成に向けて効果的に行われるようにするためには、内部監査による独立の立場からの客観的な評価が必要不可欠となる。

　個々の組織の内部監査は、それに対する期待やその内部監査部門の規模・監査項目の整備・充実の程度によって必ずしも一様とはいえない。内部監査が効果的に遂行されることによって、たとえば、次のような要請に応えることができる。

- 経営目標および最高経営者が認識しているリスクの組織体全体への浸透
- ビジネス・リスクに対応した有効なコントロールの充実・促進
- 内部統制の目標の効果的な達成
- 組織体の各階層にある管理者の支援
- 部門間の連携の確保等による経営活動の合理化の促進
- 組織体集団の管理方針の確立と周知徹底
- 事業活動の国際化に対応した在外事業拠点への貢献
- 情報システムの効果的な運用の促進
- 効果的な環境管理システムの確立

　内部監査の対象範囲は、原則として組織体およびその集団に係るガバナンス・プロセス、リスク・マネジメントおよびコントロールに関連するすべての経営諸活動を対象範囲としなければならない。また、組織体

の目標を達成するように、それらが体系的に統合されているかも対象範囲としなければならない。なお、対象範囲の決定にあたっては、監査リスクが合理的水準に抑制されていなければならない（内部監査基準6.01）。内部監査部門長は、適切な監査範囲を確保し、かつ、業務の重複を最小限に抑えるために、監査人、監査役等との連携を考慮しなければならない、とされており（内部監査基準5.5.1）、監査人、監査役等との連携が必要とされている。

会社の公表する財務諸表に対する適正性は監査人が表明することとなるが、財務諸表監査は財務諸表の重要な虚偽表示リスクの評価を通じたリスク・アプローチに基づき実施される。したがって、監査人が会社のすべての部署・子会社を監査しているわけではなく、また、監査人がそのように監査を実施することは、時間的にも人員的にも不可能である。

ここに、監査人と内部監査人との連携の必要性が生じる。

また、会社内部の者であり、アシュアランス業務とアドバイザリー業務を実施する内部監査人と比べ、アシュアランス業務のみを実施する会社外部の独立した存在である監査人とでは、被監査対象部門の監査を受ける際の対応・心理的状況も異なることが想定され、有効な内部統制構築のためのモニタリングは、アドバイザリー業務も実施する内部監査人が中心となって実施する必要がある。

2　内部監査における不正リスクへの対応

内部監査は従来、経営者の指示のもと、業務が定められた手順どおり実施されているか、業務プロセスにおいて改善すべき点はないかという点を重視して実施していたため、合理性の評価を重視した業務監査が中心であった。そのため、不正リスクについてはその評価も含め内部監査において監査項目とされてこなかった。

しかし、近時の不正事例の多発を受け、内部監査においても不正リスクの識別を再考し、不正リスクに対する対応を講じる必要が生じている。このことを受け、内部監査基準においても、内部監査人としての正当な

注意として、「違法、不正、著しい不当および重大な誤謬のおそれ」について特に留意しなければならないとされ（内部監査基準3.2.2④）、また、組織体のリスク・マネジメントの妥当性および有効性を評価する際に、「組織体が不正リスクをいかに識別し、適切に対応しているかを評価しなければならない。」とされている（内部監査基準6.2.1(4)）。

　不正リスクをどのように識別しているかは、内部統制の構成要素の1つであるリスクの評価と識別で行われるが、被監査部門に対していきなり「不正リスクを識別していますか」と質問しても被監査部門も回答に窮する。したがって、まずは、被監査部門に対して不正をしようとするとどのような手法が考えられるか、それはどのようにすれば実行可能で、どのような内部統制があるから実行しないのか、もしくは実行したとしたら発覚するまでにどれくらいの時間がかかるか、あるいは、たとえば、売上を増加させると業績評価と連動した賞与金額が大幅に増加する等従業員にどういった利点があるか、といった事項を情報収集も兼ね質問することで、被監査部門も不正リスクに対する意識が向上することとなる。

　大半の公表されている不正事例の調査報告書において、「内部監査が十分に実施されていない」、あるいは「内部監査が機能していない」ことが不適切な会計処理を防止・発見できなかった原因であったと記載されている。このことからも、不適切な会計処理の防止・発見のために内部監査が期待されている役割は大きいと考えられる。

3　対象範囲

　従来の内部監査は、あらかじめ長期的な観点で決定された監査対象となる拠点をローテーションにより監査することが主流であった。また、対象となる拠点も自社の重要な拠点が中心で、自社のなかでも重要でない拠点や子会社等は経理部等による計数的なモニタリングは実施されているが内部監査の対象とされていないことが多かった。

　しかし、近時の不正事例の分析において顕著なように、昨今の不正事例は、自社のなかの非中核部門あるいは子会社から生じることが多く

なっている（**第4節**参照）。公表されている不正事例の調査報告書においても長年にわたって内部監査が実施されていない、あるいは実施されていたとしても形式的なものであった、ということが記載されている。

したがって、内部監査も、その対象は、自社のなかの中核部門を対象とするのみではなく、非中核部門や子会社を含めたグループ全体から、組織体にとって受容できないリスクまたは重要なリスクが存在する可能性があると合理的に推測できる範囲（組織・業務プロセス等）を対象範囲として認識する必要がある。

4 対象拠点の選定

内部監査の対象範囲は自社および子会社を含めたグループ全体であるが、監査対象拠点が多くなり、1年ですべての拠点に対して監査を実施することは時間的・人的制約から困難であるため、ローテーションにより内部監査が実施されることが多いものと推測される。また、被監査拠点は内部監査部門による監査以外にも監査人による監査、監査役等による監査や場合によっては各種ISOに関する監査、所管部門による日常的モニタリングを受けるため、被監査拠点の監査対応に要する時間・日程に配慮し、年度初めにあらかじめ内部監査の日程を決め、それに従い、内部監査を実施することも多いものと推測される。

他方、昨今の会社を取り巻く経営環境、市場環境は絶えず変動しており、そのため、会社がさらされているリスクも刻々と変動している。その結果、年度初めに立案した内部監査計画に従って内部監査を実施しても、リスクのある被監査部門に対して迅速なモニタリングの実施という組織のニーズに合致した内部監査とならない可能性がある。

したがって、内部監査部門も適時にリスクを識別し、リスクの高い拠点を重点的に監査することでその実効性を確保する必要がある。また、リスクが急に高まった場合には機動的な対応も必要となる。この際、親会社からの統制の強弱という観点から、子会社の実施している事業の親会社との近親性の有無、親会社からの役員・人員の派遣を通じての事業

実態の把握の程度、子会社特有の商習慣の有無、といった観点でのリスクの有無を、内部監査部門としても過去の内部監査の経験等を考慮し独自に評価し識別する必要がある。

その後、内部監査計画の立案に際しては、最低でも年次で行われるリスク評価の結果と内部監査部門におけるリスク評価の結果に基づいて内部監査計画を策定し、また、組織内外の環境に重大な変化が生じた場合には、必要に応じリスク評価の結果を見直し、内部監査計画の変更を検討し、柔軟な対応をする必要がある。

5　内部監査の実施方法

2で述べたように内部監査も不正リスクに着目して実施することが求められてきている。すなわち、内部監査の実施において、潜在的な不正および違法行為の発生可能性を識別、評価するプロセス、ならびに不正および違法行為に関するコントロールの整備状況および運用状況を評価する必要が生じる。

監査の結果として、不正の徴候、たとえば、標準化されたマニュアルの欠如や職務分掌が不十分な状態、記録されていない取引や記録の紛失等が識別された場合には当該内容を適時経営者に報告することが求められる。

従来の、経営者の構築した内部統制が経営者の意図したとおり業務に適用され経営者の構築した内部統制が合理的か、ということに着目した監査の実施方法よりも、よりリスクに焦点を絞った監査の実施が求められている。

また、内部監査の実施も、業務プロセスにおける経営者の構築した内部統制に準拠したとおりの業務が遂行されているか、という観点での監査も重要であるが、不正が行われている場合のみならず、日々の業務が適切に遂行されているかどうかが計数的に表れてくる滞留管理等を重点的に監査することも求められる。

6　適切な人材の確保

　このように、内部監査の実施者については、監査対象となる業務への理解だけではなく、会社全体の内部統制の構築状況の把握、子会社を含めたグループ全体としてのリスクの把握等、高度な能力を有することがますます必要となってきている。また、海外子会社を含む海外拠点も内部監査の対象となってくるため言語の問題も出てくる。

　内部監査部門は間接部門であり、直接収益を生む部署ではないため、会社のなかの人事ローテーション、採用等の人事施策のなかでも優先度が落ちがちである。また、人員的にも非常に限られた人員で実施していることにより、専門性のある内部監査の実施とともに機動性のある内部監査の実施が困難となっている会社も多いのではないかと推測される。

　ただし、内部監査は内部統制の基本的要素の1つであるモニタリングの機能を担っているものであり、重要な部署である、ということを再度認識したうえで、適切な人材を適切な人数で配置するようにする必要がある。適切な人材の選定においては、業務プロセスの理解度のみならず、会計的な知識や語学力も考慮することとなる。

7　監査役等および監査人との連携

　監査役等の実施する監査役監査も、監査人の実施する財務諸表監査も、内部監査人の実施する内部監査も、内部統制の有効性を評価することに変わりはない。異なるのは、その視点が業務監査なのか財務諸表監査なのかだけである。

　したがって、最終的な目的が同一である以上、各監査実施主体における識別しているリスクの共有、監査結果の共有を通じてより効果的なリスク・アプローチに基づく監査が実施できることとなる。

　たとえば、原価計算、費用管理、現品管理、資産処理といった項目については、監査人はもとより、社内プロセスや事業内容に精通した内部監査人も検証すればより精緻な検証が可能となる。他方、監査役等・内部監査人は業務監査の観点、監査人は財務諸表監査の観点から内部統制

のリスクや不正リスクを識別していくが、観点が異なるため各実施主体が識別している不正を含む各種リスクには共通点があるものもあればまったく共通しないということもあるであろう。ただし、そのような場合でも異なる観点からのリスク評価であり、潜在リスクを評価しリスク・アプローチで監査を実施するうえではリスクの共有は非常に重要である。

また、限られた人的資源・監査時間を有効かつ効果的に活用するために、内部監査と財務諸表監査で監査拠点を分担することを検討することもあるであろう。この場合でもお互いの監査目的が達成できるのであれば分担することは問題なく、結果が適時適切に共有されていればよい。監査人の監査実務においても、実施する監査手続の種類もしくは時期を変更するかまたは監査手続の範囲を縮小するために内部監査人の作業の利用を考慮する、とされている（監基報610 A1項）。監査人側としては限られた監査資源のなか、すべての拠点に往査することは現実的ではないため、内部監査部門と適時適切に連携を図り、往査拠点のすり合わせを行うことで財務諸表監査ではリスク評価の結果往査しないような拠点についても、積極的に内部監査部門に内部監査に往査してもらい、監査人のリスク評価に役立てることを積極的に検討すべきである。また、内部監査人も監査人との情報交換により、識別した不正リスクに対する対応策への助言等が期待できることとなる。

8　内部監査の有効性および効率性の持続的な監視

内部監査は内部監査規程等をはじめとした内部監査に関する品質管理規程によりその有効性および効率性は定められているが、当該品質管理規程は内部監査の実施に関するものであり、内部監査部門自体のリスクには対応していない。

昨今の激変する経済環境や会社を取り巻く環境の変化により、定期的に評価を実施することで内部監査部門自体のリスクに適切に対応しているかどうかを検討しなければならない。

そのため、ⅰ内部監査部門の日常的業務に組み込まれた継続的モニタリング、および、ⅱ定期的自己評価、または組織体内の内部監査の実施について十分な知識を有する内部監査部門以外の者によって実施される定期的評価である「内部評価」と、組織体外部の適格かつ独立の者によって実施される「外部評価」の両方の実施が求められる。なお、内部評価のうち定期的評価は少なくとも年に1度実施されなければならない（内部監査基準4.2.2）。また、外部評価は、内部評価と比較して内部監査の品質をより客観的に評価する手段として有効であるため、少なくとも5年ごとに実施されなければならない（内部監査基準4.2.3）。

第4節　不適切会計の防止・発見のための着眼点

> ■本節のポイント
> ● 本節では、会社において計数管理を行う部署、内部監査部門等において、不適切会計の防止・発見のための着眼点について検討する。

　不正が行われている場合には、財務諸表数値に何らかのゆがみが大なり小なり生じているはずである。以下では、不正事例をもとにして考えられる財務数値を検討する際の着眼点を記載する。

1　趨勢分析

　本社・親会社は、社内における業績管理目的、連結財務諸表作成目的、あるいは、子会社管理目的で社内各部署や子会社から業績報告を求めていることが一般的である。この場合の業績報告は前期と比較して当期がどうであったか、来期はどうなるか、といった観点が中心となるため、前期・当期の実績比較、あるいは、当期実績・来期予算の比較等2期比較で損益項目の財務数値の記載を求めていることが多い。

　不正は最初は少額で実行され、過去の不正を隠ぺいするため、あるいは、発覚しないことにより不正実行者の大胆さが増加すること等により、徐々に金額が大きくなるのが一般的である。したがって、2期比較のみでは発見することが困難な場合でも、たとえば、過去5年程度の複数年にわたる趨勢分析を実施すると異常点が判明することがある。

　たとえば、初年度に売上の架空計上により業績目標を達成したとした場合、翌年は初年度よりも高い業績目標を設定されることとなるため、初年度の架空計上の隠ぺいと2年目に課されたより高い業績目標の達成のためにさらなる架空売上の計上を行うような場合には、見かけ上は業績目標も達成し、売上も伸びているが、売上債権が不自然に増加することとなり、異常点となって現れる。

　したがって、報告を求める期間を2期だけでなく過去数年分とし、ま

た、営業債権、棚卸資産、営業債務等の主要な貸借対照表項目もあわせて報告を求め、趨勢分析を行うことで不正の端緒が発覚する可能性もある。

2　他部門・他事業との比較

業績管理は損益管理単位で行われるため、通常は部門・子会社単位で実施される。また、業績管理のための部門責任者等への本社等のヒアリングも当該単位で実施されることが多い。

部門・子会社単位の個々で見ると説明内容は合理的であったとしても、同一事業を営む他部門・他の子会社と比較すると、たとえば、特定の部門・子会社だけ業績が突出して改善している、あるいは、他の部門・子会社は業績が落ち込んでいるのに特定の部門・子会社等の落ち込み幅がそれほどでもない等、異常値となっていることもある。このような場合には、個々の部門・子会社等のヒアリング結果は合理的であったとしても、不正が行われている可能性があるため、留意する必要がある。

3　ITを活用した分析

1、2で記載した事項は、手作業により実施すると膨大な時間を要するとともに誤りも多くなる。したがって、ITを利用した比較分析を実施することとなる。

従来であれば情報システム部門やシステム・ベンダー等外部の開発会社に依頼して新規に開発してもらわなければならなかった特定の要請を満たすようなデータを抽出・加工するシステムも、ITシステムの著しい進展により、システムやプログラミングの詳細な知識がない者でも操作できるBIツール（Business Intelligence Tools）がリリースされたりしている。なお、BIツールとは、会社の業務システムの一種で、業務システム等に蓄積された膨大なデータを蓄積・分析・加工し、意思決定に活用できるような形式にまとめることをいう。BIツールの利用により各種報告書の作成時間の大幅な短縮、膨大なデータをリアルタイムで迅

速に分析できるようになる。

このようなツールを用いることにより、あらかじめ設定した閾値を超えるような異常点を容易に識別したり、特定形式で報告書にまとめたり、多次元分析を実施することで、限られた従業員が過去の経験等に基づき属人的に実施していたリスク評価が、データに裏づけられたリスク評価に代わっていくこととなり、より、深度ある異常点分析を実施することが可能となってきている。

4 不正の行われやすい勘定科目

不正は一般的には収益を意図的に操作することにより行われることが多いと考えられている。実際、公認会計士が行う財務諸表監査においても、監基報240において「監査人は、不正による重要な虚偽表示リスクを識別し評価する際、収益認識には不正リスクがあるという推定に基づき、どのような種類の収益、取引形態又はアサーションに関連して不正リスクが発生するかを判断しなければならない。」（監基報240第25項）とされ、「収益認識に関連する不正な財務報告による重要な虚偽表示は、多くの場合、収益の過大計上（例えば、収益の先行認識又は架空計上）による。一方、収益の過少計上（例えば、収益の次年度以降への不適切な繰延べ）によることもある。」（監基報240A26項）とされている。

実際の不正事例からも明らかであるとおり、収益の意図的な操作による不正も生じているのは事実である。注目すべきは、従来からいわれている不正によく用いられるとされる売上以外にも棚卸資産・原価計算に関係する不正も多いということである（図表1-3-2参照）。その具体的な手法はおおむね以下のとおりである。

- 工事進行基準における原価の付替えや見積原価の操作による売上の前倒計上
- 原価の付替えによる仕掛品の過大計上
- 実地棚卸における架空在庫の計上
- 棚卸資産評価における意図的な過大評価

- 完成検査等を操作することによる不適切な原価計算の実施による棚卸資産の過大計上
- 横領・キックバックのための架空仕入・架空外注費の計上

　これらの手法からわかることは、日々の業務のなかで行われるのではなく、決算作業、ITシステムへの登録等で不正が行われていることである。

　棚卸資産・原価計算に関係する業務プロセスは、一般的にはIT化され、ITシステムにより処理されたものを用いて決算作業等を行うことが多い科目であるが、ITシステムへの登録という手作業による内部統制の段階で不正が行われた場合、ITシステムで処理された結果だけを見ても判明しにくい。また、売上のように取引の開始から記帳まで複数の担当者による牽制がある勘定ではなく、どちらかというと、少人数の担当者のみが関与する勘定であり、かつ、比較的多額の金額を容易に操作できる、という特徴を有する勘定である。さらに、決算作業等で実施される場合には、決算作業日程という時間的制約もあり、取引等の承認者も通常の時期に比べ承認するための検討に十分な時間をかけることができないため、担当者レベルの恣意的な操作を実施しやすくなる。

　したがって、たとえば、以下のような観点で、財務諸表に計上されている金額だけでなく、その関連数値もあわせて検討することが有効である。

(1) **棚卸資産**
- 生産計画等と比較して棚卸数量は妥当な水準の数量となっているか
- 実地棚卸の対象から除かれている棚卸資産はないか
- 特に数量・金額とも把握しにくい仕掛品については基本部品の確認等現物確認が適切に実施されているか
- 実地棚卸による棚卸差損益は適切に処理されているか
- 期末日前に実地棚卸を実施している場合は、実地棚卸後に異常な棚卸数量の増減がないか

- 在庫数量の集計に手作業が介在している場合、基礎となるデータは改ざんされていないか
- 期末棚卸資産の計算に適用されている在庫単価は異常な単価となっていないか
- 売価還元法により期末の評価を実施している場合、売価還元率は妥当か

(2) **原価の付替え**
- 工期や過去の原価の発生状況からして異常な原価の発生がないか
- 工期や過去の原価の発生状況からして異常に原価が少なくなっていないか
- 作業工程管理上の進捗度と財務会計上の進捗度の間の乖離は合理的か
- 原価の付替えを行う仕訳は適切な根拠に基づいたものか
- ITシステム登録後の発生原価あるいは製作予算の修正は適切な承認に基づき実施されているか
- 製作予算と今後発生見込原価を含む実績原価の乖離が適時適切に分析されているか

(3) **原価計算**
- 異常なマイナス項目はないか
- 前期の原価要素別の原価の発生状況と比較して異常な増減はないか
- 予定原価・標準原価の変更は頻繁になされていないか
- 発生した原価差額の原因分析が行われ、適切に予定原価・標準原価に反映されているか
- 発生した原価差額の会計処理は妥当か
- 有償支給に関する会計処理は妥当か

(4) **その他**
- 残高明細上に「諸口」と記載され、相手先が特定されていない残高はないか

- 仮払金、仮受金等いわゆる雑勘定は適切に整理されているか
- 多額な売上計上と近時の時期に投資や多額の経費の支払いがなされている等、資金が循環しているような徴候のある取引はないか

　なお、不正を行う場合、自己完結型の不正、外部に共謀者がいる不正を問わず、不正が発覚しないように証憑書類は必要なものが完全に整備され、外観上は問題がないようにされていることが多い。したがって、すべての書類の真偽を検討する必要はないが、たとえば内訳が明示されていない、あるいは、受注から売上計上までの期間が極端に短い取引等、通常の書類とは異なる書類あるいは取引に異常点がある場合には、その書類の信ぴょう性・取引の合理性も含め慎重に検討する必要がある。

　また、循環取引が行われている場合には、取引の最初の頃は販売代金も入金されているため、循環取引に気づきにくい。したがって、このような場合には、受注から出荷までのリードタイムや粗利等を分析することで循環取引の端緒を把握することが可能な場合もある。

5　会計上の見積りに関する事項

　会計上の見積りとは、「正確に測定することができないため、金額を概算することをいい、見積りが要求される金額だけでなく、見積りの不確実性が存在する場合に公正価値によって測定される金額」をいう（監基報540第6項(1)）。

　金額を概算する際には、どのような測定方法、測定モデルによるか、といった事項を含め、各種の仮定を設けて行われる。内部統制監査の対象となっている会社においては、重要な虚偽記載の発生する可能性のある会計上の見積りを含む勘定科目については、全社的な観点で評価する決算・財務報告プロセス、あるいは、個別に評価対象に追加する業務プロセスとして内部統制監査の評価範囲に含められているが、その評価に際しては決算・財務という専門性を要する分野であることもあり、数字を検討するのではなく定められた手順どおりに転記されているか、あるいは、上長の承認印があるかといった形式的な評価が行われていること

もある。

　会計上の見積りは、見積りに際し設けられた仮定の合理性が非常に重要になるが、単純に仮定の合理性、といっても、その合理性を検討するためには、仮定の性質、仮定の目的適合性と網羅性（すべての関連する変数が考慮されているか）、仮定と会社の事業計画・外部環境等とが適合しているか、仮定を裏づける文書が適切に整備されているか等を深度をもって検討する必要がある。仮定については、経営者の恣意性が介在する部分であり、経営者は内部統制の対象外であるため経営者の恣意性に対して内部統制は直接不正を防止する効果を発揮しない。ただし、仮定について形式的な評価でなく実質的な第三者による評価が行われていれば経営者に対しても一定の牽制機能が発揮されることとなる。また、各事業部や子会社で行われる会計上の見積りについては、内部統制の枠内であるため、実質的な評価を行うことで不正を実行しようとする誘因を防止することが可能となる。

　なお、監査役等は経営者の業務執行を監査するため、監査役等が経営者の行った重要な会計上の見積りについてその合理性を監査することも不正を防止する内部統制としては有効であると考えられる。

> コラム　M&A とデューデリジェンス
>
> 　M&A を実行する場合、法務、財務等のデューデリジェンス（以下「DD」という）を実施することが通常である。DD の主な目的は、ⅰ買収の可否、ⅱ買収価格・条件、ⅲ買収後の計画の適切な検討を可能にするために、その基礎としての対象会社の「実態」を把握することにある。しかし、現実には、残念ながら、DD を十分に実施せずに M&A を実行したことで、多額の損失を計上するケースが見受けられることがある。たとえば、想定外の債務支払いの発生（潜在的な特許権の侵害の存在に気づかずに、買収後に多額の訴訟の提起）や、過年度決算訂正が必要となる不適切会計が買収後に発覚するケースである。
>
> 　こういったケースでは、十分に DD を実施していれば、ⅰ買収をしない判断を行えたかもしれないし、ⅱ買収価格を下げたり、訴訟に備えて補償

条項をつけるといった対応も可能であったかもしれない。また、ⅲ買収後の戦略の策定や事業計画の立案、および、アクションプランの検討に際しても、十分なDDの実施による現状把握が、その出発点となることはいうまでもない。

　最近では、本来実施すべき最低限の水準のDDを実施していない場合、売り手に、過年度決算の訂正等の表明保証違反があった場合でも、損害賠償請求が認められない可能性があるとする趣旨の裁判例が示されており、この点、DDの深度を検討する際には留意が必要であろう。たとえば、売り手が存在しないと宣誓（表明保証）していた簿外債務が存在したことで損害を被ったにもかかわらず、DDを適正に実施していなかったために、表明保証違反に基づく損害賠償請求が認められないケースが考えられる。

　したがって、M&Aを実行する際には、ターゲット会社の実態を十分に把握するように努めるべく、深度あるDDを実施していくことが肝要である。

第2部
不適切会計への実務対応

第1章 初動対応

■本章のポイント

- 不適切会計を早期に発見するには、その徴候がないか日頃から注意する必要がある。不適切会計の代表的な端緒としては、不正関与者による自主申告、内部通報、内部監査部門や監査役による監査、人事異動に伴う業務の引継ぎ等がある。
- 不適切会計を含む不祥事調査を実施するうえで、最も重要となるのが初動対応である。初動対応においては、適切な調査体制を構築し、情報の集約体制を整えたうえで、情報の一元化を図る必要がある。また、証拠の隠滅・散逸を防ぐため、必要に応じて、関連資料の収集、パソコンデータの保全、関係者に対する自宅待機命令の発出等が必要となる。
- 不適切会計が発覚した場合、有価証券報告書等の訂正が必要となるが、有価証券報告書等の訂正報告書には、原則として監査人による監査報告書の添付が必要となるため、監査人との協力・連携体制を築くことが重要となる。

第1節 発覚の端緒

1 不適切会計の徴候を認識する必要性

一般に、役員や従業員は、不適切会計の徴候を目にしていても、「自分の会社でそんなことが起こることはないだろう」とか「考え方の違いによるものであって違法な処理ではないはずだ」等と思い込み、これを無視したり、黙認したりして見逃してしまうことがある。そうすると、問題が長期化し、会社側の対応が後手に回ってしまうおそれがあるばかりでなく、不適切会計を黙認あるいは隠ぺいしたと疑われることすらある。

さらに、会社内において不適切会計の徴候が認識され、経営陣に報告されていながら適切な対応がとられなかった場合には、役員に会社に対

する任務懈怠責任（会423条1項）が生じうる。

　不適切会計を早期に発見し、迅速かつ適切な初動対応をとるためには、役員や従業員が「健全な猜疑心」を持ち、不適切会計の徴候に気づくことが必要である。

2　代表的な発覚の端緒

　不適切会計の徴候を見逃さないようにするためには、これが何を端緒として発覚するかを事前に認識しておくことが重要である。

　代表的な不適切会計発覚の端緒としては、次のようなものがある。

図表1-1-1　発覚の端緒の代表例

会社内から得られるもの	会社外から得られるもの
・　不正関与者による自主申告 ・　内部通報（内部通報制度を利用しない報告等も含む） ・　内部監査部門による監査 ・　監査役による監査 ・　人事異動に伴う業務の引継ぎ ・　別の不祥事調査	・　マスコミによる報道 ・　取引先等からの情報提供 ・　警察・検察による捜査 ・　証券監視委による調査 ・　税務調査 ・　M&Aにおけるデューデリジェンス ・　監査人による外部監査

　このほか、同業他社で不適切会計が発覚したことを契機に、自社で調査を行った結果、自社において同様の不適切会計が発覚するケースもあるため、同業他社における不適切会計事案にも日頃から注意を払う必要がある。

　また、最近では、過去に発覚した不適切会計事案の手法等をいわゆる人工知能（AI）に学習させ、不適正会計の疑いのある会計データを自動的に抽出するソフトウェアが開発されており、将来的には、このようなソフトウェアの普及によって、より明確なかたちで不適切会計の徴候を認識できるようになることが期待される。

第2節　初動対応

1　初動対応の重要性

　不適切会計の疑いが生じた場合には、限られた時間のなかで、情報を適切に集約・評価したうえで、調査実施の要否、調査の体制、当該時点での公表の要否等についての方針をすみやかに決定し、調査を円滑に実施するための準備を行う必要がある。初動対応を誤ると、会社にとって深刻なレピュテーションダメージが生じたり、円滑な調査が実施できなくなったりする等、その後回復することが困難な事態を招きかねない。

　また、計算書類や有価証券報告書等の財務書類の作成中は、それらの書類への影響の有無を慎重に検討し、適切な対応をとる必要がある。たとえば、決算に影響を及ぼす不適切会計が発覚した場合、それが有価証券報告書等の作成担当者に対して知らされないと、誤った内容の有価証券報告書等が作成・提出されてしまうおそれがある。

　さらに、不適切会計の発覚時期が有価証券報告書等の法定提出期限に近接している場合、その調査、過年度決算訂正、監査人の監査に時間を要し、有価証券報告書等の提出が法定提出期限に間に合わない可能性が生じる。やむをえない理由がある場合には提出期限の延長が認められるが、提出期限の延長が認められるためには、法定提出期限の前に財務局長の承認を受ける必要がある。そして、有価証券報告書等の法定提出期限を経過後1か月以内に有価証券報告書等を提出しない場合、または法定提出期限の延長の承認を受けた後、当該承認を得た期間の経過後8日目（休業日を除く）までに有価証券報告書等を提出しない場合には上場廃止になることから、不適切会計の全容解明や過年度決算訂正の作業を迅速に進めつつ、法定提出期限に有価証券報告書等が提出できないと見込まれる場合には提出期限の延長承認の申請を行う等、適時・適切な対応に注意を払う必要がある（第4章第4節3(1)、第6章第4節3(3)参照）。なお、この点については、日本公認会計士協会から、初動対応を含む不正調査全般の概要や留意点を整理したものとして、「経営研究調

査会研究報告第51号『不正調査ガイドライン』」（2013年9月4日）が公表されており、参考になる。

2 体制の構築と情報の集約

　不適切会計の発覚当初は、情報が限定的かつ断片的であるため、具体的な対応方針を決定することは困難である。そこで、まずは情報を一元的に集約・管理し、対応方針の決定に必要な社内外とのコミュニケーションを主導するため、初動対応を行う会社内の担当部署を設定または組織すべきである。具体的には、法務部、コンプライアンス担当部、総務部等を担当部署とすることが考えられるが、特別の調査委員会や危機対応チームを組織したり、取締役・監査役等の役員が初動対応を主導したりする場合もあり、実際に構築される危機対応体制は会社のガバナンス体制や事案の内容・性質によってさまざまである。

　担当部署は、問題となっている不適切会計に関する情報の信用性等を検討し、会社内外への影響の有無・程度について評価を行う。この評価にあたっては、不適切会計事案の専門性や複雑性および会社に与える影響の大きさをふまえ、公認会計士や弁護士等の専門家から意見を聴取することが少なくない。また、決算作業中である場合には、決算短信・四半期決算短信や有価証券報告書・四半期報告書等に与える影響を考慮し、財務書類の作成部署（一般的には財務部や経理部）、監査役、監査人、外部の弁護士等へ不適切会計の疑いについて報告・相談する必要がないかどうかを検討すべきである。

　方針決定や決算への影響を検討するために必要な情報が不足している場合には、担当部署等が主導して初期的な調査を行う場合もある。初期調査の方法は、**第2章**で述べる調査と基本的に同様であるが、その目的が精緻な事実関係の把握ではなく、ⅰ 対応方針等を決定するために必要な程度の大まかな事実関係の把握と、ⅱ 考えられる最悪の事態（いわゆるワーストシナリオ）につき、できる限り短期間に見通しを立てることにある点が異なる。

さらに担当部署には、このような対応方針決定のための情報収集・初期調査のほかに、後の本格的な調査や当局・マスコミ対応等を見据えて、発覚した不適切会計事案に関する証拠の保全と、情報の管理を主導する役割も期待される。

3　対応方針の検討

　担当部署が収集、整理した情報を評価した結果、不適切会計が存在する合理的な疑いが認められる場合や、疑いの有無を明らかにするためにさらに調査を実施する必要性が認められる場合には、本格的な調査を実施する旨を決定し、その調査体制や調査方法を検討すべきである。

　また、この段階で検討すべきそのほかの事項として、ⅰ過年度・当年度の決算への影響、ⅱ不適切会計に関与した（疑いのある）者への（暫定的な）対応、ⅲ監督官庁・捜査機関への第一報の要否、ⅳ適時開示・公表の要否、時期および内容、ⅴ弁護士・会計士等への相談・確認の要否、ⅵ会社関係者への説明、ⅶ広報対応等がある。調査の結果、事実関係がある程度明らかになった後には、ⅷ顧客・取引先への説明の要否、時期、内容およびその方法、ⅸ過年度決算訂正の要否、ⅹ株主総会への影響等も検討すべきである。

　対応方針の検討にあたっては、考えられる最悪の事態（ワーストシナリオ）を想定し、当該事態が発生した場合でも会社の受けるダメージを最小限度に抑えることが重要である。特に、不適切会計の場合、その内容が重大なものであった場合やこれを役員が認識していた場合等には、有価証券報告書への虚偽記載の罪（金商197条1項1号）や違法配当罪（会963条5項2号）、特別背任罪（会960条）といった重大な犯罪に該当しうるうえ、これに起因して役員や会社が株主や債権者等に対して負担する損害賠償債務も相当高額なものとなるおそれがあるため、初動対応の段階で安易な希望的観測や楽観的見立てに基づいた方針決定を行うことは禁物である。

4 証拠保全

不適切会計が発覚した場合、初動調査の段階で、基本的な事実関係の把握に努めるとともに、証拠の保全を図ることが非常に重要である。

(1) 関連資料・電子データの保全

事実関係の調査については**第2章**で詳述するが、証拠保全の観点からは、当該不適切会計に関与した者や、それを指示した役職員等が証拠隠滅や関係者との口裏合わせをすることを防止するために、関係者が使用していたPC内の電子データをコピーしたり、携帯電話の提出を求めたりするといった対応が必要になる。関連する部署の役職員に対しても、電子メールを含む一切の関連書類について消去や破棄、修正等を禁止する旨の通知（いわゆるリテンション・ノーティス）を発すべきである。

また、捜査機関や証券監視委の捜査・調査が行われる可能性がある場合には、後に、これらの当局によって資料が押収されたり、当局に対して資料を提出する必要が生じたりする可能性がある。これらの資料は、必ずしも還付を受けられるとは限らず、還付を受けられるとしても、かなりの時間を要することがある。そこで、提出を求められる可能性のある重要な資料については、あらかじめコピーを作成しておくことが望ましい。

(2) 供述の保全

不適切会計への関与者が初動対応の段階から明らかになっており、当該関与者から事実関係等について重要な供述が得られる場合は、その概要をメモ等のかたちで証拠化しておくことが有用である。当該関与者が不正行為を認めている場合には、後に供述を変遷させる可能性があるため、基本的な事実関係を認めていること、および今後の調査に真摯に協力することを記載した、署名押印入りの念書や供述書等を早期に取得しておくことも検討するべきである。

しかし、この場合においても、海外での当局対応や訴訟対応が見込まれる場合には、証拠化された文書が会社にとって不利な方向で利用されてしまうリスクがあるため、このような供述の保全には、海外当局対応

や訴訟対応に精通した弁護士を関与させることが重要である。

(3) 自宅待機命令

不適切会計に関与したと思われる従業員が判明している場合には、不正行為の継続や証拠隠滅を防止するため、当該従業員に対して、労働契約に基づく業務命令としての自宅待機命令を発することができる（星電社事件・神戸地判平成3年3月14日判タ771号139頁）。

ただし、自宅待機命令は、その必要性が認められない場合や、必要性に比して不当に長期にわたる場合には、権利の濫用として許されない（ノース・ウェスト航空（橋本）事件・千葉地判平成5年9月24日労判638号32頁）。したがって、当該従業員に対する嫌疑の程度、事案の重大性、不正継続の可能性、証拠隠滅の可能性等を総合考慮し、自宅待機命令の必要性および相当性が認められるかどうかを検討する必要がある。また、自宅待機命令は、懲戒処分としての出勤停止と明確に区別して行う必要がある。業務命令としての自宅待機命令なのか、懲戒処分としての出勤停止なのかが不明確である場合、二重処分禁止の原則（同じ事由で二重に懲戒処分を行うことはできないという原則）により、後の懲戒処分を行えなくなる可能性がある。

なお、役員が不正関与者に含まれている場合、役員は原則として会社と労働契約を締結していないため、従業員と同様の自宅待機命令を発することはできない。その場合、調査終了まで出社を自主的に謹慎するように説得する等の措置をとりうるにとどまる。

5 情報管理

(1) 情報管理の重要性

初動対応の段階では問題となっている不適切会計を公表しない方針とした場合、会社による公表に先がけてマスコミによって不確実な情報が報道されると、会社のレピュテーションが大きく毀損されるおそれがある。したがって、初動対応の担当部署や調査委員会のメンバーを含め、事情を知る役職員に対し、厳格な情報管理を求めるとともに、情報を開

示した会社外の関係者に対しても、守秘義務を負わせる等の手当てをすることが必要となる。近時、会社の役職員がインターネットを介したソーシャルネットワーキングサービス（SNS）等において調査の状況等に関する情報を不注意に漏えいしてしまう事案が散見されることにも留意すべきである。

(2) **インサイダー取引規制**

発覚した不適切会計が上場会社の投資者の投資判断に与えうる影響の大きさ次第では、当該不適切会計が発覚したという事実がインサイダー取引規制上の重要事実（金商166条2項4号等）に該当する可能性がある。実際に、有価証券報告書の虚偽記載が発覚した旨の情報を会社の元執行役員から入手し、その会社の株式を売却した情報受領者に対して、金融庁が課徴金納付命令を発した例がある。そこで、不適切会計の事実を公表するまでの間は、当該事実を知る社内外の関係者を必要最小限にとどめたうえで、不適切会計を知った関係者に対し、当該事実の第三者への伝達を禁止する措置および当該上場会社の株式の売買を禁止する措置を行う等、発覚した虚偽記載に関連する情報の管理を徹底することがきわめて重要である。また、上場会社がみずから行う自己株式の取得もインサイダー取引規制の対象となるため、当該上場会社に自己株式の取得等を行う予定がある場合には、当該不適切会計が重要事実に該当するか否か検討し、当該事実を事前に公表することや、自己株式の取得を延期すること等を検討する必要がある。

さらに、不適切会計が捜査当局や証券監視委の捜査・調査によって発覚した場合、当局による捜査・調査が終了するまでの間は、当局から公表を差し控えるように要請されることがある。そのような場合に、インサイダー取引規制に抵触する可能性のある取引を行う計画がある場合は、当該取引の実行を延期するか、または公表したうえで取引を実行するかについて、個別具体的な事案の内容に応じて慎重に検討する必要がある。一般論としては、ⅰ取引の当事者がどの程度、捜査・調査対象である事実を把握しているか、また、その事実の重要性の程度、ⅱ取引の早期実

行の必要性、ⅲ当局の非公表の意向等を総合的に考慮し、決定することになろう。なお、ある事象が重要事実に該当するか否か、あるいは、関係者が当該重要事実に係る内部情報を「知った」と認められるか否かの判断は、必ずしも容易ではない。たとえば、課徴金納付命令の取消訴訟において、情報伝達者が内部情報を知っていたか否かが争われた結果、当該課徴金納付命令が取り消された例も現れている。したがって、会社およびその関係者としては、インサイダー取引に関する当局の評価、認定を受け入れがたい場合には、適切な事実調査を実施し、積極的に争うことも一考に値する。

第3節　監査人との関係

1　監査人との協議

　不適切会計が発覚した場合、過去の不適切会計であったとしても、当期の財務諸表（連結財務諸表、四半期連結財務諸表および四半期財務諸表を含む。以下同じ）への影響も考えられること、場合によっては有価証券報告書等の訂正が必要となり（**第4章第4節2**参照）、訂正報告書には、原則として、監査人による監査報告書の添付が必要となることから、監査人との協力・連携が必須である。

　特に、初動対応においては、ある程度の確度で不適切会計が発生したことが明らかとなった段階で、本格的な調査を行う前に、監査人と協議することが望まれる。

　なお、近年、金融商品取引法上のディスクロージャーをめぐり、不正による有価証券報告書の虚偽記載等の不適切な事例が相次いでいることから、不適切会計が発覚した場合の監査人の対応について、日本公認会計士協会より「監査・保証実務委員会研究報告第25号『不適切な会計処理が発覚した場合の監査人の留意事項について』」（2012年3月22日）が公表されており、監査人が監査役、調査委員会、金融庁、証券取引所、所轄の各財務局等多方面への対応を限られた時間内に適切に行うための留意事項を取りまとめている。したがって、不適切会計の疑義の発生、調査、公表、関係者への対応等それぞれの状況において、会社は監査人側から適時適切なコミュニケーションを求められることに留意が必要である。

2　監査人が交代している場合の対応

　監査人が交代した後に、交代する以前の会計年度について不適切な会計処理があったことが発覚する場合がある。この場合、監査人は、「当年度の財務諸表に対する影響を判断するために、個々の状況に応じた適切な追加的監査手続を実施し」、当年度の財務諸表に過年度の不適切な

会計処理による「虚偽表示が存在すると判断した場合には、その事項に関し、前任監査人を含め三者間で協議するよう会社に対し求めなければならない。」とされている（監基報510第6項参照）。しかしながら、法令上、訂正後の財務諸表に対する監査を行うべき監査人は定められておらず、会社、現任監査人および前任監査人との協議により、訂正前の財務諸表に対し監査証明を行った監査人または当年度の監査人が監査を実施することになる。

第2章 調査

■本章のポイント

- 調査体制としては、ⅰ会社関係者のみで調査を行う体制、ⅱ会社関係者に加え、公認会計士や弁護士等の外部専門家が協働して調査を行う体制、ⅲ外部専門家のみが調査を行う体制の3つのパターンがある。不適切会計が会社全体にかかわるものか、それとも一部門のみにかかわるものか、役員等の関与が認められる事案であるか、といった事情等を考慮し、適切な調査体制を選択する必要がある。
- 「上場会社における不祥事対応のプリンシプル」では、不祥事対応の基本的な原則として、ⅰ不祥事の根本的な原因の解明、ⅱ第三者委員会を設置する場合における独立性・中立性・専門性の確保、ⅲ実効性の高い再発防止策の策定の迅速な実行、ⅳ迅速かつ的確な情報開示が定められており、調査のあり方を検討するにあたって重要な指針となる。
- 調査方法には、メール等の電子データを含む資料のレビュー、財務データの分析、ヒアリング等があるが、調査の実施にあたっては、調査の限界や第三者との関係にも配慮する必要がある。

第1節 調査体制の決定

1 調査体制決定の判断要素

　不適切会計が発覚した場合、役員は善管注意義務（会330条、民644条）の一環として、これに対し適切な対応をとるべき義務を負う。したがって、調査の第一次的な責任は役員が負うことになるが、客観的かつ効率的な調査を実施するためには、役員またはその指示に基づく会社内の従業員のみで調査を実施することは現実的でない場合も多い。そこで、初動対応において事実関係の概要をある程度把握した段階で、その後どのような調査体制のもとで本格的な調査を実施するかについて、判断を行う必要がある。

この種の調査を行う場合、調査の体制としては大きく分けて3つの類型が考えられる。最も基本的な形態は、会社関係者のみで調査を行うパターンであり、当然、この場合には会社関係者が調査を主導することになる。他方で、会社関係者が調査を行うにあたって、公認会計士や弁護士等の専門的知識・経験を有する外部専門家の協力を求めるパターンもあり、この場合には会社関係者と外部専門家が協働して調査を行うことになる。また、このような類型からさらに進んで、会社から独立した外部専門家に調査の実施自体を委託し、調査主体として会社関係者が関与しないパターンも存在する。会社としては、不適切会計事案の性質等を考慮したうえで、初動対応に引き続き社内のメンバーのみで不適切会計への対応を続けるのか、それとも外部専門家に調査等への協力を依頼するか、および仮にそのような依頼をするとしてもどの程度会社から独立した調査主体を設定するかについて、判断を行うこととなる。この判断における基本的な考慮要素としては、ⅰ当該不適切会計が会社全体にかかわるものか、それとも一部門のみにかかわるものか、ⅱ役員もしくはそれに近い経営幹部等の関与が認められる事案か、または担当者レベルの従業員の関与にとどまるものか、ⅲ過年度決算訂正の要否、ⅳ不適切会計に係る金額の多寡、ⅴ事案の複雑性・専門性、ⅵ公表の要否、ⅶ監督官庁・捜査機関への報告の要否、ⅷ社会的関心の程度、ⅸ予想される作業量とこれに対して会社が投入可能な人員数等が挙げられ、これらを総合的に勘案することになる。

　もっとも、不適切会計の調査は、複雑かつ専門的な会計知識と法的検討および調査結果をふまえた過年度・当年度の決算訂正や規制当局等との協議が必要になるため、多くの場合、社内のメンバーのみで対応することは困難であり、社外の公認会計士や弁護士等の外部専門家の関与するかたちで調査が実施されることが一般的である。

2 外部専門家が関与する調査体制の特徴
(1) 会社関係者と外部専門家が協働する形態

　この調査体制では、基本的には会社内のメンバーならびに公認会計士および弁護士等の外部専門家を構成員として当該不適切会計の調査が行われる。社内外への影響がそれほど重大ではなく、複雑性も高くない不祥事事案においては、外部専門家を構成員とせず、社内関係者のみで当該事案の調査を行う形態や、外部専門家の協力を得つつも実質的な調査は社内関係者を中心に行う形態がとられることもある。しかし、1で述べたとおり、不適切会計事案の調査にあたっては、複雑かつ専門的な会計知識と法的検討が必要になることが少なくないため、会社関係者と協働しつつも、外部専門家が中心となって調査が行われるのが一般的である。

　このような形態では、会社関係者と外部専門家が協働しながら調査が進められるため、調査状況や調査結果は随時会社内のメンバーに共有されることになる。また、外部専門家が関与することによって、専門性と客観性を相当程度担保することができる一方で、役職員の調査協力も比較的得やすく、会社の内実に精通している者と協働したスムーズな調査が期待できる。そして何よりも、会社と外部専門家の協力のもとで完結した調査を行うことができることは、会社にとって調査実施に対する心理的抵抗が少なく、また、調査中および調査後の当局対応や広報対応等においても、調査を担当する外部専門家と情報を共有し、そのアドバイスを受けることが可能であり、一元的な対応をとりやすくなる点で、大きなメリットがある。

　他方で、外部専門家が関与していたとしても、調査自体に会社関係者が関与することになるため、重大な不適切会計が発覚し、これに対する会社役員の関与が疑われている場合等、会社に対する社会的信用が大きく揺らいでいる状況においては、調査結果に対する社会的信用性も担保されないことになりかねない。したがって、このような場合には、(2)で述べるような調査の実施自体を外部専門家に委託するかたちの調査体制

が検討されることが多い。

(2) 調査の実施を外部専門家に委託する形態

この調査体制では、当該会社とは従来利害関係を有しない弁護士、公認会計士、学識経験者等の外部専門家を基本的な構成員として当該不適切会計に関する調査が行われる。一般にこのような調査形態では、調査を担当する外部専門家の集団について「第三者調査委員会」、「外部調査委員会」、「特別調査委員会」等の名称が付されることがある。

この点に関して、2010年7月15日（改訂：2010年12月17日）に日本弁護士連合会が公表した「企業等不祥事における第三者委員会ガイドライン」（以下「日弁連ガイドライン」という）においては、「第三者委員会……とは、企業や組織……において、犯罪行為、法令違反、社会的非難を招くような不正・不適切な行為等……が発生した場合及び発生が疑われる場合において、企業等から独立した委員のみをもって構成され、徹底した調査を実施した上で、専門家としての知見と経験に基づいて原因を分析し、必要に応じて具体的な再発防止策等を提言するタイプの委員会である。」と定義されている。

外部専門家による調査体制が選択される目的は、調査の客観性・公正性・透明性を確保し、専門的知見に基づいて客観的な事案の解明・分析をすることにある。いかなる場合にこのような調査体制を選択すべきかという点について、2016年2月24日に日本取引所自主規制法人が公表した「上場会社における不祥事対応のプリンシプル」（以下「不祥事対応プリンシプル」という）では、「内部統制の有効性や経営陣の信頼性に相当の疑義が生じている場合、当該企業の企業価値の毀損度合いが大きい場合、複雑な事案あるいは社会的影響が重大な事案である場合などには、調査の客観性・中立性・専門性を確保するために、第三者委員会の設置が有力な選択肢となる。」とされている。

外部専門家による調査体制を選択し、不適切会計の調査実施を依頼するということは、会社にとっては、第三者に会社内部の状況を入念にチェックされることを意味し、そのようなチェックがなされたことを公

表することにより、会社が不適切会計等に対し、真摯に対応していると評価される可能性がある。他方で、いわゆる第三者委員会を設置し、その調査結果や、会社の体質等に問題があるという外部専門家による判断等が公表されることになれば、結果として会社に重大なレピュテーションダメージが生じる可能性があることも否定できない。さらに、会社内のメンバーが調査に直接関与しないため、会社特有の知識を活用したスムーズな調査の実施や役職員の協力の得られやすさも会社内のメンバーが調査に参加する場合に比べれば劣る側面がある。したがって、会社にとって、このような調査体制を選択することは、これに伴う副作用を甘受するということでもあり、重大な決断であることに留意すべきである。

　もっとも、外部専門家による調査体制を選択する場合においても、調査と同時並行的に行われうる関係当局や監査人等との協議を適切に行うために、調査の独立性・客観性に配慮しつつ、調査状況等に関する情報共有を会社が受けられるようにしておくことや、調査結果について、会社が反論を行う機会を確保しておくこと等が、実務上、一般的に行われている。

　特に不適切会計の場合には、会社が有価証券報告書の提出期限の延長に係る承認申請（**第4章第4節3(1)参照**）を行うかどうかを判断するためにも、会社が調査状況を随時把握し、証券取引所や監査人等と共有する必要性が高いといえる。

第2節　調査の実施

1　調査のあり方

　第1節1のとおり、不適切会計においては、基本的に外部専門家等の関与のもとで調査を実施することが想定されるが、時間、費用および人員が限られているなかで、会社の内実に精通していない外部専門家等を利用し、効率的かつ効果的な調査を実施するためには、調査の目的や対象といった調査のあり方を常に意識することが重要である。

　この点に関して、不祥事対応プリンシプルは、上場会社の不祥事において原因究明や再発防止策が不十分であり、情報開示が迅速かつ的確に行われていないケースが見受けられることを背景に策定されたものであり、不祥事対応の基本的な原則として、ⅰ不祥事の根本的な原因の解明、ⅱ第三者委員会を設置する場合における独立性・中立性・専門性の確保、ⅲ実効性の高い再発防止策の策定の迅速な実行、ⅳ迅速かつ的確な情報開示を定めている。具体的には、不祥事が発生した「背景等を明らかにしつつ事実認定を確実に行」うこと、「表面的な現象や因果関係の列挙にとどまることなく」原因を解明すること、「根本的な原因に即した実効性の高い」再発防止策を策定し、「その目的に沿って運用され、定着しているかを十分に検証する」こと等が必要とされており、不適切会計の調査のあり方を検討するにあたって重要な指針となる。

(1)　調査の目的

　調査の目的は、通常、事実関係の把握、原因究明、再発防止策の策定および関与者の処分等に置かれる。これらに加え、不適切会計の場合には、法令違反の有無や財務諸表への影響の有無を確認することも重要な目的となる。

(2)　調査の対象

　基本的な調査の対象は、不適切会計に関する事実関係の存否および内容である。しかしながら、不適切会計の根本的な原因を重層的に究明し、実効的な再発防止策を策定するためには、刑事事件における起訴状に記

載されるような厳密な意味での違法・不正行為に限らず、不適切会計が発生した経緯・原因、会社の文化や風土との関係、組織上の原因・遠因、不適切会計が一定期間発覚しなかった理由等の関連・背景事情まで含めるのが適切である。一方、調査は、限られた期間内に、限られた人員・予算で行わなければならないため、事案の重大性、組織ぐるみの不正の有無、不正が行われた期間、過去の資料の保存状況、関係者の記憶の減退の程度、損害賠償請求権の消滅時効、刑事訴追の公訴時効等を考慮したうえで、調査対象を慎重に検討する必要がある。

　特に、不適切会計の発覚をきっかけとして、実際に発生した不適切会計以外の類似不正行為（たとえば、虚偽の契約書等を利用した売上高の架空計上が発覚した場合における、当該行為を行った者以外の者による売上高の架空計上等）の有無の調査（いわゆる件外調査）をどこまで行うべきかについては難しい問題がある。不適切会計に関する調査結果の公表後に類似不正行為が発覚すれば、会社の社会的信用が大きく損なわれ、調査自体の実効性・信頼性にも疑いが生じうるため、そのような事態は可能な限り避けなければならない。そのため、調査結果の公表までに類似不正行為の洗出し調査を行うことは重要であるが、たとえば、発覚した売上高の架空計上以外の類似不正行為の有無を完全に確認するためには数年間の売上に限ったとしても作業量が膨大となるうえ、実際には、調査結果の公表までにこれを実施する十分な時間的余裕はないことが多い。したがって、限られた期間ですべての類似不正行為を洗い出すことは実務上困難であることを前提に、類似不正行為の存在可能性、類似不正行為を発見することの難易度、想定される調査期間の長短、調査に伴う事務負担等を勘案し、実務上可能な範囲で実施することになろう。たとえば、すべての売上先の確認が実務的に困難であれば、一定の基準で抽出したサンプル調査のみを行うといった調査を実施することも選択肢の1つである。その場合、後に誤解を生じさせることのないよう、調査報告書等において、実施した調査の範囲・手法や、当該調査範囲に限定した理由・範囲の適切性に関する説明、時間的制約から調査結果の公表まで

に類似不正行為の調査が終了していない場合にはその旨等を明記することが適切である。

(3) 調査の期間

　調査が長期化すると、社外への情報漏えい、関係者の記憶減退、証拠隠滅等のおそれが大きくなり、費用も高額になる。また、社会的影響が大きい事案では、調査結果の公表が遅延することで、不適切会計に対する会社の姿勢が問われることもありうる。特に、有価証券報告書等の提出遅延が上場廃止事由とされていることから、有価証券報告書等の提出期限の延長を申請しない場合には、迅速な調査が必要となる（第4章第4節3(1)、第6章第4節3(3)参照）。また、仮に提出期限の延長を申請し、これが認められた場合であっても、延長が認められる期間は1か月程度となることが多いため、調査に費やすことができる時間は依然として限定される。

　他方で、短期間で無理に調査を終わらせようとすると、その内容がずさんになり、誤った事実認定がなされるおそれがある。不適切会計の内容、規模等にもよるが、外部専門家が関与した調査が実施される場合には、その調査開始後、1か月から2か月程度で調査報告書が提出されることが多く、これよりも過度に短い調査期間を設定することは調査担当者に無理を強いることになるおそれがある。

　したがって、調査を行うにあたっては、調査の目的・範囲、調査体制、社会的影響等を総合的に考慮し、当初から十分にスケジュールを検討することが必要である。とはいえ、事実関係が不鮮明な初期段階においては、事前に的確な調査期間を設定するのは困難であるため、実務上は、暫定的に大まかなスケジュールを設定し、調査の状況に応じて調査結果を中間的に公表することも行われている。

2　調査の方法

(1) 資料・証拠の収集および検証

　初動対応における証拠保全については第1章第2節4で述べたとお

りであるが、調査を開始した後も、事案の解明度やヒアリングの結果等をふまえて、真相解明のために有益な資料・証拠がないかを継続的に調査し、会社内外に存する関連証拠の収集・分析を行う必要がある。

　たとえば、循環取引等が行われている場合は、契約書、伝票等の証票類が偽造・変造等されている可能性もあるため、公認会計士や弁護士による証票類の確認作業が不可欠であるし、その他にも専門的知見を要する事項の調査は、その分野の専門家の説明を受け、または分析を委託することにより、正確な理解に努めることが必要である。

(2) フォレンジック・テクノロジーの活用

　最近では、会社の有する情報の相当部分はデジタル化された電子データのかたちで保管され、かつその量は膨大なものとなっており、また、従業員等のコミュニケーションも、会社内外を問わず、電子メールその他の電磁的手段により行われていることが一般的である。不適切会計の調査にあたっては、これらの膨大な情報を、短期間でもれなく整理することが重要となる。そこで、近時は、このような情報収集・分析を外部業者と専門家に依頼することにより、外部業者の提供するプラットフォームを通じたドキュメント・レビューや、いわゆるフォレンジック・テクノロジーを活用した調査が行われるようになっている。

　具体的には、ⅰ過去のある一定期間における特定の取引に関する電子データの収集・分析（ただし、作業履歴や電子メール等は、一定期間であれば会社のサーバーに保存されていることが多いものの、当該期間の経過により自動的に消去されてしまうこともあるため、一定の限界はある）、ⅱ作業履歴の分析による不適切会計への関与が疑われる人物の絞込み、ⅲ膨大な電子メールからの関連情報の抽出、ⅳ消去された電子データの復元等が必要となることが少なくないが、これらの調査を専門的知識とノウハウを有する専門家に依頼することにより、効率的かつ信頼性の高い情報が得られることも多い。また、デジタル化された情報は、改変・複写・消去が容易であるという特徴があるため、調査にあたっては、慎重な対処が必要であり、素人が無理に情報解析を行おうとすれば、情報の

改変の疑いが生じ、その証拠価値が減殺されてしまったり、必要な情報が入手不能となったりすることがありうる。したがって、適切な証拠保全の観点からも、専門家の利用を検討すべきであろう。

最近では、AI を活用した TAR（Technology Assisted Review）も利用されつつある。これは、膨大な量の資料から事案に関連する資料を抽出するにあたり、関連性の有無に関する人間の判断パターンを AI に学習させたうえ、当該判断パターンを用いて関連性があると判断される可能性が高い資料を AI に選別させ、これら資料を優先的に調査担当者による検証の対象とすることによって、資料の検証の効率化と方針決定の早期化を図る技術である。

(3) ヒアリング

一般に、客観的証拠は供述証拠に比べて信用性が高いと考えられているが、客観的証拠は、時の流れにおける過去の「点」を示すものにすぎず、事案の全体像（ストーリー）を把握するためには、点と点を結ぶ「線」の役割を果たす供述証拠が必要不可欠である。したがって、供述証拠を得るための手段となるヒアリングは、調査の要となる。

不適切会計の調査におけるヒアリングでは、常に客観的な資料や他の者の供述内容、または経験則等との整合性に注意しながら、会計知識を前提とした、適時適切な質問を相手に投げかける技術が要求される。特に、不適切会計が意図的に行われていた場合、その関与者は、そのような不適切会計が容易に露見することがないよう何かしらの偽装工作（領収書や検収書の偽造、裏帳簿の作成、印鑑の冒用等）を行っていることが多く、そのような関与者本人しか知りえない不適切会計の手法を正確かつもれなく聞き出すことが、不適切会計の全容解明にとって、および過年度・当年度決算の訂正範囲を確定するにあたってきわめて重要となる。

ヒアリングを実施した場合には、通常、その内容を記録するために聴取メモを作成する。後の懲戒処分や民事訴訟において証拠として利用することを念頭に置く場合、関係者が後に供述を翻す可能性を考慮し、供述の内容を本人に確認させ、本人の署名押印を得た供述録取書や陳述書

を作成することが有益である。場合によっては、正確に聴取内容を記録するため、ヒアリング時に録音機器を利用することも一考に値しよう。もっとも、海外での当局対応や訴訟対応が想定される事案では、供述内容を書面化したり録音したりするに際して、将来の証拠開示手続（Discovery）を意識し、弁護士依頼者間秘匿特権を活用したかたちで証拠化を行う必要がある。

> **コラム　弁護士依頼者間秘匿特権**
>
> 　米国および英国に代表されるような英米法体系を採用する国においては、依頼者とその弁護士との間の一定のコミュニケーション等について、当局による提出要求や差押え、訴訟における提出の対象外とし、その開示を拒絶できる権利（弁護士依頼者間秘匿特権：Attorney Client Privilege）が認められている。そのため、国内での対応にとどまらず、このような特権が認められる国の当局からの照会や捜査、当該国における訴訟提起等が見込まれる場合には、初動対応の段階で適切に弁護士を関与させておくことで、会社にとって不利になる文書等を会社の役職員みずからが作成し、後にこれを当局や訴訟の相手方等に提出しなければならなくなるリスクをある程度低減することができる。
>
> 　なお、わが国においては、本書執筆時点において、このような弁護士依頼者間秘匿特権は認められていない。しかし、弁護士と依頼者との間のコミュニケーションの内容が当局による提出命令や差押えの対象となりうるとすれば、依頼者は安心して弁護士を利用することができず、後の提出リスクを恐れるあまり弁護士との間で踏み込んだ議論を行うことについて消極的にならざるをえない。このように、弁護士の利用が阻害・制限される事態が生じていることをふまえれば、わが国においても、弁護士依頼者間秘匿特権の制度を整備すべきであろう。これに対して、弁護士依頼者間秘匿特権を認めることにより、当局による実態解明機能に重大な支障をきたすという見解がある。しかし、この見解は、制度が濫用的に利用される可能性が高いことを前提としていることから、濫用的利用に対する手当てを整備すること等により、わが国においても弁護士依頼者間秘匿特権を導入することは可能であると考えられる。

3 調査の根拠と限界

(1) 従業員等の調査協力義務

　会社は、警察・検察等の捜査機関ではないから、捜索・差押えといった強制処分を行うことはできない（直接強制の禁止）。したがって、役職員が業務上の文書・データの提出を拒んだ場合、裁判上の手続なくしてその収集または検証することはできない。また、身体を拘束してヒアリングを強制的に実施することもできない。

　もっとも、会社は、雇用契約に基づき、合理的な範囲で調査協力をする旨の業務命令を発することができ、従業員は、これによって原則として調査協力義務を負うことになる（日経クイック情報事件・東京地判平成14年2月26日労判825号50頁）。従業員が正当な理由なく調査への協力を拒否した場合、就業規則等に懲戒処分の根拠規定が存在し、当該従業員の協力拒否が具体的な懲戒事由に該当する場合には、当該行為の性質・態様等に照らして社会通念上相当と評価できる限りにおいて、その従業員に対し、懲戒処分を行うことが可能である（労働契約法15条参照）。ただし、このような調査協力義務は、会社が従業員に対して調査を行う法的根拠とはなるものの、これを背景に調査への協力を間接的に強制することについては、従業員のプライバシーへの配慮や協力を拒む理由等、個別具体的な事情をふまえた検討が必要である。

　なお、役員は、原則として会社との間で雇用契約を締結していないため、業務命令に従う義務を負わないが、会社との委任契約に基づく善管注意義務（会330条、民644条）および報告義務（民645条）の一環として、調査協力義務を認めることができる。契約社員やパートタイム従業員も、会社との雇用契約に基づき正社員と同様の調査協力義務を負う。派遣社員については、労働者派遣契約を根拠として調査協力義務が認められる可能性があるが、派遣社員と雇用契約を締結しているのは派遣元企業であるため、派遣先企業が派遣社員に対して調査協力義務違反を理由とした懲戒処分を行うことはできない。

　また、退職者は、すでに会社との雇用契約が終了している以上、特段

の合意がない限り、原則として調査協力義務を負わない。したがって、退職予定者が退職後に調査の対象になることが想定される場合には、当該退職予定者から、あらかじめ当該調査に協力すべき旨の書面による同意を得ておくことも検討に値する。

(2) 責任減免

事案の解明のために不適切会計の関与者からの協力を得る手段の1つとして、調査に協力した従業員について、その責任を減免する方法がある。ここでいう責任減免とは、もっぱら会社との関係において生ずる責任の減免であり、刑事責任や、第三者との間における民事責任には及ばない（いわゆる日本版司法取引については、**第3章第3節1・2**で述べる）。

具体的には、懲戒処分を受ける可能性のある従業員に対し、調査に先立ち、調査への協力内容・程度を勘案して懲戒処分の減免を行う可能性があることを告げる方法や、類似不正行為の洗出し調査において、期間を定め、当該期間内に自主申告を行った者については、懲戒処分の減免を検討する方法等が考えられる。

これらの方法は、モラル・ハザードを起こすリスクや、不適切会計や類似不正行為に関与した従業員が自らの責任を減免するために他の従業員の関与を誇張して供述するリスク等がありうる。また、どのような協力を行った場合にどのような減免が行われるかについての基準を明確に定めることが困難なため、責任減免制度の公平な運用は必ずしも容易ではない。

もっとも、当該不適切会計の内容（会社に与える被害・損害額の程度、被害者の存否、社会的関心の程度等）を勘案したうえで、単独犯の場合や、共犯事件における主犯格への減免制度の適用は行わず、事案の解明のために従属的に不適切会計に関与した者から協力を得る必要性が高い場合（たとえば、主犯格であることが疑われる上位の役職員が不適切会計への関与を否認している場合に、下位の役職員から供述を得る必要がある場合等）に限定して責任減免を実施する等、適切な制度運用を行うことで、不適切会計事案の真相解明に有用な供述が得られたり、類似する不祥事の存在

が判明したりする可能性がある。

(3) 子会社に対する調査

　子会社において不適切会計が発生した場合に、当該子会社に調査の実施を完全に委ねてしまうと、不適切会計に関与した子会社の役員によって情報が隠ぺいされたり、調査のためのリソースやノウハウの不足から十分な調査が実施できなかったりする可能性がある。また、親会社の取締役が子会社における不適切会計の徴候を認識したにもかかわらず、十分な調査を行わない場合には、当該取締役に善管注意義務違反が認められる可能性もある（福岡高判平成24年4月13日金判1399号24頁）。そこで、子会社における不適切会計について、このような懸念が否定できない場合には、親会社が主導または関与して調査を実施することが望ましい。

　親会社の子会社に対する調査は、子会社の承諾または監査役の子会社調査権（会381条3項）に基づいて行うことが可能であるが、効率的かつ効果的な調査を行うためには、子会社の役職員による積極的な協力を得ることが必要となる。したがって、あらかじめ、グループ会社に適用される規程等において、親会社による調査に協力すべき義務を定めた規定を定めておくことも検討に値する。

(4) 第三者に対する調査

　循環取引等の事案においては、取引先等の社外の第三者も不適切会計に関する重要な情報を有している可能性があるため、その協力が得られる場合には、客観性の高い資料や供述が得られることがある。

　もっとも、第三者は会社に対する調査協力義務を負わないため、調査の必要性・重要性を説明したうえで調査への協力を依頼することになる。継続的な取引関係にある取引先であれば、「不正の疑念が払拭されない限り、取引を再開できない」等と告げて協力を求めることも考えられるが（ただし、強要にならないように注意が必要である）、契約上・事実上の力関係に差がある場合等には協力に応じてもらえないことも多いうえ、調査に協力してもらえた場合であっても後にトラブルに発展する場合も

あり、実際の対応は難しい。したがって、結果的に取引先等との間のトラブルが民事訴訟に発展した場合等のことも想定し、取引先等への協力要請は慎重に行う必要がある。

また、仮に当該第三者が調査に協力的である場合であっても、あくまで社外の第三者である以上、開示する情報の内容・範囲は慎重に検討する必要がある。特に海外での当局対応や訴訟対応が想定される事案においては、このような第三者に情報や書面等を開示したことにより弁護士依頼者間秘匿特権を放棄したとみなされることがないよう、細心の注意を払う必要がある。

なお、第三者に対する調査の過程で当該第三者が不正行為を行っていたことが判明した場合であっても、調査を行った会社は、原則として当該不正行為の存在を当局へ通報する法律上の義務を負わない。もっとも、第三者に刑事責任や不法行為責任が認められる場合には、ⅰ事案の重大性・社会的影響力、ⅱ第三者の不正行為への関与形態、ⅲ自社に生じた損害の有無・程度、ⅳ第三者との関係等を考慮し、刑事告訴・告発や損害賠償請求を行うかどうかを検討する必要がある。

第3節　調査報告

1　調査報告書

　不適切会計の調査結果は、その報告内容が膨大な分量となる可能性があり、場合によっては非常に複雑な事案となるうえに、当年度・過年度決算の訂正範囲を確定する観点から高い正確性も求められるので、報告書のかたちでまとめられることが一般的である。このようにして作成された調査報告書は、役員への報告、株主や社会一般に対する公表、当局への報告、関与者の責任追及、再発防止策の策定等、さまざまな目的に使用されることが想定される。そのため、会社の内部事情を知らない人が読んでも当該報告書だけから不適切会計事案の全容が理解できるように、ⅰ調査目的・範囲、ⅱ調査の経緯、ⅲ調査期間、ⅳ調査体制、ⅴ調査方法、ⅵ認定された事実、ⅶ当該事実に対する法的評価（民事責任、刑事責任、懲戒事由の存否等）、ⅷ当年度・過年度決算を訂正すべき範囲とその根拠、ⅸ原因、ⅹ講じるべき再発防止策等が記載されるのが通常である。

　なお、調査の実施を外部専門家に委託し、調査主体として会社関係者が関与しない場合（**第1節2**(2)参照）、調査の独立性・客観性を担保する目的で、調査報告書が正式に会社に提出されるまでは、会社関係者に対して調査報告書を一切閲覧させないという取扱いがなされることもある（たとえば、日弁連ガイドラインでは、「第三者委員会は、調査報告書提出前に、その全部又は一部を企業等に開示しない」ことが指針として示されている）。しかし、**第1節2**(2)で述べたように、特に調査と同時並行的に行われうる関係当局や監査人等との協議が必要になる不適切会計事案においては、このような取扱いが、迅速かつ適切な対応をとりづらくするおそれがある。また、外部専門家の独立性を強調しすぎるあまり、外部専門家が「会社からの言い分は一切受け付けない」という姿勢をとることは、かえって外部専門家による事実認定を偏ったものにするおそれもあり、そのような事実認定やこれに基づいて策定された再発防止策を会

社側が受け入れ、真摯に実行できるかという点について疑問が生じうる。特に、企業風土や不適切会計の背景事情のような、一定の評価を含む事実認定については、あくまで調査報告書の起案権・編集権が外部専門家にあることを前提としつつ、調査報告書について十分に関係者に反論の機会を与え、場合によっては当該反論に再反論することで議論を深めることにより、慎重な事実認定を行う必要がある。

2　調査結果の公表

　不適切会計の規模や内容によっては、その調査結果を公表することにより、株主および社会に対して説明責任を果たすことが期待される。また、適時開示、プレスリリース等で不適切会計に対応するための調査委員会の設置を公表した場合等には、証券取引所や規制当局等から調査結果の開示を要求される場合もあり、そのような場合には何らかのかたちで調査結果を公表することになる可能性が高い。このような調査結果公表の要否や時期、内容等に関する判断を誤った場合には、役員の善管注意義務違反の問題が生じるおそれがあるため（ダスキン事件・大阪高判平成18年6月9日判時1979号115頁）、その公表に際しては、弁護士等の意見をふまえた慎重な検討が必要になる。

　調査報告書を公表する場合には、その要旨のみを公表するか、要旨とともに別途全文を公表するかについて検討する必要がある。特に不適切会計の場合、要旨のみでは詳細な事実関係が説明できず、再発防止策の記述も抽象論にとどまってしまう場合が少なくなく、説明責任の観点から見た場合、外部専門家を調査に関与させた意義が損なわれてしまう可能性も否定できない。一方、事案の規模・内容によっては、調査報告書全文の公表が必ずしも社会的に要請されない場合や当該公表と弁護士依頼者間秘匿特権との関係について慎重な考慮が必要となる場合等もあることに留意すべきである。

　また、事案によっては、個人の名誉、プライバシー等を侵害するおそれのある事項が調査報告書に記載されることもありうる。特に、調査報

告書において関与者個人の実名を掲げる場合には、その公表に際して本人から、名誉毀損に基づく損害賠償請求訴訟の提起や実名公表禁止の仮処分の申立て等がなされる可能性がある。不適切会計事案の場合には、調査報告書の趣旨からして、実名の公表まで要求されることは少ないと考えられるため、このような記載をする必要性の有無についても慎重に検討する必要がある（この点について、近時は、役員以外の関与者について仮名処理をしたうえで調査報告書が公表されている事例が散見される）。

第3章 適時開示・マスコミ・捜査機関等対応

■本章のポイント
- 不適切会計が発覚した場合、すでに開示している決算や将来の業績予想、投資者の投資判断に及ぼす影響等を考慮したうえで、適時開示の要否を決定する必要がある。
- 適時開示のタイミングは、不適切会計の影響の大きさ等を考慮し、ⅰ発覚時、ⅱ途中経過、ⅲ調査結果等判明時等に開示することが多い。
- 広報対応は、マスコミに対する会社の見解・立場等を決定したうえで、想定問答集等を作成し、窓口を一本化して統一的な対応を徹底する必要がある。
- 当局の捜査・調査への対応を誤ると大きな不利益を受けることがある。特に、証拠隠滅行為や操作・調査妨害と映る行為は、厳に慎むべきである。

第1節 適時開示対応

1 適時開示の要否

不適切会計が発覚した場合には、その徴候を把握した段階から、再発防止策を実施する段階に至るまで、適時開示の要否・時期・内容について、その経過をふまえて適切に判断することが求められる。この判断にあたっては、ⅰ過年度の有価証券報告書等や将来の業績予想を修正する可能性、および、ⅱ投資者の投資判断へ及ぼす影響等が重要な手がかりとなる。

(1) **過年度決算訂正・業績予想修正の適時開示**

不適切会計が過年度決算に影響する場合、その重要性によっては、過年度の有価証券報告書等を訂正しなければならない。そして、有価証券報告書等の訂正報告書を提出した場合で、当該訂正の内容がすでに開示している決算短信または四半期決算短信(以下「決算短信等」という)の

内容にも影響を及ぼすときには、当該決算短信等の訂正開示があわせて必要となるので、この場合は必ず適時開示を行わなければならない（上場規程416条1項、404条）。

なお、決算短信等の開示後、有価証券報告書等の提出前に不適切会計が発覚したような場合、不適切会計発覚後に提出する有価証券報告書等の財務数値（不適切会計に基づく虚偽記載を改めた数値）とすでに公表している決算短信等の財務数値とが異なる場合もありうる。このような場合、決算短信等の訂正をして適時開示することが必要となるが、投資者の投資判断に及ぼす影響が重要なものと証券取引所が認める場合を除き、その適時開示は有価証券報告書等の提出後遅滞なく行えば足りる（上場規程416条2項）。

また、連結ベース（連結財務諸表を作成すべきでない会社については単体ベース）の売上高、営業利益、経常利益または純利益（IFRS任意適用会社については売上高、営業利益、税引前利益、当期利益または親会社の所有者に帰属する当期利益）について、公表された直近の予想値（公表された予想値がない場合は、公表された前事業年度の実績値）に比較して、新たに算出した予想値が、売上高に10％以上の変動がある場合または営業利益・経常利益・純利益（IFRS任意適用会社については営業利益・税引前利益・当期利益・親会社の所有者に帰属する当期利益）に30％以上の変動がある場合は、適時開示を行う必要がある（上場規程405条1項、上場規程施行規則407条）。

(2) 投資者の投資判断への影響等

不適切会計の影響が、上場会社の運営、業務もしくは財産または上場株券等に関する重要な事実であって投資者の投資判断に著しい影響を及ぼすもの（上場規程402条2号x）である場合や、その他の有価証券上場規程・有価証券上場規程施行規則に列挙された適時開示事由に該当する場合は、適時開示を行わなければならない。

有価証券報告書等を訂正する場合等には、決算短信等を訂正し、適時開示する必要があるが、その原因となった不適切会計自体も、多くの場

合、上場会社の運営、業務もしくは財産または当該上場株券等に関する重要な事実であって投資者の投資判断に著しい影響を及ぼすものに該当すると考えられるため、決算短信等の訂正との関係で適時開示するだけでなく、不適切会計そのもの（事案の概要・原因・再発防止策・関係者の処分等）についても適時開示する必要がある。

2　適時開示のタイミングとその内容

(1)　過年度決算訂正の開示

不適切会計が発覚した場合の適時開示の流れは、図表3-1-1のように、おおむね、ⅰ不適切会計発覚時、ⅱ途中経過、ⅲ調査結果等判明時の3つのフェーズに分類することができる。

これらはあくまで例示であって、実際には事案の内容や経過に応じて個別的な判断が必要となる点に留意すべきである。事案によってはフェーズの一部について開示が行われない場合もある一方、それぞれのフェーズについて複数の開示が行われる場合もあり、また、それぞれのフェーズにおいて記載されている開示事項が、別のフェーズで開示される場合もある。

図表3-1-1　時期別開示事項

	開示すべき事項
不適切会計発覚時	・　過年度決算に影響を及ぼす可能性のある事象が発生したこと ・　発覚の経緯・端緒 ・　発覚から最初の開示まで時間を要した場合は、その旨およびその理由 ・　当該時点で判明している事実の概要 ・　当該時点で判明している過年度決算への影響

途中経過	・ 当該時点までに開示されていない事項が判明した場合はその内容 ・ 調査委員会の中間報告 ・ 新たに発生・発覚した不適切会計等の内容 ・ 調査スケジュールの変更 ・ 有価証券報告書等の提出期限の延長申請・承認
調査結果等判明時	・ 調査委員会による最終報告 ・ 過年度の有価証券報告書等、決算短信等の訂正 ・ 再発防止体制の整備 ・ 関係者の責任・処分 ・ 証券取引所の処分、証券監視委の勧告、金融庁の課徴金納付命令、民事訴訟の提訴・判決

(2) 初回開示のタイミング

　適時開示において実務上問題となるのは、初回の開示をいつ行うかである（2回目以降の開示については、開示すべき事由が発生したつど、開示する必要がないか検討することとなる）。この点に関し、不祥事対応プリンシプルは、「不祥事に関する情報開示は、その必要に即し、把握の段階から再発防止策実施の段階に至るまで迅速かつ的確に行う」こととしている。

　投資者の投資判断への影響を考えると、不適切会計の徴候を把握した段階からできるだけ早期に開示することが望ましい一方、不適切会計の概要や財務への影響等の事実関係が明らかになっていない段階で概括的な開示だけを行うと、場合によっては市場関係者の憶測を助長し、投資者をミスリードすることになりかねない。不祥事対応プリンシプルをふまえ、情報開示の迅速性と的確性のバランスに配慮しながら対応する必要がある。初回の開示をいつ行うかについて、画一的な基準を設けることはできないものの、一般論としては、不適切会計の概要が投資者への投資判断に資する程度に明らかになった段階では、原則として、適時開示をする必要がある。たとえば、不適切会計の概要が明らかとなり、財

務への影響がおおむね明らかになった段階では、当該情報は投資者の投資判断へ資する情報であると考えられる。また、必ずしも財務への影響が明らかになっていない段階でも、不適切会計の概要がある程度明らかになった段階で適時開示をしている例が実務上は多い。なお、いわゆる外部調査委員会等を設置するような場合（**第2章第1節2(2)参照**）には、会社として正式に外部調査委員会等を設ける事態に至った以上、原則として適時開示する必要があると考えるべきである。

(3) 証券取引所への事前相談

上場会社が適時開示を行う場合には、あらかじめ証券取引所に当該開示に関する内容を説明する必要がある（上場規程413条）。また、証券取引所または証券取引所自主規制法人が必要と認めて上場会社に照会を行った場合には、ただちに照会事項について正確に報告することが義務づけられている（上場規程415条1項）。

証券取引所に相談することで、開示すべき内容についてさまざまな指摘がなされる可能性がある。たとえば、不適切会計発覚の経緯・端緒、不適切会計発覚から最初の開示まで時間が経過している場合にはその理由や今後の調査方法等について、開示するよう指導されることがある。また、不適切会計の内容によっては、外部調査委員会等を設けるべきであること、外部調査委員会等の報告書は要約せずに全面開示すること等の要請を受けることもある。

上場会社が有価証券報告書等の虚偽記載を行い、かつ、ただちに上場を廃止しなければ市場の秩序を維持することが困難であることが明らかであると証券取引所が認める場合は、上場廃止基準に該当する（上場規程601条1項11号）。ただちに上場を廃止しなければ市場の秩序を維持することが困難であることが明らかと認められなかった場合でも、内部管理体制等について改善の必要性が高いと証券取引所が認める場合は特設注意市場銘柄に指定される（上場規程501条1項2号）。証券取引所による処分の概要については、**第6章第4節**参照。

第2節　広報対応

1　広報対応の重要性

　社会的影響が大きい事案では、会社の一挙一動がマスコミに取り上げられ、世間からの評価を受けることになる。このような事案において広報対応を誤ると、その誤った対応自体が新たな危機を生み、会社のレピュテーションや業績がさらに悪化する可能性がある（いわゆる二次不祥事）。他方で、適切な広報対応を行うことによって、会社の社会的な評価が逆に高まる場合もありうる。広報対応は、会社の不適切会計に対する姿勢が問われるきわめて重要な場面であるといえよう。

　なお、広報対応が必要となる時期は不適切会計の発覚・公表のタイミング等によって異なるが、初動対応から調査終了後までのいずれの時点においても、広報対応が必要になりうるため、状況に応じて入念に準備しておく必要がある。

2　広報内容の管理

　広報対応の基本は、事実関係をふまえてマスコミに対する会社の見解・立場等を決定したうえで、想定問答集等を作成し、窓口を一本化して統一的な対応を徹底することにある。

　マスコミの質問に対する回答は、基本的には確定した事実のみを答えるべきであり、見込みや予想について答えることは極力避けるべきである。そこで、確定している事実と確定していない事実とを整理し、会社の見解・立場とともに、一覧性のあるポジション・ペーパーに記載しておくことが望ましい。

　想定問答集は、あらかじめさまざまな質問を予想したうえで、それに対する回答を準備しておくものである。想定問答集を作成する趣旨は、予想される質問に対し、会社としてどのようなスタンスで回答をするのかを確認する点にあるため、外部の第三者であればどのような事項に関心を持ち、どのような質問をするのかを客観的な立場に立って検討した

うえで、会社の見解・立場等を明確にすることが肝要である。

　なお、ポジション・ペーパーや想定問答集の作成にあたっては、弁護士の助言を得て不適切会計を法的観点から整理しておくことも重要である。また財務諸表等への影響についても必要に応じて説明することが求められるため、公認会計士等に回答内容の確認をすることも検討すべきである。

　不適切会計事案に対する社会的関心が高い場合等、会社としての説明責任を果たすために積極的な対応が必要となるときには、会社みずからが記者会見を行うことも考えられる。記者会見を行うことで、当該事案に対する社会的関心に応えることができ、適切な対応をとることができれば、レピュテーションダメージを最小化したり、毀損された会社の社会的信用の回復に寄与したりすることが期待できる。もっとも、記者会見は会見場での即応的な対応が求められる点で広報部等を通じた通常の広報対応よりも難易度が高いため、実施する場合には外部専門家の助言をふまえ十分な準備をする必要がある。

第3節　捜査・調査機関対応

1　捜査・調査対応の重要性

　虚偽記載のある有価証券報告書等が提出されている疑いが生じた場合、法人である発行会社、提出者個人に刑事罰が科され、また、法人である発行会社に課徴金が課される可能性がある。虚偽記載に関する刑事事件の捜査・調査は、証券監視委および検察・警察（以下、本節において証券監視委および検察・警察をあわせて「当局」という）によって行われ、課徴金事件の調査は、証券監視委によって行われる。虚偽記載に関する捜査・調査に限らず、当局による捜査・調査を受けた経験のある上場会社は多くないと思われるが、その対応いかんによって、その後の捜査・調査の進展が会社にとって有利にも不利にも変わりうるため、捜査・調査対応を適切に行うことはきわめて重要である。捜査・調査に直面した場合、拙速な誤った対応が命とりにならないよう、検察官出身の弁護士等、捜査・調査手続に詳しい弁護士に早急に相談するのが望ましい。特に、**コラム**に記載した「日本版司法取引」の運用が開始された後は、より慎重な対応が必要となる。

> **コラム　日本版司法取引の導入**
>
> 　2016年5月24日に「刑事訴訟法等の一部を改正する法律」が成立し、「証拠収集等への協力及び訴追に関する合意制度」（以下「日本版司法取引」という）が新設された。
>
> 　日本版司法取引の導入は、企業法務に大きな影響を与えるものであり、施行日（公布日の2016年6月3日から2年を超えない範囲内において政令で定める日とされている）までにその内容および留意点を把握しておくことは会社にとって非常に重要である。日本版司法取引とは、検察官と被疑者・被告人（以下「被疑者等」という）およびその弁護人が協議し、被疑者・被告人が他人の刑事事件の捜査・訴追に協力することで、検察官が当該被疑者・被告人の事件につき、不起訴処分や求刑の引下げ等を行うことを合意する制度である。両罰規定が存在し、法人が被疑者等になる場合、

法人も日本版司法取引の主体となりうる。

米国の司法取引とは異なり、日本版司法取引は、被疑者等が他人の刑事事件の捜査・訴追に協力したときのみ利用でき、被疑者等が自己の犯罪に関して捜査に協力しても利用できない。

日本版司法取引の対象となる「特定犯罪」（刑訴350条の2第2項各号）のうち、企業法務において特に問題になりうる犯罪としては、贈賄罪（刑198条）、詐欺罪、背任罪、横領罪等の財産犯（刑246条～250条、252条～254条）、租税に関する法律、私的独占の禁止及び公正取引の確保に関する法律（独禁法）、金融商品取引法違反の罪等が挙げられ、有価証券報告書等の虚偽記載罪（金商197条1項）も含まれている。

被疑者等の協力の態様としては、ⅰ検察官、検察事務官または司法警察職員の取調べに際して真実の供述をすること、ⅱ証人として尋問を受ける場合において真実の供述をすること、ⅲ検察官、検察事務官または司法警察職員による証拠の収集に関し、証拠の提出その他の必要な協力をすることが規定されている（刑訴350条の2第1項1号）。

他方、検察官がなしうる合意の内容としては、ⅰ公訴を提起しないこと、ⅱ特定の訴因および罰条により公訴を提起し、またはこれを維持すること、ⅲ論告において被告人に特定の刑を科すべき旨の意見を陳述すること等が規定されている（刑訴350条の2第1項2号）。検察官が合意をするか否かは、検察官の裁量であり、ⅰ被疑者等の協力により得られる証拠の重要性、ⅱ合意に関係する犯罪の軽重および情状、ⅲ被疑者等の犯罪と他人の犯罪との関連性の程度等が考慮要素となる（同項柱書）。

合意のために必要な協議には、必ず弁護人が関与することとされており（刑訴350条の4）、日本版司法取引上の合意をするには、「弁護人の同意」が必要とされている（刑訴350条の3第1項）。

日本版司法取引においては、被疑者等が自身の責任の減免のために、無実の者が犯罪を行ったという虚偽の供述により合意を行う危険（巻き込みの危険）があると指摘されている。かかる危険への対策としては、ⅰ協議における弁護人の必要的関与（刑訴350条の4）、ⅱ合意の内容を明らかにした合意内容書面の取調べ請求義務（刑訴350条の7第1項、350条の8、350条の9）、ⅲ「合意に違反して、検察官、検察事務官又は司法警察職員に対し、虚偽の供述をし又は偽造若しくは変造の証拠を提出した者」に対する罰則（5年以下の懲役、刑訴350条の15第1項）が定められている。

2　当局に対する自主申告

　不適切会計は、監査人からの指摘、内部通報、内部監査、税務調査等により発覚することがある（**第1章第1節**参照）。このような場合、まずは事実解明のための調査を行うことになるが、調査により虚偽記載の事実が明らかになった場合、当局に対して自主申告するか否かが問題となる。課徴金については、証券監視委による調査開始前に自主申告した場合に課徴金額の減算措置がとられること（**第6章第3節7**参照）、刑事罰についても、自主申告したうえで捜査・調査に協力した場合、自首減軽（刑42条）の対象となり、当該法人のコンプライアンス体制の実効性・自浄能力の高さが評価され、法人に対する検察官による起訴・不起訴の判断に有利に働き、あるいは、量刑上、有利な事情として考慮されると考えられることから、当局（通常は、証券監視委）に自主申告することも検討すべきである。そして、**コラム**に記載した日本版司法取引の施行後は、自主申告に加え、法人から見て「他人の刑事事件」にあたる役職員による虚偽記載の罪に対する捜査当局の捜査に協力することにより、法人に対する刑罰について、不起訴処分や軽い求刑が得られる等のメリットが得られる可能性があるため、早期に徹底した内部調査を行い、検察に対して日本版司法取引の申出をして捜査協力をするか否かを検討すべきである。日本版司法取引に合意をするか否かは検察官の裁量であり、どのような犯罪類型で日本版司法取引が積極的に活用されることになるのかは必ずしも明らかでない。企業犯罪との関係では、有価証券報告書の虚偽記載を指示した会社の上層部がその関与を否認している一方で、指示を受けた部下が上司の関与について具体的に供述しているような場合に、上層部の関与を立証するため、日本版司法取引が用いられる余地がある。そのようなケースにおいては、法人としての会社が、その自浄機能を発揮する観点から、司法取引を行い、否認を続ける上層部の関与の立証に協力をする場合もあると思われる。また、たとえば、虚偽記載を行った従業員がみずからの責任を免れるために、上司の関与があった旨の虚偽の供述を検察官にすることにより、司法取引を不当に

利用しようとする危険がある（**コラム**参照）。したがって、会社としては、そのような虚偽の供述によって会社ぐるみの犯行であると誤解されてしまうリスクも想定しつつ、調査によって事案の真相を把握することがこれまで以上に重要となる。

3　当局による捜査・調査開始による発覚

(1)　嫌疑事実等の特定等

　当局による捜査・調査により、不適切会計が発覚した場合、嫌疑を受けている者が誰か、当局の捜査・調査対象となっている被疑事実が何かを明らかにし、社内での対応方針を早急に決定しなければならない。刑事罰を目的とした捜査・調査か、または課徴金納付命令を目的とした調査のいずれが開始されているのかは、捜査・調査担当者の所属部署によって判明する。検察・警察による捜査が開始されれば刑事罰を目的とした捜査である。また、証券監視委による調査の場合、特別調査課による調査であれば刑事罰を目的とした犯則調査であり、開示検査課による調査であれば課徴金納付命令を目的とした調査である。捜査・調査が開始された当初は、関係者による証拠隠滅や関係者間の通謀等を防止する目的等から、嫌疑を受けている者や被疑事実の具体的内容が当局から明らかにされないのが通常である。したがって、その場合には、ⅰ従業員等に対する当局による取調べ・質問事項の内容や、ⅱ提出要求を受けた資料の内容等を確認することにより、嫌疑を受けている者や被疑事実を特定する必要がある。

(2)　内部調査実施上の注意点

　被疑事実が特定された後、事実関係を明らかにするために調査を実施することになる。調査を実施するにあたっては、証拠隠滅または捜査・調査妨害と映るような行為を行わないよう注意する必要がある。刑事事件の捜査に対する証拠隠滅行為は犯罪行為であり（刑104条）、課徴金事件の調査として求められた報告や資料提出をしないこと、虚偽の報告や資料提出をすること、検査を妨害することも犯罪行為となる（**第6章**

第3節6(1)参照、金商205条5号・6号、26条)。

　そのような（疑いを持たれるような）行為を行えば、非協力的であるとの印象を当局に与え、証拠隠滅のおそれが高いと判断され、任意捜査から逮捕、捜索・差押え等の強制捜査に切り替えるきっかけを与えることになったり、当局の当初の予定よりも逮捕者や捜索・差押えの範囲が拡大されたりする可能性がある。たとえば、当局の取調べ対象となっている関係者間の供述に食い違いがある場合におのおのの関係者に食い違う内容を伝えたり、関連データ・書類の削除・廃棄をしたりすること等は、仮に前者が真相を解明したいとの意図から行われ、後者が定期的な削除・廃棄である等、証拠隠滅の意図に基づかない場合であっても、当局の立場からすると、捜査・調査妨害的行為と映りかねないので注意が必要である。

(3) 捜査・調査協力の重要性等

　内部調査の結果、当局による捜査・調査対象となっている被疑事実が認められる場合（また、被疑事実の有無が不明であっても、被疑事実が認められる場合を想定して）、会社としては、関連資料を積極的に提出したり、社内関係者の取調べが滞りなく行われるようスケジュール調整を行ったりする等、当局による捜査・調査に協力する必要がある。捜査・調査に協力することにより、捜査・調査開始前に発覚した不適切会計を当局に自主申告するのと同様、当該会社のコンプライアンス体制の実効性・自浄能力の高さが評価され、検察官による起訴・不起訴の判断や裁判において、会社側に有利な事情として考慮されるものと考えられる。2のとおり、日本版司法取引の施行後は、そのような評価・考慮にとどまらず、役職員による虚偽記載の罪に対する捜査当局の捜査に協力することにより、法人に対する刑罰について、不起訴処分や軽い求刑が得られる等のメリットが得られる可能性がある。

　また、課徴金事件の場合は、現行法上、証券監視委に検察官のような裁量権がなく、証券監視委が重要な虚偽記載の事実が存在すると判断すれば、課徴金納付命令の勧告を行うこととなり、その場合、課徴金額の

算定において、調査に対する協力の度合い等は考慮されない。したがって、会社としては、不適切会計が発覚した事実を公表する際等に証券監視委の調査に積極的に協力していることもあわせて公表し、社会的信用の回復を図ることとなろう。

(4) 被疑事実不存在と判断する場合の対応

他方、内部調査を行った結果、当局による捜査・調査の対象となっている嫌疑事実が存在しないと会社が判断する場合には、当局による正しい判断を求めて、会社が真実と考える事実関係を主張し、それを裏づける証拠を当局に積極的に提出すべきである。当局側の思い込み、虚偽記載に関与していた役職員の虚偽の供述による誤解等により、嫌疑事実について、当局側が誤った評価・判断をしているような場合には、丁寧な態度を保ちつつも、重要な事実関係については妥協することなく、収集した証拠に基づき、会社側の事実認定と評価・判断の正当性を粘り強く主張することが重要である。

もっとも、虚偽記載に関与していた役職員が、調査の一環としてのヒアリングにおいて、虚偽の供述をする可能性があることには注意を要する。当局による捜査・調査と異なり、会社の調査はあくまで任意調査にすぎないため、会社の調査におけるヒアリングに対しては、虚偽の供述がなされる可能性が相対的に高い。したがって、ヒアリングに対して役職員が被疑事実を否定した場合でも、その言を安易に信ずることなく、他の役職員の供述や客観的証拠等を分析する等して、その供述の真偽について慎重に判断したうえで、当局に対して申立てを行うか否かを検討する必要がある。

4 後の民事訴訟を意識した対応

刑事事件の裁判が確定した場合、利害関係者（会社や役員等に対して損害賠償請求を行う株主等）により、役員等の供述調書を含む確定記録の閲覧・謄写が可能となり、また、課徴金事件も、審判期日が開かれる場合は、審判手続開始決定（**第6章第3節6**(2)参照）後、利害関係者によ

り、役員等の供述調書を含む記録の閲覧・謄写が可能となる。さらに、民事訴訟において、証券監視委が課徴金調査の結果をとりまとめた検査報告書の文書提出命令を原告が裁判所に申し立て、一部を除いて提出が認められた裁判例もある（東京地決平成22年5月6日金判1344号30頁）。そのため、当局による取調べを受ける際には、捜査・調査段階での供述が後に起こされるかもしれない民事訴訟において利用される可能性があることを十分に意識しておく必要がある。事実は事実として認めるべきであるが、捜査・調査という極限的な非日常的場面に直面し動揺する等して、事実でないことを事実として認めることは厳に避けるべきである。

第4章 過年度決算訂正の法的取扱い

■本章のポイント

- 過年度の計算書類に誤りがあった場合であっても、当該計算書類が有効に確定している限り、当該計算書類自体を修正する必要はない。ただし、定時株主総会の報告前に重要な誤りが発覚した場合には、計算書類を訂正したうえで訂正後の計算書類を報告することが望ましい。計算書類の訂正・提出が、定時株主総会までに間に合わない場合、継続会や臨時株主総会の開催を検討する必要がある。
- 過年度の有価証券報告書、四半期報告書に重要な誤りがあった場合、原則として、訂正報告書を提出する必要がある。訂正する期間は、公衆縦覧期間を参考に検討する必要がある。
- 当期の有価証券報告書、四半期報告書の提出が提出期限までに間に合わない場合、財務局長の承諾を受けて、提出期限の延長を行う必要がある。

第1節 「財務諸表の訂正」と「修正再表示」

　ある事業年度の財務諸表は、それ以前の事業年度の財務諸表の内容を前提に作成される。したがって、過去に作成した財務諸表[1]に誤りがあったことが判明した場合、ⅰ過去に作成して開示された財務諸表自体を訂正すべきかという論点と、ⅱ（現在作成中の）当期の財務諸表に過去の誤りをどのように反映するのかという問題が発生し、実務上は一体的に対応されるものの、制度上は別個の論点になる。ⅰは、当該財務諸表の作成・開示を定める法律・制度の問題であり、主に、金融商品取引

---

1) この財務諸表には、典型的には金融商品取引法上の書類である有価証券報告書に含まれる財務諸表、連結財務諸表、四半期報告書に含まれる四半期連結財務諸表、会社法上の書類である計算書類、連結計算書類等や有価証券上場規程に基づき開示する決算短信、四半期決算短信に含まれる財務諸表等が含まれる。

法や会社法（場合によっては有価証券上場規程）が問題となる。ⅱは、財務諸表を作成する際に適用されるルール、すなわち会計基準の問題であり、主に、企業会計基準委員会「企業会計基準第24号『会計上の変更及び誤謬の訂正に関する会計基準』」（2009年12月4日）（以下「企業会計基準第24号」という）の適用が問題となる。この2つの論点は、相互に関連しているものの、別々の論点であることに留意する必要がある。すなわち、過去に作成した財務諸表に誤りがあったことが判明し、仮に当該財務諸表を訂正することができた場合には、それらの誤りはすべて解消され、後続する決算期である当期の財務諸表の期首残高に反映されることから、過去の誤りを当期の財務諸表にどのように反映すべきかというⅱの問題は考える必要がなくなる[2]。つまり、ⅱの問題が生じるのは、ⅰの過去の財務諸表の訂正がなされない場合に限られるのである（**第4節**参照）。

以下、本章では、ⅰの問題について、会社法、金融商品取引法、上場規則の順に論じる。ⅱの問題については、**第3部第1章**参照。

---

[2] ただし、過去の誤りが発生したすべての期間の財務諸表を訂正できない場合には、訂正をした最も古い財務諸表については、ⅱの会計基準が適用されることになる。

第2節　会社法上の各種書類の訂正

1　会社法上の計算関係書類等の作成の手続

　会社法上、決算に関連する書類として、計算書類、事業報告、連結計算書類が存在する[3]。株式会社[4]は、事業年度終了後、計算書類および事業報告ならびにこれらの附属明細書を作成しなければならない（会435条2項）。また、会計監査人設置会社は、連結計算書類を作成することができ（会444条1項）、大会社であって有価証券報告書提出会社（金商24条1項）は、連結計算書類を作成しなければならない（会444条3項）。

　会計監査人設置会社の場合、計算書類および連結計算書類は、会計監査人および監査役（監査等委員会設置会社の場合には監査等委員会、指名委員会等設置会社の場合は監査委員会）の監査を受けたうえで（会436条2項1号、444条4項）、取締役会の承認を得なければならない（会436条3項、444条5項）。他方、事業報告およびその附属明細書については、会計監査人の監査は不要であるものの、監査役の監査および取締役会の承認が必要である（会436条1項・2項2号・3項）。

　会計監査人による会計監査報告の通知期限は、計算書類に関しては、i 計算書類の全部を受領した日から4週間を経過した日、ii 計算書類の附属明細書を受領した日から1週間を経過した日、iii 特定取締役、特定監査役[5]および会計監査人の間で合意により定めた日のいずれか遅い日

---

3) このほか、臨時計算書類（会441条）が存在する。
4) なお、本節で、株式会社は、取締役会設置会社であることを前提とする。
5) 特定取締役とは、会計監査人による会計監査報告および監査役による監査報告の内容の通知を受け、また当該通知期限の合意を行う取締役であり、取締役のなかから特定取締役として定められた者か、定められなければ計算書類等の作成に関する職務を行った取締役が特定取締役になる（計規124条4項）。特定監査役とは、会計監査人による会計監査報告の内容の通知を受け、また当該通知の期限の合意を行う監査役であり、監査役会が特定監査役として定めた監査役か、定めなければすべての監査役が特定監査役になる（同条5項）。

とされ（計規130条1項1号）、連結計算書類に関しては、当該連結計算書類の全部を受領した日から4週間を経過した日（ただし、特定取締役、特定監査役および会計監査人の間で合意により定めた日がある場合にあっては、その日）とされている（同項3号）。

また、監査役会による監査報告の通知期限は、計算書類に関しては、ⅰ会計監査報告を受領した日から1週間を経過した日、ⅱ特定取締役、特定監査役の間で合意により定めた日があるときは、その日のうちいずれか遅い日とされ（計規132条1項1号）、連結計算書類に関しては、会計監査報告を受領した日から、1週間を経過した日（特定取締役、特定監査役の間で合意により定めた日があるときは、その日）とされている（同項2号）。

このように、連結計算書類に関する監査の通知期限は、関係者が合意することにより短縮することが可能であるものの、計算書類に関する監査の通知期限は合意によって短縮することはできない。ただし、通知期限前に監査報告の通知をした場合には、その時点で監査を受けたこととなるため（計規130条2項、132条2項）、結果として通知期限前に監査を完了することに問題はない。会計不祥事が発覚する等し、計算書類等の作成手続が遅延している場合等には、実務上、法定の通知期限を前倒しして監査を行うことが行われているが、会計監査人や監査役の同意が得られない場合には、上記の監査スケジュールを見込む必要があることに留意する必要がある。

計算書類および連結計算書類は、上記のような監査を受けたうえで、取締役会の承認を経て、定時株主総会を招集するに際し、株主に提供[6]しなければならない（会437条、444条6項）。また、計算書類および事

---

[6] 監査役を置く会社や会計監査人設置会社である場合は、計算書類に対する監査役による監査報告および会計監査人による会計監査報告ならびに事業報告に対する監査報告（監査役）も提供する必要があるが（会437条かっこ書）、連結計算書類に対する監査報告（監査役および会計監査人による）を株主に提供することは、必ずしも会社法上は要求されていない。

業報告ならびにこれらの附属明細書(監査役会による監査報告および会計監査人による会計監査報告を含む)は、定時株主総会の日の2週間前の日から5年間本店に備置する必要がある。仮に、5年を超えるような不祥事の発覚等により過年度の計算書類を再作成する必要がある場合、少なくとも備置期間である5年分の計算書類を再作成する必要があると考えられる。

2 計算書類の確定手続

(1) 会計監査人設置会社の場合における決算の確定

　計算書類は、定時株主総会の承認を受けなければならない(会438条2項)。ただし、会計監査人設置会社においては、計算書類に関し、ⅰ会計監査報告の内容に無限定適正意見が含まれており、ⅱ会計監査報告に係る監査役・監査役会・監査等委員会・監査委員会の監査報告の内容として会計監査人の監査の方法または結果を相当でないと認める意見がなく(監査役会・監査等委員会・監査委員会の監査報告に各監査役・監査等委員・監査委員が付記した内容にもその旨の意見がないことを要する)、ⅲ監査役・監査役会・監査等委員会・監査委員会の監査報告の内容の通知が期限内にされないことにより監査を受けたとみなされた場合(計規132条3項)でなく、ⅳ取締役会設置会社である場合(以下、これらの要件を「承認特則規定」という)には、取締役会の承認を受けて定時株主総会に提出された計算書類については、取締役がその内容を報告すれば足り、定時株主総会における承認を受ける必要がない(会439条、計規135条1項)。これは、会計監査人の監査により内容の適法性が担保され、かつ、会計監査人設置会社の計算書類の内容は複雑であり、株主総会で決定するのに原則として適さないためだと説明されている(江頭憲治郎『株式会社法〔第7版〕』(有斐閣、2017)634頁)。

　承認特則規定の要件を満たした計算書類は、取締役会による承認により確定し、これ以降、最終事業年度は当該計算書類に係る事業年度となり(会2条24号)、当該事業年度の以降の純資産額の変動や、当該計算

書類に計上された剰余金等は分配可能額の算定の基礎となる（会446条、461条2項、計規149条、150条1項、156条〜158条）。仮に、取締役会による承認により確定した計算書類の内容が違法であるとして争う場合には、取締役会決議の無効確認の訴えによるべきものと解されている（江頭・前掲635頁）。

また、会計監査人設置会社の場合でも、承認特則規定の要件を満たさない場合には、(2)の会計監査人設置会社以外の会社の場合と同様に株主総会における決議が必要となり、この決議により計算書類は確定することになる。

連結計算書類については、定時株主総会に提出（提供）し、その内容および監査の結果を報告しなければならない（会444条7項）。これは、連結計算書類に対する監査報告は株主総会招集に際し、提供されるとは限らないためである。また、連結計算書類に対する会計監査報告の内容に無限定適正意見が含まれておらず、または、会計監査報告に係る監査役・監査役会・監査等委員会・監査委員会の監査報告の内容として会計監査人の監査の方法または結果を相当でないと認める意見が付されている場合であっても、連結計算書類は、定時株主総会における報告で足り、承認決議を受ける必要はない。

(2) 会計監査人設置会社以外の会社の場合

会計監査人設置会社以外の会社の場合、または、会計監査人設置会社の場合でも承認特則規定の要件を満たさない場合は、計算書類については、定時株主総会の承認を受け（会438条2項）なければならない。

この場合、計算書類は、定時株主総会の承認により確定し、これ以降、最終事業年度は当該計算書類に係る事業年度になり、当該計算書類が分配可能額等の算定の基礎となる。仮に、計算書類の内容が違法であるとして争う場合には、株主総会決議の無効確認訴訟（会830条2項）による（江頭憲治郎＝弥永真生編『会社法コンメンタール(10)――計算等(1)』（商事法務、2011）381頁〔片木晴彦〕）。

これに対し取締役会による承認により確定した計算書類の内容が違法

であるとして争う場合には、取締役会決議の無効確認の訴えによるべきものと解されている。

3　計算書類等に誤りがあった場合の対応
(1)　確定済みの計算書類に誤りがあった場合の対応

　すでに確定済みの計算書類に誤りがあったことが判明した場合に、確定済みの計算書類を訂正する必要があるか問題となる。会社は一般に公正妥当と認められる企業会計の慣行に従い計算書類を作成する必要があり（会431条、計規3条）、計算書類の内容がこれに違反するものである場合、承認決議がなされたとしても無効であり（株主総会の決議について会830条2項参照）、有効に確定しないとも考えられる。この点、誤謬の訂正に関する注記を定めた会社計算規則の一部を改正する省令案に対するパブリックコメントにおいて、法務省の考え方として「『誤謬の訂正』をした場合であっても、過年度の計算書類が有効に確定している限り、当該計算書類自体を修正する必要はない。」とされている（2011年3月31日）。これは、確定した計算書類は、分配可能額算定の基礎とされる等、会社法上、さまざまな指標の基礎とされているところ、重要性の低い誤謬の訂正により計算書類の内容が変動するとすると法的安定性をいたずらに害し、計算書類の確定に慎重な手続を定めた会社法の趣旨を害するためであると考えられる。したがって、過年度の計算書類に誤りが含まれている場合でも「過年度の計算書類が有効に確定している限り」、計算書類の訂正は必要ない。

　問題はどのような場合に「過年度の計算書類が有効に確定している」といえるかである。

　この点、計算書類の確定が問題となった過去の裁判例として、図表4-2-1のようなものがある。

　このうち、計算書類の承認決議が無効とされた裁判例1は、減資手続が完了前にもかかわらず、貸借対照表上の資本金の額を減資後の額としたものであり、裁判例2は、取得原価ではなく時価で固定資産を評価し

たものであった。いずれの事例も重大な誤りであったと考えることができる。

他方で、裁判例3は、計算書類の内容に誤りがあったとしても、会社法（当時は商法）の趣旨に照らし、必ずしも重要な誤りではない場合には、株主総会の承認決議は無効とならないと判示している。

また、**第1部第1章第6節**のとおり、2013年4月1日から2017年3月31日までにおいて、有価証券報告書の訂正を行った事例は、126件あるにもかかわらず、計算書類の訂正を行った事例は1例しかない。

図表4-2-1　計算書類の確定が問題となった裁判例

	裁判例	事案の概要
1	大判 昭和4年7月8日 民集8巻707頁	資本金減少の決議は行われたが、いまだ減資手続が完了する前に行われた定時株主総会において、減少後の資本金を基礎として作成された貸借対照表等を承認する旨の決議は無効であると判断された。
2	東京地判 昭和29年11月1日 判タ43号58頁	営業用固定資産等の財産目録上の価額を、取得原価ではなく時価で評価し評価益を計上した事案に関して、財産目録を承認した決議は違法で無効であると判断された。
3	大阪地判 昭和44年3月26日 判タ235号253頁	役員退職慰労金等の支給について、適法な決議に基づかない支出があり、当該支出について計算書類附属明細書中の一般管理費用のうちの役員給与に計上することは不法であると判断しながらも、計算書類に対し株主総会の承認決議を求める旧商法283条の趣旨を、債権者および株主保護のため決算時における会社の財政状態を明らかにして会社の営業成績、財政状態についての判断に誤りなからしめ、かつ、法律上配当可能な利益を確定せしめることをその趣旨としていることにかんがみると、当該違反の内容が、

> いわゆるたこ配当をなすための虚偽利益の計上や、重要な事項（たとえば確定資本額）についての虚偽記載もしくは記載の欠缺という場合には、当該承認決議の無効をきたすが、その他の場合は、必ずしも承認決議の無効をきたさないとしたうえで、本件株主総会の承認決議は無効ではないと判断された。

　これらのことより、「過年度の計算書類の有効性」に疑義を生じるような誤りは、有価証券報告書の訂正の場合と比べて、きわめて重要性が高い場合に限定されると考えることができる。計算書類の機能は、会社の経営成績および財政状態を明らかにすることに加え、分配可能額の算定基礎を与えることにより会社財産の過度の社外流出を防ぎ、株主と会社債権者との利害調整を図ることにもある。したがって、計算書類の訂正における重要性の判断にあたっては、計算書類を訂正した結果、会社が過去に行った剰余金の配当や自己株式の取得が会社法上の分配規制（会461条1項）に抵触するか否かも考慮する必要があると思われる。

　仮に、「過年度の計算書類が有効に確定していない」と考え、計算書類の訂正を行う場合には、2に記載した方法と同様の方法により確定手続を行うことになる[7]。すなわち、取締役により作成された、訂正後の計算書類は、会計監査人（会計監査人設置会社の場合）および監査役の監査を受けたうえで、承認特則規定の要件を満たしている場合には取締役会の承認を受け、株主総会に報告する。会計監査人設置会社でない場合や会計監査人設置会社であって承認特則規定の要件を満たさない場合に

---

[7]　なお、株主に対し計算書類等を提供する際に、過年度に係る貸借対照表、損益計算書または株主資本等変動計算書に表示すべき事項（過年度事項）をあわせて提供することができる（計規133条3項）とされている。これは、企業会計基準第24号の適用等により、過年度の誤謬の訂正を反映した場合等を想定した規定であり、過年度の計算書類が確定していないとして、再度、確定手続をとる場合を想定したものではないことに留意する必要がある。

は、取締役会の承認後、株主総会の決議が必要となる。この場合、過年度の計算書類の承認であるとはいえ、承認決議自体は、承認時点での株主によって行われることで問題はない。

また、「過年度の計算書類が有効に確定している」場合には、上記のとおり過年度の計算書類を訂正する必要はない。この場合は、誤謬の訂正に関する注記（計規102条の5）が問題となるが、詳細は、**第3部第1章**参照。

(2) **計算書類確定後、定時株主総会報告前に誤りが判明した場合**

実務上、計算書類に対する、会計監査人・監査役の監査を受け、取締役会の承認を得た後、定時株主総会開催前に不祥事が発覚し、計算書類に誤りがあったことが判明することがある。2(1)のとおり、会計監査人設置会社の場合、承認特則規定の要件を満たす場合には、計算書類の取締役会の承認決議により、計算書類は確定することになる。したがって、計算書類が有効に確定していることを前提とすると、株主総会前に、計算書類の誤りが発見された場合であっても、訂正を行う必要がないように考えられる。

しかしながら、承認特則規定の要件を満たす場合であっても、株主総会には、計算書類の内容を報告する必要があるところ、誤った内容のまま株主に報告することは、取締役の善管注意義務違反となる可能性があるため、実務上は、次のような対応がとられることが多い。

(a) 比較的軽微な誤りの場合

計算書類の誤りが比較的軽微な場合、計算書類の訂正は行わず、定時株主総会において、取締役が計算書類に誤りがあったことについて報告するにとどめることが考えられる。この場合、事前に会社のHPにその旨の記載をする等の対応が考えられる。なお、招集通知のWeb訂正により、計算書類の誤りを訂正することも考えられるが、誤記等の訂正ではなく、実質的な内容の訂正は、法定の確定手続を経ない限り行うことができないと考えるべきであるから、Web訂正を行ったのみでは、訂正前の計算書類が有効に確定したままであると考えられる。

(b) 誤りの重要性が一定程度認められる場合

　計算書類の誤りに一定程度の重要性が認められる場合、決算の確定手続をもう一度やり直す対応が考えられる。(1)のとおり、「有効に確定していない」場合には当然にやり直す必要があるものの、そこまでの重要性がない場合であっても、株主総会前に判明した場合にはやり直すことが多い。それは、確定しているとはいえ、株主総会報告前であり、株主総会において誤りについての説明をするとしても、誤った計算書類に基づき説明をすることになることが適切でないためだと考えられる。

　この場合、再確定手続には一定の時間を要するため、**第3節2**に述べる定時株主総会の開催が間に合わないという問題が生じうる。

4　連結計算書類に誤りがあった場合

　連結計算書類と計算書類には、次のような違いがある。
- 有価証券報告書提出会社を除き、連結計算書類の作成は任意である
- 連結計算書類には、承認特則規定は適用されず、会計監査人の監査や監査役の監査結果のいかんにかかわらず、定時株主総会では内容の報告をすれば足りる。したがって、仮に、会計監査人の意見が不適正意見であったとしても、定時株主総会の決議は不要である
- 連結配当規制適用会社を除き、連結計算書類の内容は、分配可能額の算定等の基礎とならない

連結計算書類と計算書類には、上記のような違いがあり、計算書類に比べてその作成・承認の手続は一定程度簡略化されているということができる。

　このような違いがあるため、連結計算書類に誤りがあった場合、計算書類の場合と比べ、訂正を行わないという対応が行われることが多い。

第3節　株主総会の対応

1　過年度の計算書類を訂正した場合の株主総会での承認・報告の要否

　過年度の計算書類が「有効に確定していない」として過年度の計算書類の訂正を行う場合には、計算書類の確定手続を再度行う必要がある。この場合、訂正後の計算書類に関して、会計監査人設置会社の場合で承認特則規定の要件を満たしている場合には、訂正後の計算書類は、株主総会での報告で足り、承認特則規定の要件を満たしていない場合や、会計監査人設置会社でない場合には、株主総会の承認決議が必要となる（第2節3(1)参照）。

2　計算書類の作成が定時株主総会の招集通知の発送時期までに間に合わない場合

　定時株主総会の招集通知の際、株主に対し計算書類を提供する必要があるが（会437条）、計算書類の作成や訂正が株主総会の招集通知の発送時期までに間に合わない場合には、(1)～(3)のとおり、定時株主総会の開催を延期する方法、定時株主総会を開催したうえで、後日、継続会を開催する方法、臨時株主総会を開催する方法がある。以下、それぞれの特徴と選択する際の留意点を検討する。

(1)　定時株主総会の開催を延期する方法

　定時株主総会は、毎事業年度の終了後一定の時期に招集しなければならない（会296条1項）ものの、会社法上はその時期については定めていない。しかしながら、実務上、定款において事業年度終了後3か月以内に定時株主総会を招集することを定めている会社が多い。そのような場合に、計算書類の作成が間に合わないという理由で、事業年度終了後3か月以降に定時株主総会を招集すると、少なくとも定款の規定に抵触することになる[8]と考えられる。

　また、定款において定時株主総会の議決権の基準日を事業年度末日と

定める場合が多いが、会社法上、基準日から権利行使まで3か月以内という制限があることから（会124条2項）、事業年度終了から3か月以降に定時株主総会の開催を行う場合、基準日を改めて設定し、公告を行わなければならないという実務上の問題[9]も発生する（同条3項）。

このように、定時株主総会の開催を延期することには問題があるため、実務的にこの方法がとられることは多くない。

(2) 継続会を開催する方法

(a) 継続会とは

株主総会の延期とは、招集された株主総会に関し、議事に入ることなく会日を後日に変更することをいい、続行とは、議事に入った後に審議未了のために後日に継続することをいう（会317条）。株主総会においてその延期または続行について決議があった場合、当該決議に基づき後日に行われる株主総会を継続会[10]という。

継続会を行うためには、株主総会におけるその旨の決議が必要であるものの、あらためて、招集の決定および招集通知を発送する必要はない

---

8) なお、東北地方太平洋沖地震の際に、法務省より、「特定の時期に定時株主総会を開催すべき旨の定款の定めについては、通常、天災等のような極めて特殊な事情によりその時期に定時株主総会を開催することができない状況が生じた場合にまで形式的・画一的に適用してその時期に定時株主総会を開催しなければならないものとする趣旨ではないと考えるのが、合理的な意思解釈であると思われます。」（「定時株主総会の開催時期に関する定款の定めについて」（2011年3月29日））との見解が公表されており、事業年度終了後3か月以内に定時株主総会を招集するという定款所定の規定は、必ずしも形式的・画一的に判断する必要はないものと考えられるが、計算書類の作成が間に合わないといった事情が定時株主総会の開催を遅らせる理由として、合理的でやむをえないと認められるかは明らかではない。

9) このほか、役員の任期は、会社法上または多くの会社の定款において、一定の年数を経過後の「定時株主総会の終結の時」と定められているところ、定時株主総会が何らかの理由によって開催されなかったときは、役員の任期は、当該定時株主総会が開催されるべき時期の経過によって終了する旨を判示する判決（東京高判平成7年3月30日金判985号20頁）があるため、留意する必要がある。

（会317条）。これは、継続会とそれに先行した株主総会は、同一の総会であり、継続会が先行する最初の株主総会の一部をなすことを前提としているためである。

計算書類の作成が間に合わない場合、いったんは、定時株主総会を開催したうえで、後日、その継続会を開催することが多い。継続会とはいえ定時株主総会の一部であるため、定時株主総会に計算書類等を報告することを定める会社法438条の文言に沿うこと、議決権を行使すべき株主も同一で基準日を改めて設定することが不要であることから、このような場合に継続会を行うことは、固まりつつある実務であるといえるが、以下のような留意点があることに留意する必要がある。

(b) 継続会を行う場合の留意点

① 継続会を開催するまでの期間

(a)のとおり、継続会とそれに先行する株主総会は、同一の株主総会であると位置づけられているが、改めて招集手続を行う必要がない継続会であるとするためには、先行する株主総会から相当期間内に開催しなければならないと解されている。そして、この相当期間は、招集通知の通知期間等を勘案して、2週間以内であるとの学説が通説であるとされている（岩原編・前掲注10）288頁〔前田〕）。

なお、計算書類の作成または訂正に時間を要する場合には、そもそも、先行する株主総会から2週間以内に作成することが間に合わないことが多く、また、②に述べる理由で、継続会の開催案内を発送するのに一定の時間を要することもあり、実務的には、1か月程度以上の期間が空くこともある。これは、計算書類の報告のみの手続であれば、株主総会の

---

10) なお、学説によっては、継続会とは、続行の決議に基づき後日に行われる株主総会のみを指し、延期の決議に基づく株主総会については、延会と呼ぶ場合があるが、延会とは、招集通知発送後に開催期日が後日に延期された株主総会を意味する用語として用いられることもあるため（岩原紳作編『会社法コンメンタール(7)——機関(1)』（商事法務、2013）287頁〔前田重行〕）、本書では、上記のような定義を採用した。

決議取消しの対象とならないこと、継続会の案内を送付することが多く、その場合は、実質的に招集通知の送付と同様の効果があること等が勘案された結果ではないかと推測されるが、2週間以上の期間が空く場合は、弁護士等に相談することが必要となる。

② 継続会の案内の送付

継続会は、先行する株主総会と同一の株主総会であるため、改めて招集手続や招集通知を送付する必要はない（会317条）。しかしながら、計算書類の作成が間に合わないため継続会を開催せざるをえない場合は、計算書類等を株主に提供できていない場合が多いと考えられる。このように、本来、招集の際に提供できていない書類がある場合は、少なくとも継続会までに当該書類を株主に提供する必要がある。

また、継続会を開催する日時・場所については先行する株主総会が継続会を開催する決議を行う際に定める必要があるが（東京地判昭和30年7月8日下民集6巻7号1361頁）、その具体的な決定を議長に一任する決議を行うことも許されると解されている。このため、継続会を開催する日時・場所については先行する株主総会時に決まっていない場合も多く、仮に決まっている場合でも株主総会を欠席した株主に周知することが望ましいため、継続会を開催する日時・場所に関して株主に案内を送付することが望ましい。

この案内や計算書類等の提供は、招集通知と同様の趣旨から、2週間前までに発送することが望ましいと考えられる。

③ 継続会における議事・議決権の行使

継続会は、先行する株主総会と同一の株主総会であり、その一部をなすものであるから、継続会において議題とできるものは、先行する株主総会の議題として定められ、招集通知に記載されている範囲に限られる。

したがって、計算書類の作成が遅れている場合で、定時株主総会にその報告が間に合わない場合であっても、当初の定時株主総会の招集通知において、報告事項として、計算書類等の報告を定めておく必要がある。

また、同様の理由で、継続会を開催するのに改めて基準日の設定をす

る必要はなく、継続会に参加できるのは、先行する株主総会に参加しうる資格を有する株主[11]となる。先行する株主総会において、会社に提出された議決権行使書面や電磁的方法による議決権行使（電子投票）は、継続会においても効力を有する。また、委任状には、継続会における議決権行使についても授権する旨の記載がなされていることが多いが、仮にそのような記載がなくても、継続会においても有効である。

　④　役員の任期

　取締役の任期は、定款に特段の定めがない場合、会社法上「選任後2年以内に終了する事業年度のうち最終のものに関する定時株主総会の終結の時」（会332条1項）とされており、監査役の任期は、「選任後4年以内に終了する事業年度のうち最終のものに関する定時株主総会の終結の時」（会336条1項）とされている。

　そこで、計算書類の作成が間に合わないという理由で、定時株主総会の継続会を開催する場合に、「定時株主総会の終結の時」がいつかが問題となる[12]。この点、継続会は、先行する株主総会と同一の株主総会である以上、「定時株主総会の終結の時」とは、「継続会の終結の時」を指す[13]ことなる。

　したがって、先行する定時株主総会で役員の選任決議を行う場合、新任役員は、就任承諾を行った時点から役員に就任することとなるが、退任役員は、継続会の終結の時まで任期が継続することとなり、場合によっては、定款所定の役員の定員を超える可能性が発生する。このような場合には、就任承諾をする時期（または選任の効力）を継続会の日とする等の対応を検討する必要がある。

---

11) 仮に先行する株主総会に欠席していても、継続会に参加することは可能である。
12) 剰余金の配当等を取締役会で決定するための要件（会459条）を満たす等の理由で、定款の定めにより取締役の任期を1年に短縮する場合があるが、その場合であっても、多くは取締役の任期満了を「選任後1年以内に終了する事業年度のうち最終のものに関する定時株主総会の終結の時」と定めているため、同様の問題が生じる。

(3) 臨時株主総会を開催する方法

(a) 臨時株主総会

計算書類の作成が定時株主総会までに間に合わない場合、臨時株主総会を開催することもある。

臨時株主総会において、計算書類等の報告を行う場合、計算書類の報告を定める会社法439条の文言に抵触することになってしまうものの、計算書類等の報告をできるまでに当初の定時株主総会から相当期間を経過してしまう場合（(2)(b)①）や臨時株主総会において決議すべき事項がある場合[14]においては、臨時株主総会が選択されているものと考えられる。

(b) 臨時株主総会を開催する場合の留意点

① 基準日の設定

臨時株主総会は、定時株主総会とは別の株主総会であるため、定時株主総会とは別に基準日の設定（会124条1項）が必要となる。基準日を定める場合には、基準日の2週間前までに、当該基準日および基準日株主が行使することができる権利の内容を公告しなければならない（同条

---

13) 前掲注9) のとおり、定時株主総会が何らかの理由によって開催されなかったときは、役員の任期は、当該定時株主総会が開催されるべき時期の経過によって終了する旨を判示する判決（東京高判平成7年3月30日金判985号20頁）があるものの、定時株主総会は、期限内に開催されている以上、この判示の適用はないものと考えられる。

また、別の事案では、6月24日に招集された株主総会が、7月1日、8月12日、11月19日に順次継続して再開され、なお実質的終結に至っていないという事案において、株主総会の招集のないまま招集時期を経過した場合と同様に、取締役の任期は満了したと解することを妨げない旨の判示がなされている（東京高判昭和60年1月25日判時1147号145頁）が、通常の計算書類の訂正においては、このように、継続会を順次開催することは予定されていないことから、このような判示が適用される事案でもないと考えられる。

14) 決議事項がある場合は、株主総会決議取消し（会831条）の対象となるため、先行する株主総会から継続会までの「相当な期間」の検討においてより慎重な判断が行う必要があると考えられる。

3項本文)。

②　招集手続の実施

臨時株主総会は、定時株主総会とは別の株主総会であるため、臨時株主総会の招集に関する取締決議や招集通知の発送等の手続が必要となる。

③　役員の任期

計算書類の作成が間に合わないため、臨時株主総会において計算書類の報告等を行う場合であっても、計算書類等の報告以外の役員選任決議等は、定時株主総会で行われていることが多い。この場合、新任の役員は、役員選任決議と就任承諾により、就任することとなる。他方で、退任役員は、定時株主総会の終結の時に退任することとなる。

この結果、臨時株主総会の招集をし、報告をする取締役は、定時株主総会での改選後の取締役が行うこととなる。

第4節　有価証券報告書の訂正

1　過年度の財務諸表に誤りがあった場合の対応

　過去に開示した有価証券報告書（四半期報告書・半期報告書を含め、以下「有価証券報告書等」という）に掲載した財務諸表に誤りがあった場合、第1節のとおり、ⅰ過去に開示をした有価証券報告書等を訂正すべきか否かという論点と、ⅱ当該誤りをどのように（現在作成中の）財務諸表に反映するかという2つの問題が発生する。

　ⅰは、過去に開示した有価証券報告書等を訂正すべきか否かという金融商品取引法の問題であり、ⅱは、企業会計基準第24号上の問題となる。

　仮に、ⅰで過去に開示した有価証券報告書等を訂正した場合には、当該誤りはすべて訂正されることになるため、原則としてⅱの問題は発生しない。

　したがって、ⅰで有価証券報告書等を訂正しないと判断した場合に、初めて、ⅱの問題が発生するところ、ⅱの企業会計基準第24号においては、(i)（現在、作成中の）有価証券報告書等に掲載する最も古い事業年度に係る財務諸表の剰余金の期首残高を修正再表示する方法と、(ii)修正再表示を行うほどの重要性がない場合に、損益計算書上、その性質により、営業損益または営業外損益として認識する方法が規定されている。

　以上のように、過年度の財務諸表に誤りがあった場合の対応としては、次の3とおりの方法があることになる。

　　ⅰ　過年度の有価証券報告書等を訂正する方法
　　ⅱ　過年度の有価証券報告書等は訂正せずに、
　　　(i)　当事業年度に係る財務諸表の期首残高を修正再表示する方法
　　　(ii)　当事業年度に係る財務諸表の期首残高の修正再表示を行うことなく、営業損益や営業外損益として認識する方法

　そして、ⅰの過年度の有価証券報告書等を訂正すべきであるか否かを判断する重要性と、ⅱ(i)の修正再表示を行うべきか否かという重要性の、2つの重要性の考え方は本来異なりうるものである。したがって、理論

的には、過年度の有価証券報告書等を訂正すべき重要性は認められないが、修正再表示を行うべき重要性は認められる場合には、ⅱ(ⅰ)の（過年度の有価証券報告書等は訂正せずに）当事業年度に係る財務諸表の期首残高を修正再表示する方法も選択しうるものと考えられる[15]。

　しかしながら、実務的には、**第3部第1章第2節1**のとおり、ⅱ(ⅰ)の方法は用いられておらず、ⅰまたはⅱ(ⅱ)の方法がとられている。すなわち、実務的には、過年度の財務諸表に誤りが見つかった場合には、過年度の財務諸表（が掲載された有価証券報告書等）を訂正するか、当期の財務諸表の営業損益または営業外損益で認識するかの方法しかないことなる（**第3部第1章第2節1**参照）。

2　有価証券報告書等の訂正の方法

(1)　自発的訂正

　過去に開示した有価証券報告書等に訂正を必要とするものがあると認

---

[15] 実際、修正再表示の注記が規定された「連結財務諸表の用語、様式及び作成方法に関する規則等の一部を改正する内閣府令（案）」等に対するパブリックコメントにおいて、金融庁は以下の回答を行い（2010年9月30日）、下記①と②の重要性の考え方は異なるとしている。
　「御指摘の①訂正報告書の提出の要否及び②修正再表示の要否について、
　①訂正報告書については、有価証券報告書及びその添付書類に記載すべき重要な事項の変更があるときは、有価証券報告書の提出者は、訂正報告書を提出しなければならず、また、有価証券報告書の提出者が当該有価証券報告書及びその添付書類のうちに訂正を必要とするものがあると認めたときは、訂正報告書を提出しなければならない（金商第24条の2において準用する第7条）、
　②修正再表示の要否については、財務諸表利用者の意思決定への影響に照らした重要性が考慮され、金額的重要性と質的重要性の双方を考慮して判断される（『会計上の変更及び誤謬の訂正に関する会計基準』第35項）、
と規定されているところです。
　以上のように、それぞれの判断基準は異なり、また、個々の取引等は千差万別であることから、一律に判断基準を規定することは困難であり、個別に判断されるべきものと考えられます。」

めたときは、訂正報告書を提出しなければならない（金商24条の2、24条の4の7第4項、7条1項）とされており、実務的には多くの場合、この自発的訂正により、訂正有価証券報告書等を提出している。

第6章第3節のとおり、有価証券報告書等に重要な誤りがあった場合には、金融庁より課徴金納付命令が課される場合があるが、証券監視委では、課徴金納付命令を課すほどの重要性がない場合でも、開示検査において、この自発的訂正を促すことがあるとされている（証券監視委事務局「開示検査事例集」（2017年10月）123頁）。

(2) **訂正命令**

内閣総理大臣から委任を受けた財務局長は、有価証券報告書等のうちに重要な事項について虚偽の記載があり、または記載すべき重要な事項もしくは誤解を生じさせないために必要な重要な事実の記載が欠けていることを発見したときは、いつでも、有価証券報告書等の提出者に対し、訂正報告書の提出を命じることができる（金商24条の2第1項、24条の4の7第4項、10条1項）とされている。

2005年度から2017年5月までに、有価証券報告書等の訂正報告書の訂正命令が出されたのは、4件にすぎない。有価証券報告書等の訂正件数と比べてきわめて少ないが、この理由は、(1)のとおり、証券監視委は、開示検査において、有価証券報告書等の誤りが発覚した場合には、提出会社に対し自発的訂正を促しているためだと考えられる。

3 有価証券報告書を訂正する際の留意点

(1) **直近事業年度に係る有価証券報告書等の提出期限の延長**

有価証券報告書等の法定提出期限は、有価証券報告書の場合は事業年度終了後3か月以内（金商24条1項）、四半期報告書の場合は四半期会計期間終了後45日以内（金商24条の4の7第1項）である。しかし、「やむを得ない理由」により法定提出期限内に有価証券報告書等が提出できないと認められる場合には、財務局長の承認を受けることにより、承認を受けた期間まで、有価証券報告書等の提出期限が延長される（金

商24条1項かっこ書、24条の4の7第1項かっこ書）。

　提出期限の延長の承認を受けようとする場合には、所定事項を記載した承認申請書を財務局長に提出する必要がある（開示府令15条の2）。提出期限の延長の承認は法定提出期限前に受ける必要があるため、承認申請の準備は、財務局の審査に要する時間を考慮して法定提出期限前に進める必要がある。

　「やむを得ない理由」が認められる例として、企業内容等開示ガイドラインにおいて、次のような場合が掲げられている（企業内容等開示ガイドライン24-13(1)③、④)。

　　i　過去に提出した有価証券報告書等のうちに重要な事項について虚偽の記載が発見され、当事業年度もしくは当連結会計年度の期首残高等を確定するために必要な過年度の財務諸表もしくは連結財務諸表の訂正が提出期限までに完了せず、または監査報告書を受領できない場合であって、発行者がその旨を公表している場合

　　ii　監査法人等による監査により当該発行者の財務諸表または連結財務諸表に重要な虚偽の表示が生じる可能性のある誤謬または不正による重要な虚偽の表示の疑義が識別される等、当該監査法人等による追加的な監査手続が必要なため、提出期限までに監査報告書を受領できない場合であって、発行者がその旨を公表している場合

　また、財務局長が不適切会計を理由に1か月以上延長する旨の承認を行おうとする場合には、次のような状況を考慮するとされているため、1か月以上の延長申請を行う場合には、この留意事項をふまえたうえでの判断が必要となる。

　「企業情報が開示されないことによる投資者への悪影響に配慮し、発行者が金融商品取引所又は認可金融商品取引業協会の規則に基づく開示等において当該発行者が財務諸表又は連結財務諸表に重要な虚偽の表示が生じる可能性のある誤謬又は不正についての確認を行っているか、過去に提出した有価証券報告書等の重要な事項についての虚偽の記載を自認し、その解決及び是正に向けた真摯な取組みを投資者に対して早期に

表明しているかなど、当該発行者による情報開示の状況も考慮した上で、その期間の妥当性について判断するものとする。」（企業内容等開示ガイドライン24-13(3)）。

　過去の財務諸表の誤りが判明したことにより、直近事業年度の財務諸表の作成や会計監査の関係で直近事業年度に係る有価証券報告書等の提出が法定提出期限に間に合わず、法定期限の延長申請を検討する際には、これらの留意事項を参考にしながら、期限延長が認められる事案か否か検討する必要がある。また、延長後の提出期限にも間に合わない可能性がある場合には、再度の承認申請をする等の対応を検討することになる。提出期限の延長がなされる期間は、実務的には1か月以内となることが多かったものの、近年、大型の不祥事の発覚に伴い、2か月間の延長が認められたり、再度の延長が認められる事例が見られるようになった。

　上場会社が提出期限の延長に係る承認申請書を提出することを決定した場合、適時開示が必要である（上場規程402条1号akの2）。また、その後、延長が承認されたかどうかの結果についても適時開示が求められる（渡邉浩司「特設注意市場銘柄の積極的な活用等のための上場制度の見直し」旬刊商事法務2008号（2013）33頁）。

　また、有価証券報告書等の法定提出期限を経過後1か月以内に有価証券報告書等を提出しない場合、または法定提出期限の延長の承認を受けた後、当該承認を得た期間の経過後8日目（休業日を除く）までに有価証券報告書等を提出しない場合には上場廃止になるため（上場規程601条1項10号、上場規程施行規則601条10項1号）、留意が必要である（**第6章第4節3**(3)参照）。

(2) **過年度の有価証券報告書等を訂正する期間**

　長年にわたり不祥事が継続して行われていたような場合には、どこまで遡って有価証券報告書を訂正するか問題となる。この点、訂正報告書を提出する期間に制限は設けられていないものの、訂正報告書の公衆縦覧期間は、訂正すべき有価証券報告書等の公衆縦覧期間と同じであるため、訂正すべき有価証券報告書等が公衆縦覧に付されているか否かが1

つの目安となる。有価証券報告書の公衆縦覧期間は5年、四半期報告書の公衆縦覧期間は3年と公衆縦覧期間が異なるため、有価証券報告書については公衆縦覧期間内であるが、四半期報告書については、公衆縦覧期間を超えているということが起こりうる。このような場合において、訂正を行う有価証券報告書の事業年度に属する四半期について提出された四半期報告書であって、公衆縦覧期間を終了したものを訂正するか問題となるが、実務的には当該四半期報告書も、有価証券報告書の訂正にあわせて訂正することが多い。

なお、上記のとおり、法令上は訂正すべき期間の制限は設けられておらず、公衆縦覧期間を超えた有価証券報告書等の訂正報告書も提出することは可能[16]である。

また、有価証券報告書には、通常、最近5事業年度に係る財務諸表等に計上された売上高、経常利益、純資産額等主要な経営指標等が「主要な経営指標等の推移」に記載される。この主要な経営指標等の推移の内容も誤っている場合には、訂正する必要があることに留意する必要がある（**第1部第1章第8節**参照）。つまり、最近5事業年度分の有価証券報告書の訂正をする場合でも、最長最近9事業年度分の決算の訂正が必要になる場合がある。

(3) **訂正した財務諸表等に対する監査人による監査報告書の要否**

有価証券報告書等の訂正報告書において、過年度の財務諸表等を訂正した場合は、原則として、監査人の監査証明が必要となる（金商193条の2第1項、財務諸表等の監査証明に関する内閣府令1条15号）。しかしながら、実務的には、比較的軽微な訂正の場合等について、監査報告書の添付がない場合もある（**第1部第1章第9節**）。

---

[16] 実際、訂正命令においては公衆縦覧期間を超えた有価証券報告書の訂正が求められた事例もある。なお、公衆縦覧期間を終了した有価証券報告書等の訂正報告書を提出する場合には、通常とは異なる提出方法となるため、事前に財務局に相談する必要がある。

(4) 内部統制報告書の訂正

有価証券報告書等を訂正した場合、訂正の原因となった理由いかんによっては、内部統制報告書の訂正が必要となる場合もある。この点、内部統制の評価範囲内からの財務報告に重要な影響を及ぼす内部統制の不備から生じたものであるか否かを検討し、内部統制報告書の訂正を行うべきか検討することとなる[17]（詳細については、**第3部第2章第2節**）。

なお、有価証券報告書の訂正の場合と異なり、訂正内部統制報告書に対しては、監査人による監査証明は必要ではない[18]。

(5) 訂正の公告

有価証券報告書の記載事項のうち、重要なものについて訂正報告書を提出したときは、「公告」しなければならないとされている（金商24条の2第2項）。公告の方法は、電子公告（金商令4条の2の4第1項1号）または時事に関する事項を掲載する日刊新聞紙に掲載する方法（同項2号）とされており、電子公告は、有価証券報告書等の開示書類に係る電子開示システムであるEDINET（Electronic Disclosure for Investors'

---

[17] 金融庁が公表している「内部統制報告制度に関するQ＆A」（2007年10月1日（最終改訂：2011年3月31日））において「有価証券報告書の訂正報告書が提出されたことをもって、直ちに連動して財務報告に係る内部統制に開示すべき重要な不備がないと記載した内部統制報告書について訂正報告書を提出しなければならないということにはならない。ただし、有価証券報告書の訂正報告書を提出する原因となった誤りを検討し、当該誤りが内部統制の評価範囲内からの財務報告に重要な影響を及ぼすような内部統制の不備から生じたものであると判断される場合には、当該内部統制報告書についての訂正報告書の提出が必要になるものと考えられる。」(Q71) とされ、また「経営者が、基準及び実施基準に準拠して決定した評価範囲について評価を実施している場合においては、内部統制報告書を提出した後に、結果的に、評価範囲の外から開示すべき重要な不備に相当する事実が見つかったとしても、内部統制報告書に記載した評価結果を訂正する必要はないと考えられる。」(Q67) とされている。

[18] 内部統制報告書に対しては、原則として、公認会計士または監査法人による監査証明を受けなければならないところ（金商193条の2第2項）、同項の内部統制報告書には、訂正内部統制報告書は含まないと解されている（内部統制府令ガイドライン1-1）。

NETwork）による（開示府令17条の5第1項）。電子公告の場合には、訂正報告書に係る訂正の対象となった有価証券報告書を提出した日から5年を経過する日までの間、継続して電子公告をしなければならない（金商令4条の2の4第2項）とされている。

　公告を行う必要があるのは「重要なものについて訂正報告書を提出したとき」とされており、有価証券報告書を訂正した場合に必ず公告する必要があるわけではない。有価証券報告書を訂正する場合には、公告を行う必要があるか否かは念のため弁護士に相談する等して慎重に検討する必要がある。

第5節　決算短信等の訂正

1　過年度の決算短信等に誤りがあった場合の対応

　有価証券報告書等の訂正と同様、過去に公表した決算短信または四半期決算短信（以下「決算短信等」という）に誤りがあった場合は、原則として、訂正決算短信等を開示する必要がある（上場規程416条1項）。

　訂正すべき期間については、有価証券上場規程においては定められていないが、有価証券報告書等を訂正する場合には、有価証券報告書等を訂正する期間または決算を訂正する期間（有価証券報告書等の「主要な経営指標等の推移」を訂正する期間）等を参考に検討する必要がある。

2　決算短信等を訂正する際の留意事項

(1)　決算短信等以外の適時開示事由

　決算訂正に関連して下記の事由が適時開示事由とされているため留意する必要がある。

- 有価証券報告書等を法定の期限内に提出できる見込みがない場合および提出しなかった場合（当該期間内に提出できる見込みのない旨の開示を行った場合を除く）、ならびにこれらの開示を行った後提出した場合（上場規程402条2号u）
- 有価証券報告書等の提出期限延長に関する承認申請書を提出した場合（上場規程402条1号akの2）
- 有価証券報告書等の提出期限延長申請に係る承認を受けられた場合または受けられなかった場合（上場規程402条2号uの2）
- 内部統制について、「開示すべき重要な不備」または「評価結果を表明できない」旨を記載する内部報告書の提出を行うことについて決定した場合（上場規程402条1号am）
- 財務諸表等の監査証明において、不適正意見、意見不表明、継続企業の前提に関する事項を除外事項とした限定付適正意見が記載されることとなった場合（上場規程402条2号v）

- 内部統制監査報告書において、不適正意見または意見を表明しない旨が記載されることとなった場合（上場規程402条2号vの2）

(2) 決算短信等が適時に開示できない場合の対応

　決算短信の開示は、「遅くとも決算期末後45日（45日目が休日である場合は、翌営業日）以内に内容のとりまとめを行い、その開示を行うことが適当であり、決算期末後30日以内（期末が月末である場合は、翌月内）の開示が、より望ましい」（東証「決算短信・四半期決算短信作成要領等〔2017年2月版〕」3頁）とされている。過年度の不適切会計の解明に時間がかかり、事業年度または連結会計年度に係る決算の内容の開示時期が、決算期末後50日（50日目が休日である場合は、その翌営業日）を超えることとなった場合には、決算の内容の開示後遅滞なく、その理由（開示時期が決算期末後50日を超えることとなった事情）および翌事業年度または翌連結会計年度以降における決算の内容の開示時期に係る見込みまたは計画について開示しなければならない（同作成要領）。開示時期に係る見込みまたは計画については、不適切会計の調査の状況をふまえながら定める必要がある。なお、四半期決算短信については、四半期報告書の法定提出期限が四半期末日から45日以内とされていることから、決算発表の早期化の要請の対象とされていない。

第5章 会計不祥事関係者の処分

■本章のポイント
- モラル・ハザードを避け、再発防止や企業秩序の維持・回復を図るためには、不祥事関係者に対して、就業規則に基づき適正な範囲で懲戒処分を行う必要がある。
- 不祥事の解明には不祥事関係者の調査協力は必須であるが、懲戒解雇を含む厳しい処分が課されることが予想される場合、ⅰ不祥事関係者がこれを察知してみずから率先して退職してしまう可能性がある、ⅱ不祥事関係者が会社に対する忠誠心を失う結果として調査へ協力しなくなる、という2つの問題があるため、これに会社として対応する必要がある。
- 事件の性質によっては、不祥事に直接関与した者の監督者に対して一定の処分を行う必要が生ずる場合もある。

第1節 不祥事関係者処分の必要性

　会社による社内調査の結果、不祥事の存在が明らかとなった場合、企業秩序の維持・回復を図るため、不祥事関係者に対し、懲戒処分を基本とした人事上の処分を行うことが実務的に不可欠の対応となることが多い。責任を負うべき者に対して何らの処分も下さない場合、一種のモラル・ハザードを引き起こしかねない。一般的にいえば、厳正な処分を下すことこそが最も効果的な再発防止策となりうるうえ、不祥事による被害を受ける社内外関係者がいる場合には、不祥事の発生に責任を負うべき者の処分なしに事態を収束させるのはきわめて困難となることが多い。また、不祥事について開示・公表した事案、および監督官庁や取引先等に説明を行った事案では、対外的に会社の自浄作用を示し、さらなるレピュテーションの悪化の防止・回復を図るという観点からも、不祥事関係者の処分を行う必要性が高い。

第2節　不祥事に直接関与した者の処分

　不祥事に直接関与した者に対しては、第一に、懲戒処分を行うことを検討すべきであるが、そのほか、（行為者が引き続き社内にとどまる場合は）人事権に基づく何らかの処分（降格等を含む人事異動）を加えることが検討されることとなる。基本的な考え方としては、不祥事に関与したことに対する制裁は懲戒処分を通じて行うこととなり、一方で、人事権に基づく処分（降格等を含む人事異動）については、不祥事に関する制裁ではなく、あくまでも、不祥事を契機に再発防止や組織体制の見直し、人心刷新を図る等の観点から必要とされるような人事異動としてなされるべきものである。

1　懲戒処分
(1)　懲戒処分の根拠規定の存在

　判例上、懲戒処分を行う場合には、就業規則に会社が行いうる懲戒処分の種類および各懲戒処分を行うために必要とされる懲戒事由が定められている必要がある。就業規則に規定されていない事由に基づき懲戒処分を行うことはできないうえ、規定されていない種類の懲戒処分を行うこともできない。そのため、社内調査の初期の段階から、就業規則の内容を精査したうえで、懲戒処分を行うためにはどのような事実関係を確認する必要があるのか意識しながら調査を進めていく必要がある[1]。ただし、不祥事として問題となる多くのケースにおいては、就業規則に規定された何らかの懲戒事由に該当するのが通常であり、また、多くの会社の就業規則上の懲戒事由の規定においては、複数の懲戒事由が列記さ

---

1) なお、ずさんな社内調査、弁明の不聴取等により事実を誤認し、その誤認に基づき懲戒解雇を行ったような場合には、懲戒解雇が無効とされるだけでなく、そのような懲戒解雇を行った会社の行為が民法上の不法行為と評価され、損害賠償支払義務を負う可能性がある（静岡地判平成17年1月18日労判893号135頁）。この意味でも、適正かつ十分な社内調査の実施は必須といえよう。

れたうえで、最後に「その他前各号に準ずる一切の事由」という包括的条項が規定されているため、少なくともこれには該当するのが一般的である。ちなみに、かかる就業規則上の懲戒処分の定めは原則として遡及適用されないため、不祥事の後に設けられた規定に基づいて懲戒処分を行うことはできない。また、同一の事実に対し懲戒処分を2回行うことはできないうえ（一事不再理の原則）、処分当時、会社が認識していなかった非違行為は、処分後にその存在が判明しても、特段の事由がない限り当該処分の有効性を根拠づける事由とすることができない。そのため、社内調査を十分に遂げ、当該不祥事が該当しうる懲戒事由を網羅的に確認しておく必要があり、万一、後日懲戒処分の有効性を争われた際、会社が懲戒事由を基礎づけるものとして認定した事実の一部が認められない事態が生じた場合に懲戒処分の有効性を基礎づける事実が存在しないと判断されてしまわないように、懲戒処分を行う際には、該当しうる懲戒事由に対応する事実はすべて列挙しておく必要がある。

(2) 懲戒処分の相当性

　就業規則に定めた懲戒事由が存在しても、当該懲戒処分をすることが客観的に合理的な理由を欠き、社会通念上相当であると認められない場合は、その権利を濫用したものとして、懲戒処分は無効となる（労働契約法15条）。そこで、基本的には、行為者の行為の悪性の程度（行為者が行為の違法性や不適切さを明確に認識しえたか、社内で蔓延しているような行為だったか等）、行為の結果（企業秩序に対しいかなる悪影響があったか）、情状（これまでの非違行為歴、反省の有無・態様等）、従前の事例との均衡等を総合考慮したうえで、慎重に懲戒処分の内容を決定する必要がある。就業規則上の懲戒事由に該当する行為を従業員が行った場合であっても、その行為の悪性の程度が低い場合に懲戒解雇等の重大な懲戒処分を行うのは行きすぎであるため無効とされる。ただし、一般的には、会社に対して財産上の損害を与える犯罪（横領、詐欺、背任等）に該当するような行為の場合には、懲戒解雇を行ったとしてもこれが裁判所によって無効と判断される可能性は低い。少額かつ1回限りの行為であっ

ても会社の金銭を横領するような場合には、たとえ被害弁償がなされていたとしても、懲戒解雇が有効と認められる場合が多い（1万円の横領行為を理由とする懲戒解雇が有効とされた事例として、東京高判平成元年3月16日労判538号58頁。また、10万円を着服し、被害弁償がなされたにもかかわらず懲戒解雇が有効と判断された事例として、大阪地判平成10年1月28日労判733号72頁）。

(3) 懲戒処分の選択

　懲戒事由に該当すると判断した場合には、いずれの懲戒処分を課すのが相当かを検討する必要がある。一般的な懲戒処分の種類としては、戒告（始末書の提出を伴わずに将来を戒める）、けん責（本人に始末書の提出を義務づけ、将来を戒める）、減給（減給の幅に関しては労働基準法91条において制約が課されており、減給の幅が高額に及ぶことは許されていないので注意を要する。過怠金、罰金等その名称を問わない）、出勤停止（通常は最長で2週間程度の出勤停止期間が課されうる旨が定められている例が多い。出勤停止の期間中は無給となる）、降格（人事異動としての降格と異なり、制裁として降格することとなる）、諭旨解雇（本人に自発的に退職の意思表示を行うことを義務づけるとともに、本人がこれを拒絶する場合には解雇するという処分である）、懲戒解雇（本人に自発的な退職の意思表示を行う機会を与えることなく解雇を行う。なお、通常退職金は支払われないこととなる）が挙げられる。一般的にいえば、諭旨解雇と懲戒解雇については、従業員に与える影響が大きいことから慎重な対応が必要になるのに対して、軽微な処分であるけん責や減給については、これを課すことを躊躇すべき理由はさほどないと考えるべき場合が多く、出勤停止や降格については、（本来はそのような考慮をすべきではないという批判はありうるものの）現実に出勤停止や降格等の処分を行う場合に業務に支障をきたすことがないかという観点からの検討も不可欠になる。また、重大な不祥事の場合には諭旨解雇や懲戒解雇に処すこともやむをえない場合もありうるが、このような場合には、諭旨解雇を選択することを原則的な対処方法とする会社が多いと思われる。これは、懲戒解雇の場合には退職金

を支払わないという扱いをする会社が多いところ、退職金の不支給は過酷であるという判断による場合が多いからである（ただし、懲戒解雇相当の事案であればただちに退職金の不支給が許されるというわけではなく、懲戒解雇にした場合には退職金を不支給とすることが必須というわけでもない。詳細は(6)で述べる）。また、諭旨解雇の場合には、従業員に退職の意思表示をさせることになることから、当該従業員として、後日になって懲戒処分の有効性について争うことを心理的に困難にするという効用があることも否定できない。

なお、懲戒解雇の場合には、当該解雇が「労働者の責めに帰すべき事由」に基づき行われたことについて労働基準監督署長からの除外認定を得たうえで、即時解雇を行うのが通常である。しかしながら、労働基準監督署長の除外認定を得るのに一定の期間が必要となる等の事情から、あえて除外認定を受けることを避けて、解雇予告手当（労働基準法20条1項）を支払うこととする場合もある。

また、懲戒処分の種類として、諭旨解雇の規定を就業規則上に有していないにもかかわらず、諭旨解雇の処分を加える会社も少なからず見受けられる。このような処分を法的に正当化できるのかについては疑義がありうるところであるが、あえていえば、単に懲戒解雇相当との判断を下しながらも正式に懲戒解雇を行うことは避けて退職勧奨をしているものとの説明がつく場合が多いと思われる。

退職を伴うような処分であると否とを問わず、いずれの懲戒処分を選択すべきか検討する際に最も重要な考慮要素となるのは、懲戒処分が再発防止策として機能し、かつ、懲戒処分の軽重をもって社内外の関係者の納得感を得るためには、どのようなレベル感の懲戒処分が求められているのかという点である。ただし、懲戒処分を行ったことにより業務に支障をきたす結果が生ずることは回避する必要があるため、当該不祥事に対する措置としての適切さということとは別途に、人事的な措置としての妥当性についても考慮しなければならない。また、いったん会社が懲戒処分を下すと、それが社内における先例となることも念頭に置く必

要がある。たとえば、特定の従業員の不祥事について非常に軽い処分で済ませたにもかかわらず、別の従業員が同種の行為を行った場合に重い処分を課すと、本来であれば重い処分が正当化されるべき場面であっても、過大な処分とみなされて処分が無効と判断される可能性がある。そこで、このような要素も考えあわせたうえで処分を決定する必要がある。もっとも、会社がある時期を境にして、特定の不祥事に対して厳罰をもって臨むことを従業員に対し周知徹底していた場合や、特定の不祥事に対する社会的な評価が従前と比べ厳しいものに変化している場合（セクシャル・ハラスメントやパワー・ハラスメントが好例であろう）等には、従前の同種事案の際の対応とは異なり、厳しい処分を行うことが正当化されることもあると考えられる（尾崎恒康監修・著『役員・従業員の不祥事対応の実務――調査・責任追及編』（レクシスネクシス・ジャパン、2014）165頁、渡辺弘『リーガル・プログレッシブ・シリーズ　労働関係訴訟』（青林書院、2010）85～86頁）。

(4) 懲戒処分に要する手続

懲戒処分を行うにあたっては、懲戒委員会を開催して一定の手続を踏むことが労働協約や就業規則その他の社内規程において定められている会社が多い。当該手続を履践しないまま懲戒処分を行う場合には、それが些細な手続上の瑕疵といえない限り、懲戒権を濫用したものとして無効とされる（たとえば、東京地判平成12年10月16日労判798号9頁）。

他方で、就業規則等に定められている手続さえ遵守していればまったく問題がないというわけではない。すなわち、懲戒処分を行う際には、手続的正義の観点から、懲戒対象者に対して弁明の機会を与えるべきであり、特段の支障がないにもかかわらずこれを与えなかった場合には、懲戒処分が無効とされる可能性があるので注意を要する（東京地判平成22年7月23日労判1013号25頁）。

弁明の機会の付与に関して実務的に問題となるのは、企業不祥事の場合、すでに社内調査を通じて不祥事関係者から十分に事情聴取を行っている場合が多いところ、懲戒処分に先立って、さらに弁明の機会を設け

る必要があるのかという点である。この点については、社内調査はあくまでも会社としての善後策を検討するうえでの基礎となる情報を入手するために行われるものであり、懲戒処分を行う際に与える弁明の機会とはその意味合いが異なることから、すでに十分な事情聴取が済んでいたとしても、懲戒処分に先立つ弁明の機会は別途設けるべきである。なお、実務上、懲戒処分の手続過程において、懲戒対象者から弁護士の同席を求められることがある。しかし、就業規則等において、それを会社の義務とする規定がない限りは、これに応じる義務はないと考えるのが正当であろう（大阪地判平成23年9月15日労判1039号73頁）。

(5) **懲戒解雇等が予想される従業員への対応**

企業不祥事に関して社内調査を行う場合には、まさに企業不祥事に直接関与した者からの事情聴取は不可欠であり、さまざまな協力を得る必要があるが、一方で、このような者に対して懲戒解雇を含む厳しい処分が課されることが予想される場合、ⅰ不祥事関係者がこれを察知してみずから率先して退職してしまう可能性がある、ⅱ不祥事関係者が会社に対する忠誠心を失う結果として調査へ協力しなくなる、という2つの問題がある。

ⅰに関しては、従業員が退職の意思表示を行う場合には最短で2週間で退職の効果が生じるため（民627条）、特に懲戒解雇が相当な事案では、（退職後に懲戒解雇を行うことはできないことから）早急に懲戒手続を進め、不祥事関係者が懲戒解雇を逃れることができないようにする必要がある。また、いったん退職されてしまうと、社内調査への協力を得ることも困難となる点にも留意しなければならない。

また、ⅱに関連して、不祥事に直接関与した者から社内調査の過程で、みずからにいかなる懲戒処分が加えられることとなるのか、または、社内調査に協力することの見返りに懲戒処分を免れ、もしくは軽微な懲戒処分で済ませてもらえるということがあるのか、といった質問がなされる可能性もある。不正調査にあたっては当然ながら強制手段を用いることができず、調査対象者の協力が不可欠となるので、処分の可能性があ

る調査対象者に進んで協力するインセンティブを与える必要があると考えられる場面もありうる一方、不用意な発言をして無用な期待を持たせるのは、後日の紛争を引き起こすことにもなりかねないため慎重な対応が求められる。そこで、たとえば、「懲戒処分はあくまでも所定の手続を通じて決定されるものであるから、社内調査を行う者が何らかのコメントをする立場にはないが、一般論としていえば、社内調査への協力は懲戒処分を決定するにあたって対象者に有利な事情として考慮されることになるだろう」という趣旨のコメントをするのが穏当であると思われるが、この点については社内調査の進捗状況等によっても対応は変わってくるものと思われる。この点に関し、日本弁護士連合会「企業等不祥事における第三者委員会ガイドライン」(2010年7月15日（改訂：2010年12月17日）)第6.1.⑤は、責任減免措置を行うことに積極的であり、「企業等は、第三者委員会に対する事案に関する従業員等の自主的な申告を促進する対応をとることが望ましい。」と述べ、その具体例として「行為者が積極的に自主申告して第三者委員会の調査に協力した場合の懲戒処分の減免」を挙げている。もっとも、申告された事実によっては、懲戒解雇が相当といえる場合もありうるところであり、それにもかかわらず責任を減免し、軽微処分しか行わないことは、会社が生じた不祥事に厳格に対処していない、自浄能力を有さないとの批判を浴びる結果となる可能性が大きいうえ、社内の納得感も得られにくい面もある。したがって、調査協力者に対する責任減免を行うか否かについては慎重に判断すべきであろう。

(6) 退職金の不支給

不祥事関係者を懲戒解雇する場合、退職金の不支給ないし減額の処分もあわせて行うことは実務上よく見られる。就業規則（退職金規程）等により、退職金の支給基準が定められている場合には、会社の一方的意思によりこれを減額することはできないが、「従業員の在職中の非違行為が発覚し、当該非違行為が懲戒解雇事由に該当する場合や、会社に対する著しい背信的行為といえる場合には、退職金の全部または一部を支

払わない」とする旨のいわゆる退職金不支給条項[2]が就業規則（退職金規程）等に定められている場合には、従業員の永年の勤続の功労を抹消ないし減殺してしまうほどの著しい背信行為があったと認められる限り、退職金の不支給ないし減額支給は許される（最判昭和52年8月9日労経速958号25頁）。したがって、会社としては、不祥事に関与した従業員を懲戒解雇する場合には、当該従業員の行為の悪質性や当該従業員の関与の度合い等を考慮して、退職金の全額不支給とするか、一部不支給とするかを慎重に判断する必要がある。

　また、懲戒解雇を含む厳しい処分が課されることが予想される場合、不祥事関係者がこれを察知してみずから率先して退職してしまうことがあることはすでに(5)で述べたとおりであるが、不祥事関係者が自主退職し、退職金が支給された後に、退職金の不支給が相当であると認められる事情が判明した場合、退職金の返還を求めることができるのか問題となることがある。まず、就業規則（退職金規程）等に退職金の返還に係る規定が設けられている場合、すなわち、「退職後に在職中の非違行為が判明した場合には、退職金の全部または一部を不支給とし、または返還させることができる」旨の定めがある場合には、元従業員に対し、支給済みの退職金の返還を請求することができると解される（大阪地判昭和63年11月2日判例集未登載）。このような規定がない場合にも、懲戒事由が存在し、本来であれば退職金を受ける地位になかったにもかかわらず退職金の支給を受けたといえる場合には不当利得にあたると解され

---

[2]　就業規則において「懲戒解雇した場合には、退職金を支給しないことまたは減額することができる。」等と定める事例も見受けられるが、この場合には、懲戒解雇した場合でなければ退職金の不支給はできないこととなる。そのため、仮に懲戒解雇する前に不祥事関係者が自主退職した場合には、当該規定に基づき退職金を不支給とすることはできなくなる（ただし、在職中に会社に対する著しい背信行為があったといえるような場合における自主退職者の退職金請求は権利の濫用にあたると判断した裁判例も存在する（東京地判平成12年12月18日労判803号74頁））。

第5章　会計不祥事関係者の処分　177

るため、不当利得返還請求権に基づき返還を求めることができる可能性がある（福井地判昭和62年6月19日労判503号83頁）。しかし、実務的には、上記のとおり、明確な規定を設けて対応する方が穏当であろう。

2　人事権の行使としての処分（人事異動等）

不祥事の発生を契機に再発防止や組織体制の見直し、人心刷新等の観点から人事異動が行われるのが通例である。不祥事に直接関与した者について雇用を継続する場合、同じポジションで雇用を継続するということは再発防止の観点からはなはだ問題が多く、また、社内外の関係者の理解も得にくい。そのため、このような配置転換等の人事異動は、制裁としての懲戒処分とは異なり、純粋に人事上の措置として行われることとなる。このような人事異動は必ずしも降格を伴う必要はないものの、実際には降格を伴うような人事異動がなされることも多いものと思われる。そして、このような人事異動には、少なくとも、従来までの処遇を維持することができないことについての合理性は比較的認められやすいことから、当該人事異動が権利濫用とされる事例は多くはないものと考えられる。ただし、この種の人事異動については、不祥事に関与した者の受入れ先となる部署を探すのに苦慮する例も多く、また、受入れ先となる部署においても当人への接し方が悩ましく、また、当人も受入れ先になかなかなじまないことも多い等の問題が生じる例があり、会社として対処には苦労するところである。

第3節　監督すべき立場にある者の処分

1　基本的な視点

　不祥事に直接関与した者の処分とともに、監督すべき立場にある者の処分が行われる例は実務上よく見受けられる。しかし、監督すべき立場にある者に対する責任を追及すべきかについては、対応が非常に難しいことが多い。処分の適否を検討するうえで重要な視点は、一般的には、ⅰ 1人に責任を負わせるという対応が不適切な案件ではないか（たとえば、「組織ぐるみ」の不祥事であるというようなことはないのか）、ⅱ 現実的に当該監督者が監督をすることで当該不祥事の発生を阻止しうる状況にあったか、という点である。ⅰに関しては、不祥事に直接関与した者だけに対して制裁を加える場合にいわゆる「トカゲの尻尾切り」のような体裁となってしまうことは避けなければならず、そのような観点から監督すべき立場にあった者に対する処分が必要となる場合が生じる。一方で、ⅱ現実には当該不祥事の発生を阻止しうる状況にはなかったといわざるをえないような場合にまで、監督すべき立場にあった者に対し何らかの制裁を加えるのは不適切だということになろう。一般的には、組織ぐるみの不祥事の場合には、監督すべき立場にあった者に対して処分を加えるに比較的適した状況であるといえる。

　また、監督すべき立場にある者の処分を行うにあたっては、どの範囲で行うのが適切かという点も検討されなければならない。すなわち、一般的には行為者の直属の上長等が処分の対象となる場合が多いと考えられるが、「組織ぐるみ」と評されるような不祥事の場合には、むしろ、経営トップを含めた役員に対しても何らかの制裁を加えることも考えられる。当該不祥事の実情がどのようなものであるかという点を慎重に見極めたうえでの判断が必要となる。

　さらに、不祥事が長期間にわたる場合にどこまで過去に遡って処分の対象とするのが適切かという点も困難な問題である。不祥事が長期間にわたる場合、監督すべき立場にあった者がすでに退職していることもあ

るが、退職者については懲戒処分を行う余地がない（強いていえば、**第2節1(6)**で述べたとおり、退職金の返還を求めることができる場合はあろう）。一方で、在籍している監督者に対してのみ何らかの処分を加えるのも不公平感を与えることになる。事案ごとに公平性を旨として対応することが重要であろうと思われる。

なお、「組織ぐるみ」と評される不祥事でない限り、監督すべき立場にあった者について人事異動をさせるといった対応がなされることは少ないのではないかと思われる。再発防止の観点からは、監督者に対しては処分を課すことで十分に綱紀粛正を図ることができるとの判断によるものと考えられる。

2　監督すべき立場にある者の処分の内容

監督すべき立場にある者の処分を行う場合、この者が従業員である場合と取締役である場合で、処分の内容は大きく異なる。

(1) 従業員である場合

従業員の場合には、不祥事に直接関与した者に対する場合と同様、就業規則上の懲戒処分の規定に基づき懲戒処分を行うことになる。社内調査にあたっては、業務に精通した者の協力を得ることは不可欠であることから、監督者に協力を求めざるをえない場合が大多数であろうが、監督者に対する処分との関係でも、社内調査への協力の有無は処分の内容を決めるにあたって実際上重要な判断要素となると思われる。

(2) 取締役である場合

監督者が取締役の場合、取締役と会社との関係は雇用契約ではなく委任契約であり、就業規則の適用がないことから、取締役が使用人を兼務する場合を除き[3]、懲戒処分の対象とならない。そのため、取締役への責任追及の方法としては、取締役会において当該取締役から代表権や業務執行権を剥奪するという対応が考えられる。また、究極的には、株主総会決議による取締役の解任も選択肢となるが、解任に「正当な理由」がなければ損害賠償請求を受けるリスクがあるため（会339条2項）、解

任に踏み切る場合には、善管注意義務違反を基礎づける事情の有無について慎重に検討する必要がある。そのほか、取締役の責任のとり方としては、取締役からの辞任や、取締役報酬の一部返上[4]も考えられる。もっとも、これはあくまでも取締役本人の同意が前提となるため、取締役がどうしてもこれに応じようとしない場合には強制することができない。

---

3) 使用人兼務取締役の場合には、使用人としての身分に関して懲戒処分を行うことが可能である。
4) いったん決定された取締役の報酬を会社が一方的に不支給ないし減額することはできない。もっとも、代表取締役が個々の取締役へ配分される報酬額を決定する前である場合には、当該不祥事に関与した取締役への報酬を配分しない、または、著しく低額にするということも可能である。この場合、不祥事の内容に照らし報酬の減額があまりに過大である場合には、代表取締役の裁量を逸脱した決定であるとして損害賠償請求を受けるリスクがあるため慎重な判断を要する。

第6章 会社および役員等の責任

■本章のポイント

● 不適切会計の結果、有価証券報告書等の開示書類や計算書類等に虚偽記載等がなされた場合、会社およびその役員等は、おおむね以下のとおり、民事責任、刑事責任を負う可能性があり、また、課徴金納付命令および証券取引所による処分を課される可能性がある。

虚偽記載等がなされた場合の主な責任・処分

	会社	役員等
民事責任	・金融商品取引法および会社法上の不実開示責任 ・不法行為責任等	・金融商品取引法上の不実開示責任 ・不法行為責任 ・会社法上の任務懈怠責任 ・計算書類の虚偽記載責任 ・違法配当責任
刑事責任	・両罰規定に基づく責任	・発行開示書類・継続開示書類の提出者に対する責任
課徴金	・発行開示書類・継続開示書類に関する課徴金	・売出しにより所有有価証券を売り付けた場合等における課徴金 ・虚偽開示書類等の提出等を容易にすべき行為または唆す行為に係る課徴金
証券取引所による処分	・公表措置 ・上場契約違約金 ・改善報告書 ・特設注意市場銘柄制度 ・上場廃止	

第 1 節　民事責任

> ■本節のポイント
> ● 会社およびその役員等は、会社の開示書類や計算書類等に虚偽記載等があった場合には、金融商品取引法や民法、会社法上、種々の民事責任を負う可能性がある。
> ● 特に、金融商品取引法上の不実開示責任は、民法上の一般原則と比して、投資家による責任追及を容易にする内容となっており、証券訴訟の集団化傾向等ともあいまって、虚偽記載等が発覚した場合に会社やその役員等が責任追及を受けるリスクを高めていることに留意すべきである。

1　会社の民事責任

会社の開示書類や計算書類等に重要な事項について虚偽の記載があり、または記載すべき重要な事項もしくは誤解を生じさせないために必要な重要な事実の記載が欠けている場合（以下、本節において「虚偽記載等」という）に、会社が負う可能性のある主な民事責任は以下のとおりである。

図表 6-1-1　会社の主な民事責任

責任類型	責任を負う相手	特徴
i　有価証券届出書や発行登録書の重要な事項に虚偽記載等がある場合の発行市場に係る不実開示責任（金商 18 条 1 項、23 条の 12 第 5 項）	会社の有価証券を募集・売出しに応じて取得した者	・　無過失責任 ・　損害額が法定されている

ii 有価証券報告書等の開示書類の重要な事項に虚偽記載等がある場合の流通市場に係る不実開示責任（金商21条の2第1項、25条1項）	会社の有価証券を募集・売出しによらないで取得または処分した者	・過失責任であるが、立証責任が転換されており、虚偽記載等について故意または過失がなかったことを証明すれば免責される ・虚偽記載等の事実の公表日から遡って1年以内に有価証券を取得し、かつ公表日まで継続保有していた投資者につき、損害額の推定規定あり
iii 不法行為責任（民709条）	会社の不法行為により損害を被った者	違法行為、故意・過失、損害、因果関係の立証が必要
iv 代表者の不法行為についての損害賠償責任（会350条）	会社の代表者の不法行為により損害を被った者	会社の代表者に不法行為が成立する場合に責任を負う
v 被用者の不法行為についての使用者責任（民715条）	会社の被用者の不法行為により損害を被った者	・会社の被用者に不法行為が成立する場合に責任を負う ・従業員等の監督について相当な注意を払い、または相当の注意をしても損害が生じたことを証明すれば免責される

　民事責任の根拠規定によって、故意または過失の要否やその立証責任、損害額、時効期間等が異なるが、虚偽記載等により損害を被った投資者

は、その選択により、それぞれの規定に基づく民事責任の一部または全部を追及することができる。したがって、たとえば、民法上の不法行為責任の規定により、金融商品取引法上の不実開示責任において法定された損害額を超える損害額を請求される可能性があることや、金融商品取引法上の不実開示責任の時効が完成した後も、民法上の不法行為責任を追及される可能性があることに留意する必要がある。

(1) 金融商品取引法上の不実開示責任

(a) 不実開示責任の概要

金融商品取引法は、有価証券の価値に関する情報を開示させることにより、投資者の投資判断を通じて有価証券の適正な価格形成がなされることを企図している。そのため、開示された情報が真実でない場合、投資者の判断を誤らせ、市場における効率的な資源配分を阻害することとなる。そこで、金融商品取引法は、会社の開示する情報の真実性を確保するため、不実開示責任に関する定めを設けている。

金融商品取引法上の不実開示責任は、損害を受けた投資者の救済が実効的になされうるよう、民法上の不法行為責任（民709条）と比して、要件や効果の面で投資者に有利なものとなっている。これは、会社やその役員等の側から見れば、民事責任を負う可能性が高まることを意味するため、留意する必要がある。

以下、発行市場と流通市場とに分けて、金融商品取引法上、会社が負う不実開示責任の主な内容を概説する。

(b) 発行市場に係る会社の不実開示責任

① 概要

有価証券届出書または発行登録書等のうちに、重要な事項について虚偽記載等がある場合、有価証券の発行者である会社は、当該有価証券を募集・売出しに応じて取得した者に対し、損害賠償責任を負う（金商18条1項、23条の12第5項）。ただし、当該有価証券の取得者が、その取得の申込みの際に、虚偽記載等を知っていたときは、この限りでない（金商18条1項ただし書、23条の12第5項）。有価証券の取得者が虚偽記

載等を知っていたことは、会社が立証する必要がある。

　有価証券届出書には、その添付書類および訂正届出書を含み（金商2条7項）、その記載事項には、組込方式において組み込まれた有価証券報告書等の記載事項が含まれ（金商5条3項）、また、参照方式により参照された有価証券報告書等の記載事項も含まれる（同条4項、23条の2）。また、発行登録書のほか、訂正発行登録書、発行登録追補書類ならびにこれらの添付書類および参照書類についても同様の責任が生じる（金商23条の12第5項）。

　② 「重要」な虚偽記載等

　虚偽記載等が「重要」な事項についてのものであるか否かは、投資者の投資判断に重要な影響を与える事項か否かという観点から判断される。この点、たとえば、有価証券報告書における「大株主の状況」（図表6-1-3①事件に関する東京地判平成19年10月1日判タ1263号331頁）、売上高、経常利益、当期純利益等の額（図表6-1-3④事件に関する東京地判平成20年6月13日判タ1294号119頁）、転換社債型新株予約権付社債（CB）の発行において受領した資金全額がスワップ契約の支払いに充てられること（図表6-1-3⑤事件に関する東京地判平成22年3月9日判時2083号86頁）等につき、「重要」性が認められている。

　③ 無過失責任

　発行市場に係る不実開示責任は無過失責任であり、会社は虚偽記載等について故意または過失がなかったことを証明しても責任を免れることができない。

　④ 賠償責任額の法定

　賠償責任額は法定されており、ⅰ有価証券の取得者が損害賠償請求時までに当該有価証券を処分していない場合においては、取得について支払った額から、損害賠償請求時における市場価額（市場価額がないときは処分推定価額）を控除した額、ⅱ有価証券の取得者が損害賠償請求時までに当該有価証券を処分している場合においては、取得について支払った額から、処分価額を控除した額である（金商19条1項、23条の12

第5項)。したがって、ⅰの場合における損害賠償請求後の市場価額の変動、ⅱの場合における有価証券の処分後の市場価額の変動は、いずれも賠償責任額に影響しない。

　もっとも、会社側において、ⅰおよびⅱの金額の全部または一部が、虚偽記載等による値下がり以外の事情により生じたものであることを証明した場合、その全部または一部についての賠償責任は生じない（金商19条2項、23条の12第5項)。

　⑤　時効・除斥期間

　発行市場に係る会社の不実開示責任の請求権は、請求権者が虚偽記載等を知った時もしくは相当な注意をもって知ることができた時から3年間これを行わなかったときは消滅し、有価証券届出書の効力が発生した時もしくは発行登録の効力が発生しかつ発行登録追補書類が提出された時から7年間これを行わなかったときも同様である（金商20条、23条の12第5項)。前者は消滅時効を定めたものであり、後者は除斥期間を定めたものであると解されている。

(c)　流通市場に係る会社の不実開示責任

　①　概要

　有価証券報告書等の開示書類のうちに、重要な事項について虚偽記載等がある場合、当該書類の提出者である会社は、当該書類の公衆縦覧期間に募集・売出しによらないで当該会社が発行者である有価証券を取得または処分した者に対し、損害賠償責任を負う（金商21条の2第1項、25条1項)。ただし、当該有価証券の取得者または処分者が、その取得または処分の際に、虚偽記載等を知っていたときは、この限りでない（金商21条の2第1項ただし書)。有価証券の取得者または処分者が虚偽記載等を知っていたことは、会社が立証する必要がある。

　また、会社が虚偽記載等についてみずからに故意または過失がなかったことを証明したときは、会社は損害賠償責任を負わない（金商21条の2第2項)。

　なお、「重要」な虚偽記載等の意義については、(b)②のとおりである。

② 請求権者

(b)①のとおり、発行市場に係る不実開示責任では、有価証券を取得した者が損害賠償を請求できることとされている。これに対し、流通市場に係る不実開示責任では、2014年の金融商品取引法改正により、有価証券を取得した者に加え、有価証券を処分した者も損害賠償を請求することができるようになった。これは、経営成績を悪く見せかけるような虚偽記載等（逆粉飾）が行われた場合に、有価証券の処分者が当該虚偽記載等によって損害を被る可能性があるためである。ただし、④で述べる損害額の推定規定は、有価証券の処分者には適用されない。

③ 立証責任の転換された過失責任

流通市場に係る不実開示責任は、発行市場に係る不実開示責任とは異なり、過失責任である。2014年の金融商品取引法改正前は無過失責任とされていたが、同改正により過失責任化が図られた。過失責任化が図られたのは、課徴金制度の整備や内部統制システム構築の定着等により違法行為の抑止効果が強化されたことをふまえれば、損害賠償責任の一般原則（過失責任の原則）に反してまで無過失責任を課すことの意義は相対的に低下したものと考えられたためである。ただし、2で述べる会社の役員等の責任と同様、立証責任が転換されており、会社が虚偽記載等について故意または過失がなかったことを証明する必要がある（金商21条の2第2項）。

④ 損害額の推定

流通市場に係る不実開示責任については、発行市場に係る不実開示責任とは異なり、損害額は法定されていないが、一定の要件を満たせば、損害額の推定の規定を利用することができる。すなわち、開示書類の虚偽記載等の事実が公表された場合、公表日前1年以内に有価証券を取得し、当該公表日まで継続保有していた者については、公表日前1か月間の市場価額（市場価額がないときは処分推定価額）の平均額から、公表日後1か月間の市場価額（市場価額がないときは処分推定価額）の平均額を控除した額を、損害額とすることができる（金商21条の2第3項）。

「公表」の内容としては、有価証券報告書等に記載すべき真実の情報が公表されることまでは必要ではなく、有価証券に対する取引所市場の評価の誤りを明らかにするに足りる基本的事実が公表されれば足りる（最判平成24年3月13日民集66巻5号1957頁）。実務上は、虚偽記載等が疑われる事実が判明した場合、必ずしもその全体像が解明されていない段階であっても、会社はその時点で判明している事実を適時開示によって早期に投資者に知らせ、その後調査委員会等により事案の解明を進めたうえで、調査委員会が認定した事実をふまえて決算訂正等を行うことが一般的である。そして、当初に開示された情報が限定的であっても、それまで投資者に知らされていない悪材料であること等から株価が大きく下落し、後に虚偽記載等の全体像が開示された段階では、それ以上大幅には下落しないという状況もありうる。上記判例の規範を前提とすると、このような場合、当初に開示された内容が虚偽記載等の事実の一部にすぎず、または、当初に開示された内容と後に認定された事実との間に若干の相違があったとしても、当初の開示時点で虚偽記載等の事実の「公表」があったと認められ、当該開示による株価の大幅な下落を基礎として、損害額が推定される可能性がある。

以上の損害額は「推定」されたものにすぎないため、投資者が、これを超えた損害を被ったことを立証した場合には、立証した損害額について賠償を受けることができる（ただし、(b)④の発行市場に係る不実開示責任における法定の損害額が上限となる（金商21条の2第1項、19条1項））。また、逆に、会社が、推定された損害額の全部または一部が、虚偽記載等による値下がり以外の事情により生じたことを証明したときは、その全部または一部についての賠償責任は生じない（金商21条の2第5項）。

　⑤　時効・除斥期間

流通市場に係る会社の不実開示責任の請求権は、請求権者が虚偽記載等を知った時もしくは相当な注意をもって知ることができた時から2年間これを行わなかったときは消滅し、開示書類が提出された時から5年間これを行わなかったときも同様である（金商21条の3、20条）。前者

は消滅時効を定めたものであり、後者は除斥期間を定めたものであると解されている。

(2) 不法行為責任等

会社の開示書類や計算書類等に虚偽記載等がなされた場合、会社は、ⅰ民法 709 条に基づく不法行為責任を負うことがあるほか、ⅱ当該虚偽記載等につき会社代表者に不法行為責任が成立する場合には、会社法 350 条に基づく責任を負うことがあり、さらに、ⅲ被用者に不法行為責任が成立する場合には、民法 715 条に基づく使用者責任を負うことがある。

これらの責任の追及は、(1)の金融商品取引法上の不実開示責任を追及することができない者（たとえば、虚偽記載等を信頼して取引関係に入った取引先企業や、虚偽記載等がなされた書類が開示される前から有価証券を取得していた投資者等がこれにあたりうる）からなされることが主に想定される。

これらの責任に基づく損害賠償請求権は、被害者もしくはその法定代理人が損害および加害者を知った時から 3 年間これを行わなかったときは消滅し、不法行為時から 20 年間これを行わなかったときも同様である（民 724 条）。

2 会社の役員等の責任

会社の開示書類や計算書類等に虚偽記載等がなされた場合に、会社の役員等が負う可能性のある主な民事責任は以下のとおりである。

図表 6-1-2　会社の役員等の主な民事責任

責任の種類	責任を負う相手	特徴
ⅰ　有価証券届出書等の重要な事項に虚偽記載等がある場合の発行市場に係る不実開示責任（金商 21 条 1 項 1 号、	会社の有価証券を募集・売出しに応じて取得した者	虚偽記載等を知らず、かつ相当な注意を用いたにもかかわらず知ることができなかったことを証明すれば免責される

23条の12第5項）		
ii　有価証券報告書等の重要な事項に虚偽記載等がある場合の流通市場に係る不実開示責任（金商22条1項、24条の4等）	会社の有価証券を募集・売出しによらないで取得または処分した者	虚偽記載等を知らず、かつ相当な注意を用いたにもかかわらず知ることができなかったことを証明すれば免責される
iii　不法行為責任（民709条）	会社の役員等の不法行為により損害を被った者	違法行為、故意・過失、損害、因果関係の立証が必要
iv　会社に対する任務懈怠責任（会423条1項）	会社 ※株主代表訴訟の対象となる	任務を怠った過失がある場合に責任を負う
v　第三者に対する任務懈怠責任（会429条1項）	第三者	職務を行うについて悪意または重大な過失がある場合に責任を負う
vi　会社法上の計算書類の虚偽記載責任（会429条2項1号ロ）	第三者	虚偽記載をしたことについて注意を怠らなかったことを証明すれば免責される
vii　違法配当責任（会462条）	会社	職務を行うについて注意を怠らなかったことを証明すれば金銭支払義務を負わない

　民事責任の根拠規定によって過失の立証責任等が異なるが、会社の民事責任の場合と同様に、虚偽記載等により損害を被った投資者は、その選択により、それぞれの規定に基づく民事責任の一部または全部を追及することができる。したがって、たとえば、民法上の不法行為責任が認められない場合であっても、金融商品取引法上の不実開示責任が認められる可能性はあることに留意する必要がある。

(1) **金融商品取引法上の不実開示責任**

(a) 概要

有価証券届出書や有価証券報告書等のうちに、重要な事項について虚偽記載等がある場合、会社の役員等は、募集・売出しに応じて当該有価証券を取得した者、および、募集・売出しによらないで当該有価証券を取得または処分した者に対し、損害賠償責任を負う（金商21条1項、22条1項、24条の4等）。

会社の役員等の不実開示責任については、会社の不実開示責任とは異なり、損害額を法定または推定する規定は存在せず、有価証券の取得者または処分者の側が、損害の発生および額を立証しなければならない。

(b) 責任主体

有価証券届出書や有価証券報告書等の提出時点の役員等が責任主体となる（金商21条1項1号、22条1項、24条の4等）。したがって、たとえば、会社の定時株主総会において新任役員が選任された直後に有価証券報告書が提出されたため、当該新任役員による当該有価報告書の作成・提出への関与が限定的である場合であっても、当該新任役員は、金融商品取引法上の不実開示責任を負う可能性があることに留意する必要がある。

(c) 立証責任の転換された過失責任

会社の役員等の不実開示責任は過失責任であるが、立証責任が転換されており、会社の役員等の側において、虚偽記載等を知らず、かつ、相当な注意を用いたにもかかわらず知ることができなかったことを証明する必要がある（金商21条2項1号、22条2項等）。

ここにいう「相当な注意」を用いたことの立証は必ずしも容易ではない。この点、ⅰ虚偽記載等のある有価証券報告書が提出される直前に選任された新任取締役について、会計上の適切性に疑問を持ちえたとして責任を肯定し、また、ⅱ海外在住の技術部門担当の非常勤取締役についても、「技術担当であるとか、非常勤であるからといって、単に与えられた情報を基に有価証券報告書の正確性を判断すれば足りるものではな

いし、また、海外に滞在しているからといって、尽くすべき注意の程度が当然に軽減されるものではない」として責任を肯定した裁判例（図表6-1-3の④事件に関する東京地判平成21年5月21日判時2047号36頁）も存在する。会社の取締役としては、このような裁判例が存在することにも十分に注意を払い、内部統制システム構築義務を尽くすとともに、積極的に監視義務を果たすことが重要である。

(d) 時効・除斥期間

金融商品取引法上の会社の役員等の不実開示責任は、民法の不法行為責任（民709条）の特則と解されている。したがって、その時効および除斥期間については民法724条が適用され、会社の役員等の不実開示責任の請求権は、被害者もしくはその法定代理人が損害および加害者を知った時から3年間これを行わなかったときは消滅し、不法行為時から20年間これを行わなかったときも同様である。前者は消滅時効を定めたものであり、後者は除斥期間を定めたものであると解されている。

(2) 不法行為責任

金融商品取引法上の不実開示責任の対象とならない開示書類や計算書類等への虚偽記載等であったとしても、当該虚偽記載等につき故意または過失のある役員等は、民法上の不法行為責任を負う場合がある。たとえば、証券取引所規則に基づく適時開示書類に関していえば、適時開示を行う会社の取締役は、投資判断に重要な影響を与える会社情報について、虚偽情報が公表されないように配慮すべき注意義務を負うと解されるところ、取締役がかかる注意義務に違反したことにより虚偽情報が公表され、それにより当該会社の有価証券取得者に損害が生じた場合には、有価証券取得者が公表事実の虚偽を知りながら有価証券を取得した等の特段の事情がない限り、取締役は民法上の不法行為責任を負う。

(3) 会社法上の責任

(a) 任務懈怠責任

会社の役員等が、善管注意義務（取締役の場合には、内部統制システム構築義務、監視義務等）に違反し、これにより、会社の開示書類や計算

書類等に虚偽記載等がなされた場合、役員等は、会社に対し、虚偽記載等によって生じた損害の賠償責任を負い（会423条1項）、当該責任は、株主代表訴訟による追及の対象となる（会847条1項・3項）。

　この点、実務上、株主代表訴訟における請求額は多額に及ぶことも少なくないため、非業務執行取締役や監査役と責任限定契約を締結できる旨の規定を定款に定めたうえで、会社との間で責任限定契約を締結しておくこと等も検討に値する（ただし、ⅰ業務執行取締役は責任限定契約を締結できない、ⅱ悪意または重過失による任務懈怠や、下記の第三者に対する損害賠償責任については責任限定の対象とならない、ⅲ責任限定の額にも一定の制限が存在する、等の限界がある。会427条1項等）。

　この株主代表訴訟は、原則として、株主の会社に対する提訴請求の日から60日以内に、会社が責任追及の訴えを提起しないときに提起できるものとされている（会847条1項・3項）。したがって、株主から提訴請求を受けた会社としては、ⅰ提訴請求が適法であるか否か（請求者が6か月（これを下回る期間を定款で定めた場合には、その期間）前から引き続き株式を有する株主であるか否か、訴えに図利加害の目的がないか等）、ⅱ請求対象者の責任の有無、ⅲ会社がみずから責任追及の訴えを提起するか否か、等について、すみやかに調査を行ったうえで、判断する必要がある。

　また、虚偽記載等により、取引先や投資家等の第三者に損害が生じた場合、任務懈怠につき悪意・重過失のある役員等は、当該第三者に対して、直接、損害賠償責任を負う（会429条1項）。

(b)　計算書類の虚偽記載責任

　会社の取締役・執行役が、会社の計算書類および事業報告ならびにこれらの附属明細書ならびに臨時計算書類に記載・記録すべき重要な事項について、虚偽の記載・記録をしたときは、注意を怠らなかったことを証明しない限り、これによって第三者に生じた損害の賠償責任を負う（会429条2項1号ロ）。この責任は、みずから直接に虚偽の記載・記録をした取締役・執行役のみでなく、代表取締役・代表執行役や、現実に

計算書類等の作成に関与した取締役・執行役に生じるものと解されている。

　(c)　違法配当責任

　会社の計算書類等に虚偽記載等がなされた場合、それに基づいてなされた剰余金の配当等にも影響が生じる場合がある。すなわち、虚偽の計算書類等の記載を前提としてなされた剰余金の配当等が、本来の分配可能額（会461条）を超えた違法配当であった場合、ⅰ分配可能額を超えた違法な剰余金の配当等に関する職務を行った業務執行取締役等の業務執行者、および、ⅱ当該行為が株主総会または取締役会の決議に基づいて行われた場合においては、その議案を提案した取締役は、注意を怠らなかったことを証明しない限り、会社に対し、違法配当額を支払う義務を負う（会462条1項柱書・6号・2項）。

> **コラム　課徴金に係る行政対応と民事訴訟**
>
> 　**第3節**で詳述するとおり、会社の開示書類等に虚偽記載等がなされた場合、一定の要件を満たせば、課徴金が課されることがある。この場合、会社は、証券監視委による調査および勧告、ならびに、金融庁長官による課徴金納付命令等をめぐる行政対応を迫られることとなる。
> 　この行政対応に関し、会社として、会計処理が適法であると考える場合には、違法性を審判手続で争うことも制度上は可能である。もっとも、実際には、ⅰ（上場会社の場合）金融庁の指摘に沿って迅速に決算を訂正しないと監査人から適正意見を取得することができずに上場を維持できなくなるおそれがある、ⅱ不正会計に係る報道等により会社のレピュテーションが著しく低下しており、決算訂正の問題に早期に終止符を打って信頼回復に努めたい、等の理由から、違反事実と課徴金の額を認めて審判手続を経ずに課徴金を納付することへのインセンティブが働くケースもある。
> 　しかし、課徴金を納付した場合、その後に、「納付した課徴金相当額の損害が生じた」等として、株主代表訴訟が提起されるリスクがある点にも十分に留意する必要がある。そして、その場合、会社が行政対応に際して虚偽記載等を争わなかったことそれ自体が、虚偽記載等の存在を推認させる事実として、原告側から主張されることも十分に考えられるところである。

問題は、行政対応において虚偽記載等を争わずに課徴金を納付しておきながら、その後に民事訴訟が提起された場合には一転して虚偽記載等を争うということが、どの程度現実的であるかという点である。この点については、ビックカメラによる有価証券報告書等の虚偽記載の事案（東京地判平成25年12月26日金判1451号17頁、東京高判平成26年4月24日金判1451号8頁）、三洋電機による半期報告書の虚偽記載の事案（大阪地判平成24年9月28日判時2169号104頁）が存在し、そこでは、両社ともに課徴金は納付しているものの、民事訴訟では、会計処理は金融商品取引法（証券取引法）に違反しない旨の判断がなされており、上記問題を考えるうえで、注目に値する。すなわち、ビックカメラの事案においては、「課徴金納付は上場廃止を回避し本件決算訂正をめぐる問題を収束させるために経営上の判断として行われたものであり、会社が法律上の判断としても虚偽記載を認めたものとはいえない」旨の判示がなされており、三洋電機の事案においては、「金融庁の課徴金納付命令は、三洋電機がたやすく事実を認めたことによって審判期日を開くことなく発出されたものであり、金融庁の審判手続において、双方当事者が攻撃防御を尽くしたことによって発出されたものではなく、金融庁の課徴金納付命令は、三洋電機の自認の産物に過ぎない」旨の判示がなされているところである。

　これらの事案では、結果的に、虚偽記載等の存在が否定されているが、逆にいえば、「虚偽記載等が存在しないのにもかかわらず課徴金納付に至った」という一見不自然な事態が生じた理由を合理的に説明できる事情がない以上は、やはり民事訴訟においても課徴金納付は会社にとって不利に働くとの見方も、成り立ちうると考えられる。いずれにせよ、課徴金に係る行政対応に直面した会社としては、その後の民事訴訟のリスクも視野に入れた慎重な経営判断が求められることとなろう。

3　近時の証券訴訟の主な動向

　近時も、会社の計算書類や開示書類等の虚偽記載等が発覚し、投資家等が会社やその役員等の責任を追及する事案が後を絶たない。図表6-1-3は、近時の主な証券訴訟の例である。

　これを見ると、多くの事案では、発行会社のみならず役員等も被告とされ、請求額も多額に及んでおり、また、原告も、機関投資家から一般

投資家まで多岐にわたっていることがわかる。とりわけ着目されるべきは、100名を超える一般投資家が共同原告となって証券訴訟を提起しているケースが散見されることである（ときには1000名を超える場合もある）。こういった訴訟は、弁護士等が「弁護団」を結成して、ホームページ等を利用して投資家に広く呼びかけを行い、この呼びかけに応じた投資家が集団で原告となっている例が多い。個人投資家1人ひとりが単独で訴訟を提起するのには労力や費用がかかるが、このように集団で訴訟を提起することにより、労力や費用を抑えることができる。こうした集団化の傾向は、金融商品取引法上の不実開示責任における立証責任の緩和（1(1)(b)③④、(c)③④、2(1)(c)等参照）とあいまって、投資家にとっての訴訟提起のハードルを低くしている。

　また、2013年12月に公布された「消費者の財産的被害の集団的な回復のための民事の裁判手続の特例に関する法律」（以下「消費者裁判手続特例法」という）が、2016年10月1日に施行された。同法では、相当多数の消費者に生じた財産的被害について、特定適格消費者団体が「共通義務確認の訴え」を提起することが認められている。この「共通義務確認の訴え」の対象となる請求は、消費者と事業者との間で締結される消費者契約に関する民法の不法行為に基づく損害賠償請求等である（消費者裁判手続特例法2条3号、3条1項5号）。発行者と投資者の間に契約関係のない流通市場に係る不実開示責任や、金融商品取引法等の特別法上の損害賠償請求権は、共通義務確認の訴えの対象とならない（消費者庁「『集団的消費者被害回復に係る訴訟制度案』についての意見募集　主な意見の概要及び意見に対する考え方」（2013年4月19日）5、6頁）。しかし、発行市場に係る不実開示責任であって、民法の不法行為や使用者責任の規定に基づく損害賠償請求については、共通義務確認の訴えの対象となると解される余地がありえ、今後の議論や実務の動向を注視する必要がある。仮に、これらが共通義務確認の訴えの対象となった場合個々の消費者は、その確定判決が出た後に、対象債権の確定手続に参加するかどうかを決めることができることとなるため、消費者にとっての訴訟への

ハードルは、より低くなることが予想される。

　会社やその役員等は、このような時流に留意しつつ、よりいっそう、虚偽記載等を防ぐための備えを徹底することが期待されるところである。

図表6-1-3　近時の主な証券訴訟

No.	原告	被告	請求額	認容額	関連裁判例
【①事件】西武鉄道（発行会社）は、その一部の株主の株式保有割合を偽った虚偽の有価証券報告書等を提出した。					
①-1	一般投資家1名	発行会社・上記株主・役員ら	約1,700万円	棄却（0円）	東京地判平成19年8月28日判タ1278号221頁
①-2	一般投資家1名	同上	約5,600万円	棄却（0円）	東京地判平成20年2月21日判時2008号128頁
①-3	一般投資家290名	同上	約13億円	一部認容（総額不明）	東京高判平成26年1月30日判時2222号105頁
①-4	機関投資家4名	同上	約121億円	約19億円	東京高判平成26年3月27日判時2230号102頁
①-5	機関投資家6名	同上	約39億円	約8億円	東京高判平成26年6月25日D1-Law28223009
①-6	機関投資家1名	同上	約1億4,000万円	約9,000万円	東京高判平成26年7月16日判例秘書L06920703
①-7	機関投資家16名	同上	約249億円	約29億円	東京高判平成26年8月28日資料版商事法務367号20頁

【②事件】アソシエント・テクノロジー（発行会社）は、外注費に振り替えるべき支払いを「前渡金」扱いとし、1億7,000万円を超える利益が過大に計上された虚偽の計算書類や有価証券届出書等を提出した。

| ②-1 | 個人投資家2名 | 発行会社・役員ら | 約1,600万円 | 約1,600万円 | 大分地判平成20年3月3日金判1290号53頁 |

【③事件】日本システム技術（発行会社）は、総額約11億4,000万円の架空売上金を計上した虚偽の有価証券報告書を提出した。

| ③-1 | 一般投資家1名 | 発行会社 | 約90万円 | 棄却（0円） | 最判平成21年7月9日判時2055号147頁 |

【④事件】ライブドア（発行会社）は、連結経常損失が5億円あまり発生していたにもかかわらず、売上計上が認められない株式売却益37億円あまり、架空売上15億円あまりを連結売上高に含めることを前提に、連結経常利益50億円あまりを計上した虚偽の有価証券報告書等を提出した。

④-1	一般投資家2名	発行会社・役員・監査人ら	約1億5,000万円	約6,000万円	東京地判平成21年6月18日判時2049号77頁
④-2	一般投資家409名	同上	約44億円	一部認容（総額不明）	東京地判平成21年7月9日判夕1338号156頁
④-3	一般投資家20名	発行会社・役員ら	約8,500万円	一部認容（総額不明）	東京地判平成21年7月23日判例秘書L06430411
④-4	一般投資家3,345名	発行会社・役員・監査人ら	約231億円	一部認容（総額不明）	東京高判平成23年11月30日判時2152号116頁
④-5	機関投資家6名	発行会社	約109億円	約99億円	最判平成24年3月13日民集66巻5号1957頁

【⑤事件】アーバンコーポレイション（発行会社）は、BNP社に転換社債型新株予約権付社債（CB）を発行するに際し、スワップ契約を組み合わせることにより、CBによる調達資金300億円全額をスワップ契約の想定元本としてBNP社に支払っていたにもかかわらず、

かかる事実（重要な事実）に関する記載を欠いた臨時報告書を提出した。

| ⑤-1 | 一般投資家1名 | 発行会社 | 約41万円 | 約20万円以下 | 最判平成24年12月21日判時2177号51頁 |
| ⑤-2 | 一般投資家1名 | 同上 | 約4,500万円 | 約260万円以下 | 最判平成24年12月21日判時2177号62頁 |

【⑥事件】IHI（発行会社）は、売上の過大計上等により総額200億円あまりの損失を隠した虚偽の有価証券報告書等を提出した。

| ⑥-1 | 一般投資家192名 | 発行会社 | 約4億円 | 約5,000万円 | 東京地判平成26年11月27日 D1-Law28232926 |

【⑦事件】オリンパス（発行会社）は、金融商品の運用損失に端を発した損失隠しを目的として、連結純資産額について約500～1200億円をかさ上げする等した虚偽の有価証券報告書等を提出した。

| ⑦-1 | 一般投資家1名 | 発行会社 | 約1億1,000万円 | 約5,000万円 | 東京地判平成27年3月19日判時2275号129頁 |
| ⑦-2 | 一般投資家11名 | 同上 | 約3,000万円 | 約2,100万円 | 大阪高判平成28年6月29日金判1499号20頁 |

第 2 節　刑事責任

> ■本節のポイント
> ● 開示書類への虚偽記載に関する刑事罰は、金融商品取引法違反に対する刑事罰のなかで一番重い。
> ● 虚偽記載が「重要な事項」につき行われた場合に刑事罰の対象となる。「重要な事項」とは、投資者の投資判断に影響を与えるような基本的事項であると考えられる。
> ● 重要性判断において、インサイダー取引規制上の業績予想値等の差異の発生が重要事実となる場合の数値基準や、単体・連結の財政状態に著しい影響を与える事象が臨時報告書提出事由となる場合の数値基準が参考となる。
> ● 金額的な重要性に加え、虚偽記載の質的な重要性や経営陣の関与の有無が、刑事事件として処理されるか課徴金事件として処理されるかの判断において考慮されているものと考えられる。

1　開示書類への虚偽記載に関する刑事罰

　重要な事項について虚偽の記載のある有価証券報告書等の開示書類を提出した者には、虚偽記載のある有価証券報告書等の提出罪が成立し、図表 6-2-1 に掲げる刑事罰が科せられる。金融商品取引法は、投資者に対する情報開示制度として、有価証券発行時点のもの（発行開示）と継続的な企業内容の開示（継続開示）を定めているところ、それが投資者の投資判断に役立つためには情報が正確であることが前提となる。したがって、有価証券報告書等に投資者の投資判断を誤らせるような虚偽記載が行われた場合には、投資者に対する情報開示制度を成り立たせる前提が崩れることとなるため、有価証券報告書等の虚偽記載に対して刑事罰が規定されているのである。

　虚偽記載のある有価証券報告書等の提出罪については、2006 年改正により適用される刑罰が「5 年以下の懲役若しくは 500 万円以下の罰金……又はこれを併科」から「10 年以下の懲役若しくは 1000 万円以下の

罰金……又はこれを併科」に引き上げられた。これは、一般投資者を欺いて損害を与える行為である点で詐欺罪（刑246条1項、「10年以下の懲役」）と、会社の経営者等としての任務に背いている点で特別背任罪（会960条、「10年以下の懲役若しくは1000万円以下の罰金……又はこれを併科」）と類似性・親近性があることを考慮したものである（神田秀樹＝黒沼悦郎＝松尾直彦編『金融商品取引法コンメンタール4──不公正取引規制・課徴金・罰則』（商事法務、2011）571頁〔黒沼悦郎〕）。また、投資者に対する情報開示制度（ディスクロージャー制度）は金融商品取引法の柱の1つであり、金融商品取引法の根幹をなす開示制度に係る規制に違反した者に対して、金融商品取引法違反に対する刑事罰のなかでも最も重い処罰を科することとしたものと解される。

図表6-2-1　虚偽記載のある有価証券等の提出に対する罰則

	提出者個人	法人
有価証券届出書、発行登録書、有価証券報告書等（金商197条1項1号、207条1項1号）	10年以下の懲役 1,000万円以下の罰金（併科あり）	7億円以下の罰金
半期報告書、臨時報告書、内部統制報告書および四半期報告書等（金商197条の2第6号、207条1項2号）	5年以下の懲役 500万円以下の罰金（併科あり）	5億円以下の罰金

2　虚偽記載のある有価証券報告書等提出罪の要件

　虚偽記載のある有価証券報告書等提出罪については、図表6-2-1に掲げた有価証券報告書等について、ⅰ重要な事項につき、ⅱ虚偽の記載のあるものを提出した者が処罰の対象となる。

(1)　重要性

　虚偽記載のある有価証券報告書等提出罪が成立するためには、有価証券報告書等の「重要な事項」につき、虚偽の記載が行われることが要件

となる。いかなる事実が「重要な事項」にあたるかについては、虚偽記載のある有価証券報告書等の提出に刑事罰が科せられる趣旨（有価証券報告書等に投資者の投資判断を誤らせるような虚偽記載が行われた場合には、投資者に対する情報開示制度を成り立たせる前提が崩れることとなること）からすると、一般的には、投資者の投資判断に影響を与えるような基本的事項、すなわち、その事項について真実の記載がなされれば投資者の投資判断が変わるような事項（田中利幸「判批」竹内昭夫編『新証券・商品取引判例百選』（有斐閣、1988）9頁）であると考えられる。

　一般の投資者は、会社の資産価値や利益の状況を投資判断の材料としているものと考えられることからすれば、貸借対照表の資産・負債の総額欄、損益計算書の当期純利益の欄の記載事項がその典型といわれている（平野龍一＝佐々木史朗＝藤永幸治編『注解特別刑法　補巻(2)――プリペイドカード法・証券取引法』（青林書院、1996）68頁〔土持敏裕＝榊原一夫〕）。

　問題となるのは、財務情報につき、定量的・数値的にどの程度の虚偽記載があれば、「重要な事実について虚偽の記載」をしたことになるのかという点である。この点については、法令上明確な基準は示されておらず、一律の基準を設けることは難しいと考えられるが、「投資者の投資判断が変わるような」場合が「重要な事実について虚偽の記載」がなされたものであると考えられることからすると、ⅰインサイダー取引規制上の重要事実の1つである業績予想等の差異の発生が重要事実となる要件として、有価証券の取引等の規制に関する内閣府令51条が規定する重要基準（金商166条2項3号、図表6-2-2）、ⅱ有価証券報告書提出会社の単体・連結の財政状態および経営成績に著しい影響を与える事象が臨時報告書提出事由となる場合の基準（開示府令19条2項12号・19号、図表6-2-3）が参考になると考えられる（城祐一郎「金融商品取引法違反事件の捜査について（その4）」研修767号（2012）77頁以下参照）。

図表6-2-2　インサイダー取引規制上の重要性基準

1	売上高・連結売上高	新数値÷旧数値＝1.1以上または0.9以下
2	経常利益・連結経常利益	ⅰ　新数値÷旧数値＝1.3以上または0.7以下、かつ ⅱ　（旧数値と新数値の差異）÷（前事業年度末日の純資産額と資本金の額のいずれか少なくない金額）＝100分の5以上
3	純利益・連結純利益	ⅰ　新数値÷旧数値＝1.3以上または0.7以下、かつ ⅱ　（旧数値と新数値の差異）÷（前事業年度末日の純資産額と資本金の額とのいずれか少なくない金額）＝100分の2.5以上

（注）「新数値」とは、新たに算出した予想値または当事業年度の決算における数値を指す。
　　　「旧数値」とは、公表がされた直近の予想値（当該予想値がない場合は、公表がされた前事業年度の実績値）を指す。
　　　「経常利益」、「純利益」の利益にはマイナスの利益としての「損失」が含まれるため、経常損失・純損失が含まれる。

　図表6-2-2の基準を「重要な事実について虚偽の記載」をしたか否かの基準に用いる場合には、旧数値を正当な記載、新数値を虚偽の記載に置き換えて判断することになろう。また、図表6-2-2の2および3のⅱの基準における純資産額および資本金の額は、虚偽の記載が行われた貸借対照表上の純資産額および資本金の額の正当な記載を用いることとなろう。

図表6-2-3　臨時報告書提出事由となる基準

単体・連結	影響額が、ⅰ最近事業年度末の純資産額の100分の3以上、かつ、ⅱ最近5事業年度における当期純利益の平均額の100分の20以上

　図表6-2-3の基準を「重要な事実について虚偽の記載」をしたか否かの基準に用いる場合には、「最近事業年度末の純資産額」については虚

偽記載がなされた貸借対照表上の正当な純資産額を、「最近5事業年度」については虚偽記載がなされた年度を含んだ最近5事業年度の数値を、それぞれ用いることになろう。なお、最近5事業年度の当期純利益の平均額は、当期純損失を計上している事業年度を除いて計算される（総合ディスクロージャー研究所監修・小谷融編著『金融商品取引法におけるディスクロージャー制度〔2訂版〕』（税務研究会出版局、2010）459頁参照）。

　過去に実際に刑事事件として処理された事案の内容を見ると、経常損益ないし当期損益について、実際には損失が生じているにもかかわらず利益を計上し、あるいは、債務超過であるにもかかわらず資産超過としているような場合が多いことから、金額的な重要性のみならず、虚偽記載の質的な重要性も考慮されているものと考えられる。また、刑事事件として処理された事案の内容を見ると、経営陣が処罰の対象とされており、金額的な重要性以外に、経営陣が関与しているか否かという点も刑事事件として処理されるか否かの重要なポイントとなっているものと考えられる。金額的な重要性が大きい場合でも、経営陣の関与が認められない場合には、課徴金事件として処理されているものと考えられる。

　なお、「重要な事実につき虚偽の記載」の対象となる事項は、売上高、経常利益、純利益等の財務情報に限られず、非財務情報（数値以外の定性的・質的事項）も含まれる。西武鉄道事件（東京地判平成17年10月27日判例集未登載）において、コクド所有に係る西部鉄道株式数につき、発行済株式数に対する所有割合が約65％であるにもかかわらず、その所有割合を約43％と記載したことが重要な事項ついての虚偽の記載とされたのが、非財務情報について重要な事実についての虚偽の記載が認定された一例である。この例では、筆頭株主の所有割合が大きく異なることで、株式の流動性に与える影響がきわめて大きいこと等から投資者の投資判断に重要な影響が生じるものとして、「重要な事実についての虚偽の記載」が認定されたものと考えられる。

(2)　虚偽記載の意義

　「虚偽の記載」とは、真実に合致しない記載である。企業会計基準委

員会「企業会計基準第24号『会計上の変更及び誤謬の訂正に関する会計基準』」(2009年12月4日)では、「誤謬」が図表6-2-4のとおり定義されているが、基本的には「虚偽の記載」も同義であると考えられる。

図表6-2-4　誤謬の定義

原因となる行為が意図的であるか否かにかかわらず、財務諸表作成時に入手可能な情報を使用しなかったことによる、またはこれを誤用したことによる、右のような誤り	ⅰ　財務諸表の基礎となるデータの収集または処理上の誤り
	ⅱ　事実の見落としや誤解から生じる会計上の見積りの誤り
	ⅲ　会計方針の適用の誤りまたは表示方法の誤り

　図表6-2-4のⅲにあるとおり、「会計方針の適用の誤り」が虚偽記載に該当する場合もあり、長銀事件(最決平成20年7月18日刑集62巻7号2101頁)では、有価証券報告書等の記載が虚偽か否かを判断するに際して、その前提となる会計処理が「公正ナル会計慣行」(旧商法32条2項、現行会社法では「公正妥当と認められる企業会計の慣行」(会431条)とされている)に反しているか否かが問題とされた。

(3)　**虚偽記載の態様**

　図表6-2-5のとおり、民事責任、課徴金の対象となる虚偽記載の態様と比べ、刑事罰の対象となる虚偽記載の態様は、「重要な事項につき虚偽の記載」のあるものに限定されている。

図表 6-2-5　刑事罰等の対象となる態様

	ⅰ 重要な事項につき虚偽の記載	ⅱ 記載すべき重要な事項の記載欠缺	ⅲ 誤解を生じさせないために必要な重要な事実の記載欠缺
刑事責任（金商197条1項1号、197条の2第6号）	○	×	×
課徴金（金商172条の2、172条の4）	○	○	×
民事責任（金商18条1項、21条の2第1項等）	○	○	○

　これは、制裁として最も厳しい刑事罰の対象を、態様として明確でより悪質なものに絞ろうとの意図によるものと思われる。もっとも、図表6-2-5のⅰ～ⅲの境界は必ずしも明確ではない。たとえば、ある取引から生じた負債を計上しないことによって、負債の金額が過小に記載される場合には、計上されなかった負債に着目すれば、記載すべき重要な事項の記載欠缺にあたるとも考えられるが、負債の金額が過小となったことに着目すれば、虚偽の記載がなされたものと解されることとなる。

　すなわち、記載すべき重要な事項の記載欠缺が認められる場合でも、その結果として記載された内容が虚偽にあたる場合には、虚偽の記載として刑事罰の対象となるものと考えられる。

(4) 虚偽の記載のあるものを提出した者

　虚偽記載のある有価証券報告書等の提出罪については「虚偽の記載のあるものを提出した者」が処罰の対象とされている。すなわち、虚偽記載のある有価証券報告書等の提出罪は、提出者を身分とする身分犯であり、有価証券報告書等の提出義務を負う発行者である会社が処罰の対象である。そして、会社の業務に関して、有価証券報告書等の提出に関与した役職員等については、両罰規定の「その行為者を罰するほか」（金

商207条1項）の文言によって、構成要件の主体が拡張・修正されて、虚偽記載のある有価証券報告書等の提出罪の処罰の対象となる（山口厚編著『経済刑法』（商事法務、2012）209頁〔橋爪隆〕）。

そして、有価証券報告書等の提出会社の役職員以外の者であっても、身分なき共犯として、刑法65条1項の適用により、処罰の対象となる。キャッツ事件（最決平成22年5月31日判時2174号127頁）では、有価証券の発行会社の監査責任者の地位にあった公認会計士が、財産の寄託が偽装された事実を認識しながら、助言や了承を与えており、虚偽記載を是正できる立場にあったのに、自己の認識を監査意見に反映させることなく有価証券報告書に適正意見を付す等したとの認定がなされたうえで、当該公認会計士について、虚偽記載のある有価証券報告書の提出罪の共同正犯であるとされた。

また、最近の裁判例（東京地判平成27年7月1日判タ1426号263頁）では、社外の経営コンサルタントとして「損失隠し」にかかわったとされた者について、共謀共同正犯が成立するか否かが問題となり、裁判所は、虚偽記載のある有価証券報告書等の提出罪は情報の発信者に適正な情報を発信させることを目的とするものであるとしたうえで、被告人らが損失隠しの全容を知らされておらず、会社から全体の一部の処理について利用されている立場にあったこと、虚偽の有価証券報告書を提出すること自体について直接の利益は帰属していないこと等から、共謀共同正犯は成立せず、幇助犯にとどまるとの判断が示された（控訴審（東京高判平成28年9月29日判例集未登載）においても維持されている）。キャッツ事件の公認会計士については、虚偽記載を是正できる立場にありながら適正意見を付す等、虚偽の情報の発信に直接的に関与し、かつ、重要な役割を果たしていると評価できるのに対し、上記経営コンサルタントについては、虚偽の情報の発信に直接的には関与しておらず、しかも、その果たした役割も自己の犯罪といえる程度に重要であるとまではいえないと評価できる点で、正犯と幇助犯の差が生じたものと考えられる。

なお、「提出」とは、作成から最後の到達までの過程であると解され、

提出されることを前提として虚偽記載のある有価証券報告書等の作成に関与した者については、広く「提出した者」に該当するものと解される（平野 = 佐々木 = 藤永編・前掲 68 頁〔土持 = 榊原〕）。

(5) **故意の存在**

刑法上、特別の規定がない限り、故意犯のみが処罰されるのが原則であり（刑38条1項）、虚偽の記載のある有価証券報告書等の提出罪は過失犯処罰の規定がないため、故意（虚偽記載の認識）がある者のみが処罰の対象となる。

3 捜査・調査、告発、起訴

虚偽の記載のある有価証券報告書等の提出罪についての捜査・調査は、証券監視委と検察または警察との合同で行われるのが通常である。検察・警察が令状に基づく捜索・差押え・検証や逮捕・勾留等の強制捜査権限を有することはもちろんであるが、証券監視委の職員にも犯則嫌疑者または参考人に対する質問、犯則嫌疑者等が所持または置き去った物件の検査等の任意調査権限（金商210条）に加え、裁判官の発する許可状に基づく強制調査権限（捜索・差押え・臨検）が認められている（金商211条）。証券監視委が調査を行った結果、嫌疑が認められた場合には、証券監視委が嫌疑者を検察官に告発し、最終的には、検察官によって起訴されることとなる。

第3節　課徴金

> ■本節のポイント
> ● 課徴金は、開示書類の虚偽記載等につき、金融庁長官が違反者に金銭的負担を課す行政処分である。
> ● 課徴金の金額の算定基準は法定されている。不適切会計が長期にわたり行われていたことが判明し、虚偽記載等のある継続開示書類の提出数が多くなれば、その分課徴金の総額も多額になる。
> ● 大部分の事案において違反事実等を認める答弁書が提出され、審判期日が開かれずに課徴金納付命令が発出されている。開示書類の虚偽記載等について当局による調査の着手前に当局に申告を行った場合、課徴金の金額が減額される。

1　概要

　重要な事項につき虚偽の記載があり、または記載すべき重要な事項の記載が欠けている（本節において「虚偽記載等」という）発行開示書類を提出した有価証券の発行者が、当該発行開示書類に基づく募集または売出しにより有価証券を取得させ、または売り付けたときは、内閣総理大臣（金融庁長官に委任）は当該発行者に対して課徴金を国庫に納付することを命じなければならない（金商172条の2第1項、194条の7第1項）。有価証券の発行者が、重要な事項につき虚偽記載等のある継続開示書類を提出したときも同様である（金商172条の4第1項・2項、194条の7第1項）。

　2004年証券取引法改正により導入された金融商品取引法上の課徴金制度において、発行開示書類の虚偽記載が当初その対象とされ、その後の改正により、記載すべき重要な事項の不記載や継続開示書類の虚偽記載等も課徴金の対象に追加された。また、2008年金融商品取引法改正により課徴金の金額水準が引き上げられるとともに減算・加算制度が導入され（7(1)(2)参照）、2012年の同法改正により、虚偽記載等のある開示書類の提出に加担する行為（特定関与行為）が課徴金納付命令の対象

となった（**3**(2)参照）。

2 課徴金の性質

　課徴金は行政処分であり、刑事罰と異なり責任非難の観点を考慮する必要がなく、その性質上当然に故意犯であることは要件とされない。そして、有価証券の発行者を対象とする課徴金納付命令については、故意（虚偽記載等の認識）または過失が要件として明示的に規定されていない。他方、保有株式を売り付けた発行者の役員等や、虚偽記載等のある開示書類の提出に加担した者を対象とする課徴金納付命令（**3**参照）については、課徴金の適用対象を限定するために、対象者の故意が要件とされている。

　課徴金納付命令は行政処分であり、責任非難の性格を有する刑事罰とは、その目的・趣旨が異なる。したがって、同一の虚偽記載事案に、課徴金が課されるとともに、刑事罰が科されることもある。ただし、罰金については課徴金の金額との調整が行われる（**5**(3)参照）。

3 課徴金納付命令の対象者

　開示書類の虚偽記載等について課徴金納付命令の対象となるのは、原則として有価証券の発行者である。ただし、違反行為の抑止を図るために、発行者以外にも以下の者が課徴金納付命令の対象者とされている。

(1) 保有株式を売り付けた発行者の役員等

　虚偽記載等のある発行開示書類を提出した発行者の役員等（役員、代理人、使用人その他の従業員）であり、当該発行開示書類に虚偽記載等があることを知りながら当該発行開示書類の提出に関与した者が、当該発行開示書類に基づく売出しにより当該役員等が所有する有価証券を売り付けた場合には、当該役員等に対して課徴金が課される（金商172条の2第2項）。

　虚偽記載等に関与した役員等がそれによる高値で保有株式を売り付けた場合に、当該役員等に高値による利得を保持させるべきではないから

である。

(2) 虚偽記載等のある開示書類の提出に加担した者

発行者が虚偽記載等のある発行開示書類または継続開示書類を提出した場合において、当該提出に加担する行為（特定関与行為）を行った者（以下「特定関与者」という）がいるときは、当該特定関与者に対して課徴金が課される（金商172条の12第1項）。社外協力者の加担行為により、上場会社が複雑なスキームにより長期間にわたり損失計上を先送りにしていた事案があったことをふまえ、2012年の金融商品取引法改正により導入された。

特定関与行為には、以下が含まれる（金商172条の12第2項）。

ⅰ 虚偽記載等のある開示書類の提出を容易にすべき行為であって、
　(ⅰ) 会計処理の基礎となるべき事実の全部または一部を隠ぺいし、または仮装するための一連の行為に基づいて発行者が虚偽記載等のある開示書類を作成することに関し、助言を行うこと
　(ⅱ) 会計処理の基礎となるべき事実の全部または一部を隠ぺいし、または仮装するための一連の行為の全部または一部であることを知りながら、当該隠ぺいし、または仮装するための一連の行為（監査証明行為を除く）の全部または一部を行うこと
ⅱ 虚偽記載等のある開示書類の提出を唆す行為

4 課徴金の対象行為

(1) 対象となる開示書類

虚偽記載等があった場合に課徴金の対象となる開示書類は図表6-3-1のとおりである。（金商172条の2第3項、172条の4第1項・2項）

図表6-3-1　課徴金の対象となる開示書類

発行開示書類	継続開示書類
・有価証券届出書（参照書類含む）	・有価証券報告書およびその添付

・ 訂正届出書（参照書類含む） ・ 発行登録書（参照書類含む）およびその添付書類 ・ 訂正発行登録書（参照書類含む） ・ 発行登録追補書類（参照書類含む）およびその添付書類	書類またはその訂正報告書 ・ 四半期報告書、半期報告書もしくは臨時報告書またはこれらの訂正報告書（以下「四半期・半期・臨時報告書等」という）

(2) **虚偽記載等の態様**

図表6-2-5のとおり、虚偽記載等の態様は、重要な事項につき虚偽の記載がある場合に加え、2008年金融商品取引法改正により、記載すべき重要な事項の記載が欠けている場合も追加された。

(3) **重要性**

「重要な事項」の意味については、基本的には、**第2節2**(1)で述べたものと同様である。ただし、**第2節2**(1)で述べたとおり、課徴金事件の対象とするか、または刑事事件の対象するか否かは、単に虚偽記載の金額的な重要性の程度のみで判断されるのではなく、虚偽記載の内容の質的な重要性や経営陣の関与の有無等種々の事情が考慮される。

5　課徴金の金額の算定方法

(1) **課徴金の金額の算定基準**

課徴金の金額の算定基準は、図表6-3-2のとおり金融庁の裁量を極力排除するように法定されている（金商172条の2第1項・2項、172条の4、172条の12第1項、課徴金府令1条の8の2）。

図表6-3-2　課徴金の金額の算定基準

課徴金対象者＼対象開示書類	発行開示書類の虚偽記載等	継続開示書類の虚偽記載等
発行者	募集・売出総額の2.25% （株券等は4.5%）	下記のいずれか大きい額 （四半期・半期・臨時報告

		書等の場合はその2分の1) ・　600万円 ・　発行する株券等の市場価額の総額の10万分の6
役員等	売り付けた有価証券の売出価額の2.25%（株券等は4.5%）	
特定関与者	特定関与者またはその密接関係者（親会社、子会社、親族等）に対し、下記の行為の手数料、報酬その他の対価として支払われ、または支払われるべき金銭その他の財産の価額に相当する額 ・　特定関与行為 ・　特定関与行為が開始された日以後に特定関与者が開示書類の提出者のために行った行為であって、当該特定関与行為に密接に関連するもの（監査証明行為を除く）	

(2) **継続開示書類に関する課徴金**

　虚偽記載等のある継続開示書類が複数の事業年度にわたって提出された場合、課徴金の金額は各事業年度に係る継続開示書類について個別に算出され、それらが合算される。したがって、不適切会計が長期にわたり行われていたことが判明し、虚偽記載等のある継続開示書類の提出数が多くなれば、その分課徴金の総額も多額になる。

　ただし、同一事業年度において有価証券報告書およびその各四半期に係る四半期報告書が提出された場合のように、同一事業年度に係る継続開示書類が複数提出された場合は、課徴金の金額の調整が行われる（金商185条の7第6項、課徴金府令61条の3）。

(3) **課徴金と罰金の調整**

　発行者に対し課徴金が発出される事件と同一の事件について罰金が科

される場合は、課徴金の金額から罰金の額が控除される（金商185条の7第16項、185条の8第6項、課徴金府令61条の8、61条の9）。課徴金と刑事罰とは法的性質が異なるが、違反行為の抑止という点では共通する側面を有するからである。

6　課徴金の賦課手続

課徴金の賦課手続の流れは、図表6-3-3のとおりである。

(1)　調査および勧告

開示書類の虚偽記載等に関する課徴金事件の調査は、通常証券監視委の開示検査課によって行われる。開示書類の虚偽記載等に関する調査につき、証券監視委の職員は、開示書類の提出者、その他の関係者もしくは参考人に対し報告もしくは資料の提出を命じ、またはそれらの者の帳簿書類等の物件の検査を行うことができる（金商26条1項、194条の7第1項・3項、金商令38条の2第1項本文）。以上の調査は任意調査ではあるが、報告・資料の提出命令に対し、報告・資料を提出せず、または虚偽の報告・資料を提出した場合や、上記検査を拒み、妨げ、または忌避した場合には、6か月以下の懲役または50万円以下の罰金（併科もある）の刑事罰が定められている（金商205条5号・6号、26条）ので注意が必要である。

証券監視委は、調査の結果、違反行為を認めれば、内閣総理大臣および金融庁長官に対して課徴金納付命令の発出を求める勧告を行うことができる（金融庁設置法20条1項）。

(2)　審判手続および納付命令

内閣総理大臣（金融庁長官に委任）は、課徴金の対象となる違反事実があると認めるときは、審判手続開始の決定を行い（金商178条1項）、審判官が審判手続を経たうえ（金商180条）、課徴金納付命令決定案を作成し（金商185条の6）、金融庁長官が決定案に基づき課徴金納付命令を行う（金商185条の7第19項）。

審判対象者から違反事実および課徴金の額を認める旨の答弁書が提出

された場合には、審判期日が開かれずに課徴金納付命令が発出される（金商183条2項）。実務上は大部分の事案において審判対象者が違反事実および課徴金の額を認め、審判期日が開かれずに課徴金納付命令が発出されている（(4)参照）。

課徴金納付命令の決定は決定書の謄本を送達することにより効力が発生し、謄本を発したときから2か月を経過した日が納付期限となる（金商185条の7第21項・22項）。課徴金納付命令に不服がある場合、行政事件訴訟法上の処分の取消しの訴え（行政事件訴訟法3条2項）を提起することができる。この場合、決定の効力発生日から30日以内に訴えを提起しなければならない（金商185条の18）。

(3) **除斥期間**

虚偽記載等のある開示書類の提出後5年を経過した場合は、課徴金納付命令の審判手続開始の決定をすることができない（金商178条7項・11項）。ただし、3(2)の特定関与者の違反行為の除斥期間については、開示書類の提出日から7年である（同条22項）。

(4) **実務運用**

2005年4月に課徴金制度が開始されてから2017年3月までに、開示書類の虚偽記載につき、99件の課徴金納付命令勧告が行われた（証券監視委事務局「開示検査事例集」（2017年10月）（以下「事例集」という）154頁）。証券監視委の調査を経ずに金融庁が課徴金納付命令を出した事例もあるが（金融庁・2008年11月7日決定）、ほとんどの事例においては、証券監視委の検査結果に基づく勧告がなされている。

課徴金制度が開始された2005年4月から2017年3月までの間に、開示規制違反に係る審判期日が開かれた事案の件数は8件のみであり（事例集127頁）、大部分の事案において違反事実等を認める答弁書が提出され、審判期日が開かれずに課徴金納付命令が発出されている。

図表 6-3-3　課徴金制度に係る手続等の流れ

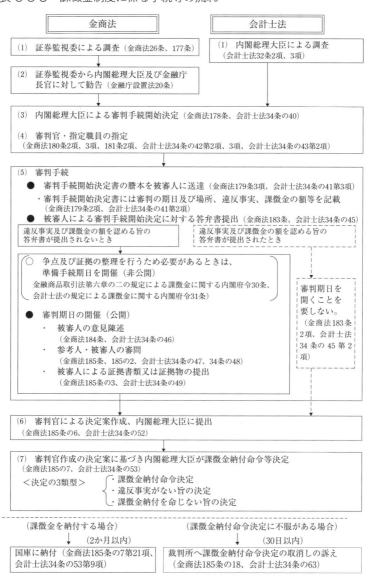

※　内閣総理大臣の権限は金融庁長官に委任されている（金商法194条の7、会計士法49条の4）
※　金商法は金融商品取引法、会計士法は公認会計士法の略

（出典）金融庁ウェブサイト「課徴金制度について」

7 課徴金の減算および加算制度

(1) 早期申告による課徴金の減算制度

発行開示書類または継続開示書類の虚偽記載等について、当局による調査の着手前に発行者または特定関与者が当局に申告を行った場合、課徴金の金額が半額に減額される（金商185条の7第14項）。継続的・反復的に行われる可能性が高い違反行為については、早期発見がなされることの公益性が強く、早期発見のインセンティブを与えることが必要と考えられるため、2008年金融商品取引法改正により導入された。

減額の申告は、所定の様式により作成した「課徴金の減額に係る報告書」（以下「減額報告書」という）を、所定の方法により証券監視委に提出する必要がある（課徴金府令61条の7、別紙様式）。発行開示書類や継続開示書類の虚偽記載等について、その旨を適時開示したり訂正報告書を提出したりしても、減額報告書を提出しなければ課徴金の減額制度の適用を受けることができないので注意する必要がある。

減額報告書には、ⅰ違反の類型、ⅱ違反の概要、および、ⅲその他参考となるべき事項を記載する（課徴金府令別紙様式（記載上の注意））。「違反の類型」には「発行開示書類等の虚偽記載等」「継続開示書類等の虚偽記載等」等、違反行為の類型を具体的に記載し、「違反の概要」には違反行為の概要を具体的に記載する必要がある。

(2) 再度の違反による課徴金の加算制度

過去5年以内に金融商品取引法上の課徴金納付命令等を受けたことがあるときは、課徴金の金額が1.5倍に加算される（金商185条の7第15項）。違反行為を繰り返した者は、以前課徴金を賦課されたにもかかわらず再度違反行為を行ったということであり、より強い抑止が必要と考えられるため、2008年金融商品取引法改正により導入された。

過去の課徴金納付命令等は同種の違反である必要はなく、たとえばインサイダー取引規制に違反して課徴金を課された者が、5年以内に開示書類の虚偽記載等について課徴金を課された場合にも課徴金の加算制度の適用を受ける。

コラム　課徴金の性質の変容

　課徴金は、違反者に金銭的負担を課すことにより違反行為を抑止することを目的とする行政処分である。2004 年における金融商品取引法上の課徴金の制度導入にあたっては、従前から規定されていた刑事罰をふまえ、二重処罰の禁止（憲法 39 条後段）を考慮し、課徴金の目的は違反行為により得た経済的利益を違反者から剥奪することによって違反行為を抑止するものであり、違反行為に対する責任非難に基づく制裁として科される刑事罰とは異なるものとされた。

　その結果、課徴金賦課の要件として、故意または過失等の責任要素は、その性質上当然に求められるものではないと解されており、東京地判平成 26 年 2 月 14 日判時 2244 号 6 頁も、課徴金額は、違反の程度の軽重等の具体的な事情は一切考慮されずに行為の類型ごとに規定されていて、制裁の実質を有する水準とまではされていないこと等の理由により、発行開示書類の虚偽記載に基づく発行者に対する課徴金納付命令につき、発行者の故意または過失は要件とされないとしている。

　もっとも、2008 年金融商品取引法改正により、違反抑止の実効性をいっそう確保する観点から課徴金の金額水準が引き上げられ、また、当局による調査の着手前に申告を行った者への課徴金の減算制度や、違反行為を繰り返す者に対する課徴金の加算制度が導入される等、金融商品取引法上の課徴金は、改正に伴い違反行為に対する制裁的な性質を帯びてきている。

　そこで、課徴金賦課の要件に故意または過失等の責任要素が不要である根拠として、課徴金の水準が制裁の実質を要していないことが挙げられるとすれば、将来、抑止効果の向上を狙って課徴金の水準が引き上げられると、課徴金に制裁の実質が生じ、その結果責任要素である故意または過失を要件としなければならなくなる可能性が指摘されている（黒沼悦郎「有価証券届出書の虚偽記載に対する課徴金の要件」判時 2265 号（2015）160 頁（判例評論 680 号 30 頁））。

第4節　金融商品取引所による処分

> ■本節のポイント
> ● 決算短信または四半期決算短信に虚偽があった場合、金融商品取引所から、ⅰ公表措置、ⅱ上場契約違約金、ⅲ改善報告書および改善状況報告書の提出、ⅳ特設注意市場銘柄指定等の措置が講じられることがある。
> ● ⅰ有価証券報告書等の虚偽記載、ⅱ監査人の不適正意見の表明・意見不表明、ⅲ有価証券報告書等の提出遅延、ⅳ特設注意市場銘柄に指定された会社の内部管理体制の不改善等があった場合には、上場廃止となる場合がある。

1　金融商品取引所による処分の概要

　東証その他の金融商品取引所では、有価証券上場規程等により、上場会社に対し会社情報の適時開示等に係る規定を定めるとともに、その実効性を確保するため、違反行為に対して一定の措置（図表6-4-1参照）を講じることができることを定めている。本節では、適時開示書類や有価証券報告書等に誤りがあった場合における、東証による実効性を確保するための措置や上場廃止の処分について解説する。

(1)　決算短信等の虚偽

　適時開示書類である決算短信または四半期決算短信（以下「決算短信等」という）に虚偽がある場合には、東証が定める適時開示に係る規定に違反することとなる（上場規程412条）。この場合、東証より、図表6-4-1の措置が講じられることがある（詳細は**2**参照）。

図表6-4-1　実効性を確保するための措置

ペナルティー的措置	改善措置
公表措置 上場契約違約金	改善報告書および改善状況報告書 特設注意市場銘柄指定

図表 6-4-2　有価証券報告書等の虚偽記載および監査人の不適正意見等の取扱い

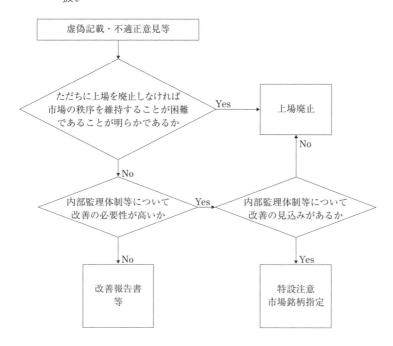

(2)　**有価証券報告書等の虚偽記載および監査人の不適正意見等**

　上場会社の有価証券届出書、発行登録書、発行登録追補書類、有価証券報告書、四半期報告書等の開示書類（本節において「有価証券報告書等」という）について訂正命令、課徴金納付命令もしくは刑事告発を受けた場合、または訂正届出書、訂正発行登録書もしくは訂正報告書を提出した場合で訂正内容が重要と認められるとき（本節において「虚偽記載」という）や、財務諸表等に添付される監査報告書において監査人が不適正意見または意見不表明を行った場合等には、図表 6-4-2 のように、特設注意市場銘柄への指定が行われ、あるいは上場廃止となることがある（詳細は 2(4)および 3 参照）。

　以下、それぞれの措置について詳述する。

2 実効性を確保するための措置

(1) 公表措置

上場会社が適時開示を行った決算短信等に虚偽がある等、適時開示に係る規定に違反したと東証が認める場合であって、必要と認めるときは、東証はその違反行為について公表措置を講ずることができることとしている（上場規程508条）。

(2) 上場契約違約金

上場会社が適時開示に係る規定に違反したと東証が認める場合において、東証の市場に対する株主および投資者の信頼を毀損したと東証が認めるときに、東証は上場会社に対して、上場契約違約金の支払いを求めることができ、支払いを求めた場合には、その旨を公表することとされている（上場規程509条）。

上場契約違約金は、上場廃止には至らない程度の上場諸規則違反に対して課せられるものとされる一方、上場契約違約金制度は上場諸規則の実効性を高めることが目的であるため、軽微な違反行為についてまで適用対象とすることを念頭に置いているものではなく、改善報告書の徴求に至らない適時開示義務違反、単なる書類提出の失念等に対して適用することは想定していないとされている（東京証券取引所上場部編『東京証券取引所 会社情報適時開示ガイドブック〔2017年3月版〕』（東京証券取引所、2017）（以下「適時開示ガイドブック」という）666頁）。

上場契約違約金の金額は、市場区分および上場時価総額に応じて定められ、具体的には図表6-4-3のとおりである（上場規程施行規則504条1号）。

図表6-4-3　上場内国会社の上場契約違約金の金額

上場時価総額＼市場区分等	市場第一部	市場第二部	マザーズ	JASDAQ
50億円以下	1,920万円	1,440万円	960万円	2,000万円
50億円超 250億円以下	3,360万円	2,880万円	2,400万円	2,000万円
250億円超 500億円以下	4,800万円	4,320万円	3,840万円	2,000万円
500億円超 1,000億円以下	6,240万円	5,760万円	5,280万円	2,000万円
1,000億円超 2,500億円以下	6,240万円	5,760万円	5,280万円	2,400万円
2,500億円超 5,000億円以下	7,680万円	7,200万円	6,720万円	2,400万円
5,000億円超	9,120万円	8,640万円	8,160万円	2,400万円

(3) 改善報告書および改善状況報告書

　上場会社が適時開示に係る規定に違反したと東証が認める場合において、改善の必要性が高いと認めるときは、東証は当該上場会社に対して、その経過および改善措置を記載した報告書（改善報告書）の提出を求めることができる（上場規程502条1項）。この場合、上場会社は、すみやかに改善報告書の提出を行う必要があり、提出された改善報告書は公衆縦覧に供される（同条3項・4項）。東証は、提出された改善報告書の内容が明らかに不十分であると認める場合には、当該上場会社に対してその変更を要請し、当該改善報告書の再提出を求めることができるとされており（同条2項）、その場合にも、上場会社は、すみやかに改善報告書の提出を行う必要がある（同条3項）。

　改善報告書を提出した上場会社は、当該改善報告書の提出から6か月経過後すみやかに、改善措置の実施状況および運用状況を記載した報告

書（改善状況報告書）の提出を行わなければならない（上場規程503条1項）。改善状況報告書の提出にあたっては、東証は、改善措置の実施状況および運用状況の確認のため、必要な資料の徴求や閲覧、照会、面談等を実施し、当該改善状況報告書の記載内容が明らかに不十分であると認める場合には、さらに改善報告書の提出を求めることができる（同条6項）。

また、上記の提出に加えて、改善報告書の提出から5年が経過するまでの間に東証が必要と認める場合は、そのつど、改善措置の実施状況および運用状況に関して改善状況報告書を提出しなければならない（上場規程503条2項）。

改善報告書制度は、改善措置のうち、特設注意市場銘柄の指定には至らない段階の措置であり、改善が認められない場合には、特設注意市場銘柄の適用対象となる（適時開示ガイドブック663頁）。

(4) 特設注意市場銘柄指定

東証は、以下の事由に該当する場合であって、財務情報の開示の適正を確保するため内部管理体制等の改善の必要性が高いと認めるときは、上場株券等を特設注意市場銘柄に指定することとされている（上場規程501条1項）。

- i 上場会社が上場廃止基準に該当するおそれがあると東証が認めた後（上場廃止基準については、3参照）、当該廃止基準に該当しないと東証が認めた場合
- ii 上場会社が有価証券報告書等に虚偽記載を行った場合
- iii 上場会社の財務諸表等に添付される監査報告書（四半期財務諸表等の場合は四半期レビュー報告書）において、監査人によって不適正意見または意見の表明をしない旨（四半期レビュー報告書の場合は否定的結論または結論の表明をしない旨）が記載された場合
- iv 上場会社が適時開示に係る規定に違反した場合
- v 改善報告書を提出した上場会社において、改善措置の実施状況および運用状況に改善が認められないと東証が認めた場合

「内部管理体制等の改善の必要性」が高いかどうかの確認は、虚偽記載または不適正意見等の原因となった行為（取引スキームや手口・手法等）や会社関係者の関与状況（組織的に行われていたかどうか等）、内部管理体制等の整備・運用の状況（適切な規程類に従った社内手続が行われていたか等）等を総合的に考慮して行われるとされている（東証「特設注意市場銘柄の積極的な活用等のための上場制度の見直しについて」（2013年6月17日）（以下「2013年東証制度要綱」という）2頁備考欄）。

ただし、特設注意市場銘柄への指定審査において、内部管理体制等の改善の見込みがないと東証が認めた場合には、上場廃止となる（3⑷参照）。

特設注意市場銘柄へ指定されている上場株券等の発行者である上場会社は、当該指定から1年経過後すみやかに、内部管理体制の状況等について記載した「内部管理体制確認書」を提出しなければならない（上場規程501条2項）。この「内部管理体制確認書」は、有価証券上場規程施行規則204条1項4号に規定する「新規上場申請のための有価証券報告書（Ⅱの部）」に準じて作成することが義務づけられている（上場規程施行規則501条）。

東証は、上場会社から提出された内部管理体制確認書の内容等に基づき審査（以下「1年目審査」という）を行い、内部管理体制等に問題があると認められない場合には、その指定の解除を行うこととされている（上場規程501条3項・4項1号）。他方、依然として問題があると東証が認めた場合には、指定が継続される（同項2号）。ただし、内部管理体制等に改善の見込みがなくなったと東証が認めた場合には上場廃止となる（3⑷参照）。

特設注意市場銘柄への指定が継続された場合、当該指定から1年6か月経過後すみやかに、「内部管理体制確認書」を再提出し、東証の審査（以下「1年6か月目審査」という）を受けなければならない（上場規程501条5項・6項）。東証は、内部管理体制等に問題があると認められない場合には、その指定の解除を行う（同条7項）。他方、内部管理体制

図表6-4-4 特設注意市場銘柄指定後の審査概要

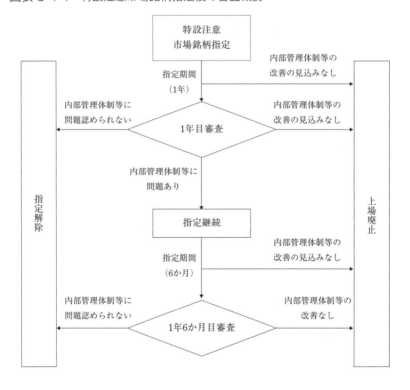

等が改善されなかったと東証が認めた場合には上場廃止となる（3(4)参照）。

さらに、特設注意市場銘柄への指定期間中いつでも、内部管理体制等に改善の見込みがなくなったと東証が認めた場合には、その時点で上場廃止となる（3(4)参照）。

特設注意市場銘柄指定後の審査の概要は、図表6-4-4のとおりである。

3 上場廃止

不適正会計と関連する可能性のある上場廃止基準としては、(1)有価証券報告書等の虚偽記載、(2)監査人の不適正意見の表明または意見不表明、

(3)有価証券報告書等の提出遅延、(4)特設注意市場銘柄指定された会社の内部管理体制の不改善等が考えられる。上場廃止基準となるおそれがある場合には、その事実を投資者に周知させるため、対象上場株券等は監理銘柄に指定される（上場規程610条）。

(1) 有価証券報告書等の虚偽記載

東証は、上場会社が有価証券報告書等に虚偽記載を行い、かつ、ただちに上場を廃止しなければ市場の秩序を維持することが困難であることが明らかであると東証が認めた場合、上場廃止になる（上場規程601条1項11号、501条1項2号a）。

「東証がただちに上場を廃止しなければ市場の秩序を維持することが困難であることが明らか」であるか否かの審査は、有価証券報告書等における虚偽記載または不適正意見等に係る期間、金額、態様および株価への影響その他の事情を総合的に勘案して行うとされている（上場管理等ガイドラインⅣ3．）。たとえば、上場前から債務超過であった等虚偽記載により上場基準の著しい潜脱があった場合や、実態として売上高の大半が虚偽であった等虚偽記載により投資者の投資判断を大きく誤らせていた場合等、そのまま当該銘柄の上場を維持すれば当取引所の金融商品市場に対する投資者の信頼を著しく毀損すると認められる場合が想定されている（2013年東証制度要綱2頁備考欄）。

(2) 監査人の不適正意見または意見不表明

上場会社の財務諸表等に添付される監査報告書（四半期財務諸表等の場合は四半期レビュー報告書）において、不適正意見または意見の表明をしない旨（四半期レビュー報告書の場合は否定的結論または結論の表明をしない旨）が記載され、かつ、ただちに上場を廃止しなければ市場の秩序を維持することが困難であることが明らかであると東証が認めた場合、上場廃止になる（上場規程601条1項11号、501条1項2号b）。「東証がただちに上場を廃止しなければ市場の秩序を維持することが困難であることが明らか」であることの審査基準は、(1)と同様である。

図表6-4-5　有価証券報告書等の提出遅延に係る取扱い

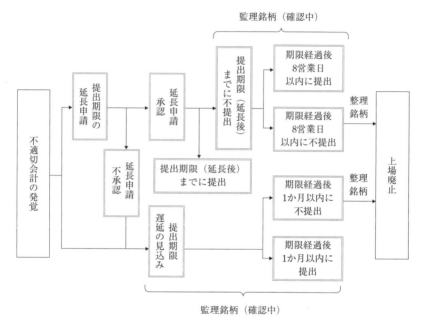

※　二重枠囲みの内容は適時開示が必要となる。

(3) 有価証券報告書等の提出遅延

有価証券報告書等の提出遅延に係る取扱いは、図表6-4-5のとおりである。

有価証券報告書等の法定提出期限は、有価証券報告書の場合は事業年度終了後3か月以内（金商24条1項）、四半期報告書の場合は四半期会計期間終了後45日以内（金商24条の4の7第1項）である。

不適正会計が発覚したことにより、その調査、過年度決算訂正、監査人の監査等に時間を要し、その結果上場会社が有価証券報告書または四半期報告書を、ⅰその法定提出期限に提出できる見込みのない場合、ⅱ当該期限に提出しなかった場合、および、ⅲこれらの開示を行った後に提出した場合には、いずれも適時開示を行う必要がある（上場規程402

条2号u)。ⅰの開示を行った場合およびⅱの場合、監理銘柄（確認中）に指定される（上場規程610条、上場規程施行規則605条1項13号）。

上場会社が、監査人による監査報告書（四半期財務諸表等の場合は四半期レビュー報告書）を添付した有価証券報告書または四半期報告書を、この法定提出期限の経過後1か月以内までに提出しなかった場合、上場廃止になる（上場規程601条1項10号）。

上場会社が有価証券報告書または四半期報告書の提出期限の延長承認申請（**第4章第4節3**(1)参照）を行う場合、有価証券報告書または四半期報告書の提出期限延長の承認申請書を提出することを決定したこと、および延長承認を受けられたかどうかは、いずれも適時開示を行う必要がある（上場規程402条1号akの2・2号uの2）

上場会社が延長承認を受けた提出期限までに有価証券報告書または四半期報告書を提出できなかった場合、監理銘柄（確認中）に指定され（上場規程610条、上場規程施行規則605条1項13号b）、提出期限の経過後8日目（休業日を除く）の日までに有価証券報告書または四半期報告書を提出できなかった場合、上場廃止となる（上場規程施行規則601条10項1号）。

(4) **特設注意市場銘柄に指定された会社の内部管理体制の不改善**

(1)および(2)により上場廃止とならない場合であっても、2(4)に述べたように、上場会社が有価証券報告書等に虚偽記載を行った、または財務諸表等に不適正意見等を付された場合であって、財務情報の開示の適正を確保するため内部管理体制等の改善の必要性が高いと認められる場合等には、特設注意市場銘柄に指定される。ただし、特設注意市場銘柄への指定審査において、財務情報の開示の適正を確保するため内部管理体制等の改善の必要性が高いと認められるが、その改善の見込みがないと東証が認めた場合には、その時点で上場廃止となる（上場規程601条1項11号の2a）。

内部管理体制等の改善の見込みの有無の審査は、事実関係の究明への着手の状況、再発防止のための検討を行う方針の有無およびその開示の

状況ならびに当該方針の実行可能性その他の事情を総合的に勘案して行われる（上場管理等ガイドラインⅣ4.(1)）。

具体的には、上場会社が、事実関係の究明に着手しており、かつ、再発防止のための検討を行う方針（訂正報告書が提出されていないときは、適正な内容の訂正報告書を提出する方針を含む）を明らかにしている場合であって、それらに著しく実行可能性を欠くと認められる事情がないときは、「改善の見込みがある」ものとして取り扱うものとされている（2013年東証制度要綱2頁～3頁備考欄）。

他方、「改善の見込みがないと認めたとき」としては、以下の場合が例示されている（2013年東証制度要綱3頁備考欄）。

ⅰ 再発防止のための検討を行わない旨を明らかにしている場合
ⅱ 事実関係の究明や再発防止のための検討の実施者に就任予定の者に問題事案への関与の疑いがある場合
ⅲ 事実関係の究明のための調査対象、期間等が、問題事案の全貌を解明し、適正な再発防止のための検討材料を提供する目的に照らして明らかに不足していると認められる場合
ⅳ その他事実関係の究明や再発防止のための方針が著しく実行可能性を欠くと認められる場合

また、特設注意市場銘柄に指定された場合であっても、指定期間中いつでも、あるいは1年目審査において内部管理体制等の改善が期待できなくなったと東証が認めた場合、上場廃止となる（上場規程601条1項11号の2b・c・d）。「内部管理体制等の改善が期待できなくなったと認めたとき」とは、合理的な期間内に改善に向けた具体的な行動がなされなかった場合が例示されている（2013年東証制度要綱3頁備考欄）。

さらに、1年目審査において特設注意市場銘柄への指定が継続された場合であって、1年6か月目審査において東証が内部管理体制等の改善がされなかったと東証が認めた場合には、上場廃止となる（上場規程601条1項11号の2e）。

コラム　不適切会計をふまえた上場廃止および特設注意市場銘柄制度の見直し

　東証は、2013年、不適切会計事案をふまえた上場廃止および特設注意市場銘柄制度を見直す規則改正を行った。

　まず、有価証券報告書等の虚偽記載または監査人の不適正意見・意見不表明（虚偽記載等）に係る上場廃止基準は、改正前、「その影響が重大であると当取引所が認めるとき」（重大性要件）に限って上場廃止とするとされており、有価証券上場規程上、虚偽記載等に該当したことでただちに上場廃止になるものではなかった。他方、特設注意市場銘柄制度については、改正前は、いったん監理銘柄に指定しなければ特設注意市場銘柄に指定できなかったため、まず上場廃止基準に該当するおそれを認定して監理銘柄に指定した後、上場廃止基準に該当しないと認定して監理銘柄指定解除と特設注意市場銘柄指定を行う必要があった。

　しかし、監理銘柄指定を経由して特設注意市場銘柄指定を行うこの対応では、上場廃止をめぐる重大性要件の東証の判断についてさまざまな思惑が生じ株価が乱高下してしまう場合があり、また、監査人の意見不表明等の対応がただちに上場廃止に直結しないことを明らかにする検討が必要という指摘もあった（金融庁・企業会計基準審議会第27回監査部会（2012年6月27日）議事録）。

　そこで、改正後の有価証券上場規程では、重大性要件を「直ちに上場を廃止しなければ市場の秩序を維持することが困難であることが明らかであると当取引所が認めるとき」と改め（(1)(2)参照）、市場の信頼維持のために上場廃止以外の手段がない事態を想定したものであることを明確にするとともに、内部管理体制等の改善の必要性が高い場合には、上場廃止基準該当性の判断にかかわらず特設注意市場銘柄指定を行うこととし、監理銘柄指定を経由せずにただちに特設注意市場銘柄指定を行うことを可能にした。また、特設注意市場銘柄の指定期間については、改正前では最長3年であったところ、内部監理体制等の早期の改善を求めるため、改正後は原則1年・最長1年6か月に短縮された（(4)参照）。

　「直ちに上場を廃止しなければ市場の秩序を維持することが困難であることが明らかであると当取引所が認めるとき」の例示として、上場前から債務超過であった場合や、実態として売上高の大半が虚偽であった場合が挙げられている（(1)参照）。2009年11月に東証マザーズに上場したエフオーアイは、上場申請時の開示書類に計上された売上高の9割以上が架空で

あったことが判明し、翌2010年6月に上場廃止となっている。本改正により東証は、エフオーアイのような金融商品市場に対する投資者の信頼を著しく毀損するような事例は別として、不適切会計が判明した場合には、通常はただちに上場廃止にせずに、特設注意市場銘柄に指定して上場会社に内部管理体制等の改善の機会を与える運用を明確にしたといえよう。

しかし、特設注意市場銘柄に指定された上場会社は、内部管理体制等について新規上場申請に準じる審査を受ける必要があり、また、この審査期間も改正前の3年から1年6か月に短縮され、この期間内に内部管理体制等に改善が認められないと判断された場合には上場廃止となる。したがって、特設注意市場銘柄に指定された上場会社は、特設注意市場銘柄が将来の上場廃止の可能性を留保した措置であることを十分理解し、指定期間内に早期に内部管理体制等を改善することが求められることに留意する必要がある。

第3部
過年度決算訂正の実務

第1章 会計上の取扱い

■本章のポイント

● 不適切な会計処理が発覚した場合の一般的な取扱いは以下のとおりである。

不適切な会計処理が発覚した場合の一般的な取扱い

区分	金融商品取引法 (有価証券報告書等)	会社法 (計算書類)
過去の誤謬に重要性がない場合	当期の営業損益または営業外損益として認識する	同左
過去の誤謬に重要性がある場合	訂正報告書を提出し、過去の財務諸表を訂正する	当期の期首剰余金で修正する
		過年度の計算書類を訂正する

第1節　不適切な会計処理が発覚した場合の会計処理方法

　過去に作成した財務諸表に誤りがあった場合、過去の財務諸表を訂正したときは、当期の財務諸表の期首残高が訂正後の残高となっていることから、当期の財務諸表に過去の誤りをどう反映するかという会計上の取扱いは検討する必要がなくなる（**第2部第4章第1節**参照）。現行制度は上記のとおりであるものの、本節では、まず、会計基準において過去の誤謬があった場合の当期における取扱いをどのように規定しているのか紹介する。また、過去の財務諸表を訂正するにあたり、過去の財務諸表を遡及処理することになるが、会計基準における遡及処理の考え方

について紹介する。

1　企業会計基準第 24 号に基づく取扱い

(1)　誤謬の定義

　不適切な会計処理が発覚し、過去の財務諸表に重要性がないとはいえない誤りが生じていることが判明したときは、過去の財務諸表について「過去の誤謬の訂正」を行うことになる。

　この会計上の取扱いは、企業会計基準委員会「企業会計基準第 24 号『会計上の変更及び誤謬の訂正に関する会計基準』」(2009 年 12 月 4 日)(以下「企業会計基準第 24 号」という)に定められている。

　企業会計基準第 24 号において、「誤謬」とは、原因となる行為が意図的であるか否かにかかわらず、財務諸表作成時に入手可能な情報を使用しなかったことによる、またはこれを誤用したことによる、以下のような誤りをいうと定義されている（企業会計基準第 24 号 4 項(8)）。

　　ⅰ　財務諸表の基礎となるデータの収集または処理上の誤り
　　ⅱ　事実の見落としや誤解から生じる会計上の見積りの誤り
　　ⅲ　会計方針の適用の誤りまたは表示方法の誤り

　不適切な会計処理が行われた場合、意図的に、財務諸表の基礎となるデータの収集または処理を適切に行っていないことや、適切な会計上の見積りを行っていないこと、また、会計方針を適切に適用していないことや適切な表示をしないことが考えられる。これらは、財務諸表における誤謬となる。

　一方、監基報 240 では、「財務諸表の虚偽表示は、不正又は誤謬から生ずる。不正と誤謬は、財務諸表の虚偽表示の原因となる行為が、意図的であるか否かにより区別する。」(監基報 240 第 2 項) とされている。「不正」は、不当または違法な利益を得るために他者を欺く行為を伴う、経営者、取締役等、監査役等、従業員または第三者による意図的な行為をいう (監基報 240 第 10 項(1)) とされていることから、「誤謬」はこのような意図的な行為ではない原因によるものということになる。この点、

会計上は、誤謬について、それが意図的であるか否かにより、その取扱いを区別する必要性はないことから、国際的な会計基準と同様に、誤謬を不正に起因するものも含めて定義することとされている。

なお、過去の見積りの方法がその見積りの時点で合理的なものであり、それ以降の見積りの変更も合理的な方法に基づく場合、当該変更は過去の誤謬の訂正には該当しない（企業会計基準委員会「企業会計基準適用指針第24号『会計上の変更及び誤謬の訂正に関する会計基準の適用指針』」(2009年12月4日（最終改正：2013年9月13日））（以下「企業会計基準適用指針第24号」という）12項および21項）。耐用年数の変更について、過去に定めた耐用年数が、これを定めた時点での合理的な見積りに基づくものであり、その後新たな事実の発生、すでに発生している事象について新たな情報が入手可能となること等により、それ以降の変更も合理的な見積りによるものであれば、過去の期間の財務諸表に影響を与えるものではないため、当該変更は過去の誤謬の訂正には該当せず、会計上の見積りの変更に該当する。一方、過去に定めた耐用年数がその時点での合理的な見積りに基づくものでなく、これを事後的に合理的な見積りに基づいたものに変更する場合には、過去の誤謬の訂正に該当する。会計上の見積りの変更に該当するか、過去の誤謬の訂正に該当するかは、存在していた不確実性の性質やその後の変化の状況および変更に至った経緯等をふまえて、判断することに留意することとされている（企業会計基準適用指針第24号21項）。

(2) **過去の財務諸表に誤謬が発見された場合の処理**

(a) 遡及処理

過去の財務諸表における誤謬の訂正を財務諸表に反映するにあたっては、過去の財務諸表を遡及的に処理することになる。「遡及処理」とは、遡及適用、財務諸表の組替えまたは修正再表示により、過去の財務諸表を遡及的に処理することをいう（企業会計基準第24号27項）。

企業会計基準第24号は、「遡及処理」について、過去の誤謬の訂正に関して行われたものであるのか、会計方針の変更および表示方法の変更

のようにもっぱら比較可能性を担保する会計情報を提供するために行われたものであるのかの区別が、開示制度等との関係で重要であると考えられることから、会計方針の変更、表示方法の変更および会計上の見積りの変更を「会計上の変更」と定義し、過去の財務諸表における誤謬の訂正は、「会計上の変更」に含めていない。また、「遡及処理」を行うものについて、会計方針の変更に関する「遡及適用」や表示方法の変更に関する「財務諸表の組替え」とは別に、過去の誤謬の訂正を財務諸表に反映することは「修正再表示」として区別して定義している（企業会計基準第24号4項、43項、44項）。

図表1-1-1　遡及処理の分類

分類	項目	内容	処理
会計上の変更	会計方針の変更	従来採用していた一般に公正妥当と認められた会計方針(※)から他の一般に公正妥当と認められた会計方針に変更すること。 (※)「会計方針」：財務諸表の作成にあたって採用した会計処理の原則および手続。	「遡及適用」：新たな会計方針を過去の財務諸表に遡って適用していたかのように会計処理する。
	表示方法の変更	従来採用していた一般に公正妥当と認められた表示方法(※)から他の一般に公正妥当と認められた表示方法に変更すること。 (※)「表示方法」：財務諸表の作成にあたって採用した表示の方法（注記による開示も含む）。財務諸表の科目分類、科目配	「財務諸表の組替え」：新たな表示方法を過去の財務諸表に遡って適用していたかのように表示を変更する。

			列および報告様式を含む。	
	会計上の見積りの変更		新たに入手可能となった情報に基づいて、過去に財務諸表を作成する際に行った会計上の見積り(※)を変更すること。 (※)「会計上の見積り」：資産および負債や収益および費用等の額に不確実性がある場合において、財務諸表作成時に入手可能な情報に基づいて、その合理的な金額を算出すること。	過去に遡って処理せず、その影響を当期以降の財務諸表において認識する。
過去の財務諸表における誤謬の訂正	過去の誤謬の訂正		「誤謬」：原因となる行為が意図的であるか否かにかかわらず、財務諸表作成時に入手可能な情報を使用しなかったことによる、またはこれを誤用したことによる、次のような誤り ⅰ　財務諸表の基礎となるデータの収集または処理上の誤り ⅱ　事実の見落としや誤解から生じる会計上の見積りの誤り ⅲ　会計方針の適用の誤りまたは表示方法の誤り	修正再表示：過去の財務諸表における誤謬の訂正を財務諸表に反映すること。

(b) 修正再表示

過去の財務諸表における誤謬が発見された場合、次の方法により、過去の財務諸表における誤謬の訂正を財務諸表に反映する（企業会計基準第24号21項）。過去の財務諸表における誤謬の訂正を財務諸表に反映することを「修正再表示」という（企業会計基準第24号4項(11)）。

- 表示期間より前の期間に関する修正再表示による累積的影響額は、表示する財務諸表のうち、最も古い期間の期首の資産、負債および純資産の額に反映する
- 表示する過去の各期間の財務諸表には、当該各期間の影響額を反映する

企業会計基準第24号の公表前は、過去の誤謬が発見された場合、企業会計原則注解（注12）に基づき、前期損益修正項目として当期の損益で修正を行うことになるものとされていた。企業会計原則注解（注12）は、現在も廃止されてはいないものの、企業会計基準第24号1項において、「本会計基準で取り扱っている内容に関し、既存の会計基準と異なる取扱いを定めているものについては、本会計基準の取扱いが優先して適用される。」とされているため、過去の財務諸表における誤謬については、会計基準上、前期損益修正として当期に損益計上するのではなく、企業会計基準第24号により、修正再表示を行うこととされている。

一方で、企業会計基準第24号と開示制度における訂正との関係については、企業会計基準第24号は、当期の財務諸表およびこれにあわせて比較情報として過去の財務諸表が表示されている場合を前提に誤謬の取扱いを定めており、すでに公表された財務諸表自体の訂正期間および訂正方法は、各開示制度のなかで対応が図られるものとされている（企業会計基準第24号65項）。金融商品取引法の開示制度においては、一般的には過去の誤謬が判明した場合、訂正報告書を提出する必要があることから、過去の誤謬を当期の有価証券報告書の前期数値を「修正再表示」することにより解消することができない。したがって、会計基準における過去の誤謬の「修正再表示」の取扱いは、金融商品取引法上の開

示制度においては通常適用されない（**第2部第4章第1節**および**第2節1⑵**参照）。

　また、会社計算規則上は、「修正再表示」は「誤謬の訂正」として「当該事業年度より前の事業年度に係る計算書類又は連結計算書類における誤謬を訂正したと仮定して計算書類又は連結計算書類を作成すること」（計規2条3項64号）と定義されており、過去の誤謬について遡及処理が行われる場合、期首利益剰余金により調整される。これは、計算書類においては、修正して再表示すべき過去の財務諸表は開示されないためとされている（藤原正啓「過年度遡及会計基準適用の会社法決算における留意点」週刊経営財務3055号（2012）19頁）。

　(c)　過去の誤謬の修正再表示が実務上不可能な場合

　過去の誤謬を過去の財務諸表に遡って修正することが実務上不可能な場合の取扱いは、企業会計基準第24号では明示されていない。これは、「過去の誤謬の修正再表示が実務上不可能という理由をもって過去の財務諸表を修正再表示しないこととする取扱いを会計基準として設けた場合、誤謬を含んだ財務諸表に関し、一般に公正妥当と認められる企業会計の基準への準拠性に問題があると考えられる」（企業会計基準第24号67項）ためとされている。

　しかし、これは実務において誤謬の修正再表示が不可能な場合が生じる可能性を否定するものではなく、「可能な限り誤謬を訂正した上でもなお、重要な未訂正の誤謬が存在する場合には、表示される財務諸表の有用性が損なわれることになるので、実務においては、例えば、どこまでが信頼性を確保できるかなど、その事実を明らかにするために、当該未訂正の誤謬の内容並びに訂正済の誤謬に関する訂正期間及び訂正方法を開示するなどの対応がなされるものと考えられる。」とされている（企業会計基準第24号67項）。

　(d)　重要性がない場合の処理

　(b)のとおり、企業会計基準第24号の適用に伴い、過去の誤謬を前期損益修正項目として当期の特別損益で修正する従来の会計上の取扱いは、

比較情報として表示される過去の財務諸表を修正再表示する方法に変更された。

しかし、重要性の判断に基づき、過去の財務諸表を修正再表示しない場合は、損益計算書上、その性質により、営業損益または営業外損益として認識する処理が行われることになると考えられるとされている（企業会計基準第24号65項）。

2　四半期および中間における会計上の取扱い

(1)　四半期

当四半期会計期間に発見された過去の誤謬の訂正についても、会計基準上、年度の財務諸表との整合性を図る観点から、四半期財務諸表において修正再表示を行い、関連する事項を注記することとされている。このため、過去の連結財務諸表および四半期連結財務諸表（または過去の個別財務諸表および四半期個別財務諸表）における誤謬が発見された場合、企業会計基準第24号21項に準じて修正再表示を行うことになり、比較情報として表示される過去の連結財務諸表および四半期連結財務諸表（または過去の個別財務諸表および四半期個別財務諸表）を修正再表示することになる（企業会計基準委員会「企業会計基準第12号『四半期財務諸表に関する会計基準』」（2007年3月14日（最終改正：2014年5月16日））（以下「四半期会計基準」という）16-2項、22-2項、68項）。

(2)　中間

中間会計期間に誤謬が発見された場合の取扱いは会計基準では特に定めはない。ただし、中間財務諸表等規則2条の2第37号で、「修正再表示　前事業年度以前の財務諸表又は前中間会計期間以前の中間財務諸表における誤謬の訂正を財務諸表又は中間財務諸表に反映することをいう。」と定義されている。このため、四半期同様、過去の中間連結財務諸表、過去の中間財務諸表における誤謬が発見された場合、比較情報として表示される過去の中間連結財務諸表、過去の中間財務諸表を企業会計基準第24号21項に準じて修正再表示を行うことになる。

3　訂正時に影響する項目の会計上の取扱い

(1)　固定資産の減損

過去の年度の誤謬を修正することにより、過去の業績が訂正前より悪化し、また、その後の将来キャッシュ・フローの見積りも誤りであることが考えられる。この場合、減損の判断が過去から誤っていたことになり、過去の年度において固定資産に減損が生じている場合がある。このため、訂正を行う場合、誤謬があった項目だけでなく過去の年度における固定資産の減損の判断について、再度検討する必要がある。

(2)　株式の減損

子会社や関連会社において過去の年度の誤謬があったことが判明した場合、子会社の将来生じる利益の見積りも過去から誤っていたことになり、過去の年度において連結財務諸表におけるのれんや個別財務諸表における子会社株式や関連会社株式について、実際には将来の回復可能性はなく減損が生じていたと考えられる。このため、訂正を行う場合、過去の年度におけるのれんや投資の評価の妥当性につき再度検討する必要がある。

(3)　税金費用

法人税等の更正、決定等による追徴税額および還付税額は、企業会計基準第24号および同適用指針に基づき処理する（企業会計基準第24号55項）ため、過去の誤謬に該当する場合は、修正再表示を行うことになる。

一方、いわゆる「税務当局との見解の相違」にあたるケース等、過去の財務諸表作成時において入手可能な情報に基づき最善の見積りを行っていたにもかかわらず追徴税額および還付税額が発生した場合（いわゆる「税務当局との見解の相違」にあたるケース等）は、過去の誤謬に該当せず、当該追徴税額または還付税額を当期の損益に計上することになる（企業会計基準委員会「企業会計基準第27号『法人税、住民税及び事業税等に関する会計基準』」（2017年3月16日（最終改正：2017年3月29日））6項～8項）。

(4) 税効果

過去の誤謬により修正再表示した連結会計年度および事業年度の連結財務諸表および個別財務諸表（以下「修正再表示した年度の比較情報」という）において、資産または負債の額が変更される場合、当該変更に伴い一時差異が生じるときは、当該一時差異に係る繰延税金資産または繰延税金負債の額を修正再表示した年度の比較情報に反映させる（日本公認会計士協会・会計制度委員会「税効果会計に関するQ&A」（2007年3月29日（最終改正：2017年3月16日））（以下「税効果会計Q&A」という）Q13A(2)）。

子会社等において過去の誤謬により当該会社の留保利益が変更され修正再表示が行われた場合で、かつ、当該修正再表示した年度の比較情報において子会社等に対する投資に係る連結財務諸表固有の一時差異の額が変更される場合、当該一時差異に係る繰延税金資産または繰延税金負債を計上しているときは、当該一時差異の額の変更に係る繰延税金資産または繰延税金負債の額を修正再表示した年度の比較情報に反映させる（税効果会計Q&A・Q13A(2)）。

また、修正再表示した年度の比較情報における将来の一時差異等加減算前課税所得の見積額や過年度において繰延税金資産の回収可能性の判断に係る企業の分類を見直す場合、当該見直しに伴う影響は、当該修正再表示した年度の比較情報に反映させる（税効果会計Q&A・Q13A(2)）。

修正再表示による繰延税金資産の取扱い（参考：税効果会計Q&A・Q13A(2)）

1　前提条件
- X3年3月期において、過去の期間（X2年3月期以前）の売上の過大計上が発見されたため、修正再表示を行った。
- X1年3月期およびX2年3月期の繰延税金資産の回収可能性に係る分類：（分類3）
- 修正再表示後の表示期間のうち最も古い期間の期首（X2年3月期の期首）における分類：（分類5）

2 考え方

- 過去の財務諸表における誤謬が発見された場合には、表示期間より前の期間に関する修正再表示による累積的影響額は表示する財務諸表のうち最も古い期間（X2年3月期）の期首の資産、負債および純資産の額に反映され、また、表示される過去の各期間の財務諸表には、当該各期間の影響が反映される。
- 修正再表示により貸借対照表上の資産または負債の額は修正されるが、課税所得計算上の資産または負債の金額は修正されないため、差額が生じる。当該差額は、通常、一時差異に該当するため、表示される過去の各期間の財務諸表において、当該一時差異に係る繰延税金資産または繰延税金負債を計上する。
- 修正再表示した年度の比較情報における将来の一時差異等加減算前課税所得の見積額や企業の分類の判断を変更する場合、当該変更に伴う影響は、当該修正再表示した年度の比較情報（X2年3月期）に反映させる。
- X2年3月期の期首において、修正再表示により（分類5）に変更されたため、X2年3月期の期首において修正再表示前に計上していた繰延税金資産の回収可能性はないものとなる。

第2節　過年度の誤謬に関する実務上の取扱い

1　有価証券報告書

(1)　当期処理で修正する場合

　企業会計基準委員会の会計基準の会計慣行に基づき財務諸表を作成する場合、**第1節1(2)(d)**のとおり、重要性の判断により、過去の財務諸表を修正再表示しない場合は、損益計算書上、その性質により、営業損益または営業外損益として認識する（企業会計基準第24号65項）とされている。金融商品取引法上は、**第1節1(2)(b)**のとおり、訂正報告書を提出せずに修正再表示により前期数値を修正することができないため、過去の誤謬について重要性を検討した結果、過去の年度に係る有価証券報告書等の訂正報告書の提出は要しないと判断される場合において、当期の有価証券報告書において営業損益または営業外損益として認識することが可能かどうか判断を行うことになる（**第2部第4章第4節**を参照）。

(2)　訂正報告書を提出する場合

　第1節1(2)(b)のとおり、会計基準は、過去の誤謬があった場合におけるすでに公表された財務諸表自体の訂正については開示制度によるものとしている。金融商品取引法上、過去の会計処理の誤謬が判明し、当該誤謬が会計上の重要な誤謬と判断される場合（(1)のような場合は、会計上の重要な誤謬と判断されないものと考えられる）、基本的には、有価証券報告書や四半期報告書の訂正を行うことになるとされている（詳細は**第2部第4章第4節**を参照）。

　会計基準上の過去の誤謬に係る修正再表示の取扱いと金融商品取引法との関係については、日本公認会計士協会・監査基準委員会の監基報63の常務理事による前書文に以下のように明示されている（下線は筆者）。

> なお、会計基準上、過去の財務諸表に重要な誤謬があった場合には、修正再表示を行うことになっております。一方、金融商品取引法上、重要な事項の変更等を発見した場合訂正報告書の提出が求められていることから、<u>一般的には過去の誤謬を比較情報として示される前期数値を修正再表示することにより解消することはできないと考えられます</u>。したがって、<u>本報告書における過去の誤謬の修正再表示に関する要求事項等については、金融商品取引法の監査においては、通常は適用されない</u>ことにご留意ください。

このため、現行の金融商品取引法における開示制度上、重要な誤謬があった場合、前期の有価証券報告書の前期数値を修正再表示することをもって訂正報告書を提出しないことはできないことになる。詳細については、**第2部第4章第4節1**を参照。

2 計算書類

(1) 当期損益処理で修正する場合

企業会計基準委員会の会計基準の会計慣行に基づき計算書類を作成する場合、会社法決算においても、**第1節1**(2)(d)のとおり、重要性の判断により、過去の財務諸表を修正再表示(当期の期首利益剰余金の調整)をしない場合は、損益計算書上、その性質により、営業損益または営業外損益として認識する(企業会計基準第24号65項)とされているため、同様に処理することになるものと考えられる。

(2) 当期の期首剰余金で修正する場合

企業会計基準委員会の会計基準の会計慣行に基づき計算書類を作成する場合、会社法決算においては、過去の財務諸表を修正再表示する場合に該当するときは、誤謬の訂正として当該事業年度より前の事業年度に係る計算書類または連結計算書類における誤謬を訂正したと仮定して計算書類または連結計算書類を作成する(計規2条3項64号)ため、当期首の純資産残高に遡及適用による累積的影響額を反映させる。

2011年3月の会社計算規則の一部を改正する省令(平成23年法務省

令第6号）の公布にあたり公表された「『会社計算規則の一部を改正する省令案』に関する意見募集の結果について」（2011年3月31日）第2・1では、「『誤謬の訂正』をした場合であっても、過年度の計算書類が有効に確定している限り、当該計算書類自体を修正する必要はない」ことが明示されている（**第2部第4章第2節3**参照）。

なお、会社計算規則では、特別損益として前期損益修正損益が88条2項および3項に規定されているが、過去の誤謬は「誤謬の訂正」により遡及されることから、企業会計基準委員会の会計基準の会計慣行に基づき計算書類を作成する場合、当期の特別損益に前期損益修正損益が計上されることはなく、上記のように累積的影響額を当期首に反映する（藤原・前掲19頁）。

また、この場合、金融商品取引法上、過年度の決算について訂正報告書を提出するより遡及的に訂正する一方、計算書類は当期首への累積的影響額の反映となるケースもある。この場合、過年度の財務諸表につき不整合が生じていることになるが、投資者に対する説明には留意が必要とされている（弥永真生編著『過年度決算訂正の法務〔第2版〕』中央経済社、2011）128～129頁）。

(3) **再決算を行う場合**

会社法における「誤謬の訂正」は、確定済みの過年度の計算関係書類を修正し、手続または内容の誤りのために未確定になっている計算書類を確定するものではない（藤原・前掲19～20頁）。このため、過年度の決算が違法であり、有効に確定していないほど誤謬が重要であり、過年度の計算書類が未確定になっている場合、改めて会社法の所定の手続を経て計算書類を確定する必要がある（藤原・前掲20頁）。

会計処理としての「誤謬の訂正」を行う必要がある重要な誤謬と計算書類が未確定となる重要な誤謬は、必ずしも重要性の程度は一致するものではないと考えられるとされている。このため、当事業年度の計算書類の誤謬の訂正を行ったとしても、誤謬を含む過年度の計算書類の取扱いは法律専門家と協議を行う必要があるものとされている（藤原・前掲

20頁)。詳細については、**第2部第4章第2節3**を参照。

第3節　過去の誤謬についての重要性の考え方

1　企業会計基準第24号における重要性

　たとえば**第1節1**(2)(d)のとおり、企業会計基準第24号における会計上の取扱いについて財務諸表利用者の意思決定への影響に照らした重要性が考慮される。重要性の判断は、財務諸表に及ぼす金額的重要性と質的重要性の両方を考慮する必要がある。金額的重要性による判断については、損益への影響額または累積的影響額が重要であるかどうか、損益の趨勢に重要な影響を与えているかどうか、財務諸表項目への影響が重要であるかどうかにより判断する考え方等があり、具体的な判断基準は、企業の個々の状況によって異なりうるとされている。質的重要性による判断については、企業の経営環境、財務諸表項目の性質、または誤謬が生じた原因等を考慮するとされている（企業会計基準第24号35項）。

2　内部統制における不備に係る重要性

　内部統制の「開示すべき重要な不備」とは、内部統制の不備のうち、一定の金額を上回る虚偽記載、または質的に重要な虚偽記載をもたらす可能性が高いものをいう。内部統制の不備にかかわる重要性の判断指針は、最終的には財務諸表の信頼性に係ることから、財務諸表監査における重要性と同一になると考えられる（日本公認会計士協会・監査・保証実務委員会「監査・保証実務委員会報告第82号『財務報告に係る内部統制の監査に関する実務上の取扱い』」（2007年10月24日（最終改正：2012年6月15日））（以下「監査・保証実務委員会報告第82号」という）188項）。このため、過去の誤謬についての重要性の考え方の参考として、内部統制の不備が開示すべき重要な不備に該当するかどうかの判断の考え方について記載する（金融庁・企業会計審議会「財務報告に係る内部統制の評価及び監査に関する実施基準」（2007年2月15日（最終改正：2011年3月30日））Ⅱ1.②ロ、監査・保証実務委員会報告第82号ⅩⅠ3.188項～194項、金融庁総務企画局「内部統制報告制度に関するQ＆A」（2007年10月1日（最終改

訂：2011年3月31日））（問1））。

重要な不備に該当するかどうかは、金額的な面および質的な面の双方について検討する。

金額的重要性は、連結総資産、連結売上高、連結税引前利益等（評価対象年度の実績値のみならず、それぞれの過去の一定期間における実績値の平均を含む）に対する比率で判断するが、画一的に適用するのではなく、会社の業種、規模、特性等、会社の状況に応じて適切に用いる必要がある。たとえば、連結税引前利益を指標とする場合には、おおむねその5％程度とすることが考えられるが、連結税引前損失を計上している場合、連結税引前利益の金額が著しく小さい場合、あるいは、連結税引前利益が事業の性質等から事業年度ごとに著しく変動する場合等は、使用する指標や比率が適切であるか否かを検討する。

質的重要性は、たとえば、上場廃止基準や財務制限条項にかかわる記載事項等が投資判断に与える影響の程度や、関連当事者との取引や大株主の状況に関する記載事項等が財務報告の信頼性に与える影響の程度で判断する

ⅰ 上場廃止基準

たとえば、上場株式数、株式の分布状況、時価総額、債務超過、有価証券報告書等の虚偽記載、監査人による不適正意見または意見不表明、売買高等の事項が財務諸表作成における重要な判断に及ぼす影響の大きさを勘案することになり、債務超過の回避等、財務諸表に対する虚偽記載が上場廃止基準に抵触することとなる場合には、質的な重要性があると判断される。

ⅱ 財務制限条項

財務諸表に対する虚偽記載が財務制限条項（たとえば、純資産維持条項、利益維持条項、現預金維持条項等）を回避することとなる場合には、質的な重要性があると判断される。

ⅲ 関連当事者との取引

開示の対象とすべき関連当事者の存在および当該関連当事者との取引

の識別ならびにその開示に係る網羅性の検討に係る内部統制に不備が認められる場合には、質的な重要性があると判断される。

　　iv　大株主の状況

　関連当事者の存在の検討に係る内部統制において、名義株の検討、大量保有報告書の検討等、財務諸表提出会社の親会社、その他の関係会社、主要株主の判定における内部統制に不備が認められる場合には、質的な重要性があると判断される。

第4節　過去の誤謬の訂正を行う場合の開示

1　企業会計基準第24号による開示

(1)　財務諸表

過去の財務諸表の誤謬の修正再表示を行う場合、表示期間より前の期間に関する修正再表示による累積的影響額は、表示する財務諸表のうち、最も古い期間の期首の資産、負債および純資産の額に反映し、表示する過去の各期間の財務諸表には、当該各期間の影響額を反映することになる。

(2)　注記

企業会計基準第24号では、過去の誤謬の修正再表示を行った場合には、次の事項を注記することとされている（企業会計基準第24号22項）。

　i　過去の誤謬の内容
　ii　表示期間のうち過去の期間について、影響を受ける財務諸表の主な表示科目に対する影響額および1株当たり情報に対する影響額
　iii　表示されている財務諸表のうち、最も古い期間の期首の純資産の額に反映された、表示期間より前の期間に関する修正再表示の累積的影響額

なお、その後の期間の財務諸表において当該注記を繰り返す必要はないと考えられるとされている（企業会計基準第24号68項）。

また、四半期財務諸表においても、過去の誤謬の修正再表示を行った場合には、その内容および影響額を注記することとされている（四半期会計基準19項(22)、25項(21)）。

この影響額は、過去の誤謬の修正再表示により影響を受ける前年度の期首からの累計期間に係る税金等調整前四半期純損益または税引前四半期純損益、その他の重要な項目への影響額である（企業会計基準委員会「企業会計基準適用指針第14号『四半期財務諸表に関する会計基準の適用指針』」（2007年3月14日（最終改正：2015年12月28日））35項）。

2 財務諸表等規則における開示

(1) 定義

財務諸表等規則においても、誤謬について、会計基準と同様に規定されている。

誤謬について、「その原因となる行為が意図的であるか否かにかかわらず、財務諸表作成時に入手可能な情報を使用しなかったこと又は誤って使用したことにより生じた誤りをいう。」と定義しており、「規則第8条第50項に規定する『誤謬』とは、『会計上の変更及び誤謬の訂正に関する会計基準』にいう誤謬をいうものとする。」としている（財務諸表等規則8条50項、財務諸表等規則ガイドライン8-50）。

また、修正再表示についても、「前事業年度以前の財務諸表における誤謬の訂正を財務諸表に反映することをいう。」と定義しており、「規則第8条第53項に規定する『修正再表示』とは、『会計上の変更及び誤謬の訂正に関する会計基準』にいう修正再表示をいうものとする。」としている（財務諸表等規則8条53項、財務諸表等規則ガイドライン8-53）。

(2) 株主資本等変動計算書

財務諸表等規則様式第7号記載上の注意6において、「遡及適用及び修正再表示（以下「遡及適用等」という。）を行った場合には、前事業年度の期首残高に対する累積的影響額及び遡及適用等の後の期首残高を区分表示すること。」とされている。連結財務諸表規則様式第6号記載上の注意5、中間財務諸表等規則様式第6号記載上の注意6、中間連結財務諸表規則様式第6号記載上の注意5も同様に規定されている。

(3) 注記

財務諸表等規則8条の3の7において、修正再表示を行った場合の注記は以下のように規定されている。

修正再表示を行った場合には、次に掲げる事項を注記しなければならない。ただし、重要性の乏しいものについては、注記を省略することができる。

ⅰ　誤謬の内容
　　ⅱ　財務諸表の主な科目に対する前事業年度における影響額
　　ⅲ　前事業年度に係る1株当たり情報に対する影響額
　　ⅳ　前事業年度の期首における純資産額に対する累積的影響額
　連結財務諸表規則14条の8で財務諸表等規則を準用している。
　四半期財務諸表等規則および中間財務諸表等規則等でも修正再表示に行った場合の注記が設けられている。

3　計算書類における開示
(1)　株主資本等変動計算書
　会社計算規則96条7項1号で、株主資本等変動計算書につき、以下のように規定されている。
　「資本金、資本剰余金、利益剰余金及び自己株式に係る項目は、それぞれ次に掲げるものについて明らかにしなければならない。この場合において、第2号に掲げるものは、各変動事由ごとに当期変動額及び変動事由を明らかにしなければならない。
　　一　当期首残高（遡及適用、誤謬の訂正又は当該事業年度の前事業年度における企業結合に係る暫定的な会計処理の確定をした場合にあっては、当期首残高及びこれに対する影響額。次項において同じ。）」
　「次項」（＝計規96条8項）は、「評価・換算差額等又はその他の包括利益累計額、新株予約権及び非支配株主持分に係る項目」である。
　「過去の訂正」を行った場合における株主資本等変動計算書における誤謬の訂正による累積的影響額の記載は、会計方針の変更の場合と同様とされているため、会社計算規則では、株主資本等変動計算書の様式は定められていないが、図表1-4-1の日本経済団体連合会「会社法施行規則及び会社計算規則による株式会社の各種書類のひな型（改訂版）」（2016年3月9日）の記載が参考になるものとされている（藤原・前掲18頁）。

(2)　注記
　会社計算規則98条1項6号で「誤謬の訂正に関する注記」が規定さ

図表1-4-1　会計方針の変更による累積的影響額の記載例

[記載例]

株主資本等変動計算書
(自平成○年○月○日　至平成○年○月○日)

(単位：百万円)

	株主資本									
	資本金	資本剰余金			利益剰余金				自己株式	株主資本合計
		資本準備金	その他資本剰余金	資本剰余金合計	利益準備金	その他利益剰余金		利益剰余金合計		
						積立金	繰越利益剰余金			
平成○年○月○日残高	×××	×××	×××	×××	×××	×××	×××	×××	△×××	×××
会計方針の変更による累積的影響額							×××	×××		×××
遡及処理後当期首残高	×××	×××	×××	×××	×××	×××	×××	×××	△×××	×××
事業年度中の変動額										

れており、誤謬の訂正をした場合、重要性の乏しいものを除き、ⅰ当該誤謬の内容、ⅱ当該事業年度の期首における純資産額に対する影響額を注記する（計規102条の5）。

　ただし、重要性を乏しい場合は、遡及処理しないものと考えられるため、過去の訂正を行った場合には注記を行うことになる（藤原・前掲20頁）。

　財務諸表等規則8条の3の7では、財務諸表の主な科目に対する前事業年度における影響額、前事業年度に係る1株当たり情報に対する影響額、前事業年度の期首における純資産額に対する累積的影響額の注記を求めているのに対して、会社計算規則では、ⅱ「当該事業年度の期首における純資産額に対する影響額」（計規102条の5第2号）を注記するという違いがある。

　これは、会社法上、会社の負担を可能な限り軽減するという要請があること、金融商品取引法上は、比較情報の開示が求められていることから、前事業年度または前事業年度の期首の数値への影響額の開示を求めていることによるとされている（弥永編著・前掲78頁）。

(3)　**事業報告**

　事業報告における「株式会社の現況に関する事項」の「直前3事業年度の財産及び損益の状況」（会規120条1項6号）について、「当該事業年度における過年度事項（当該事業年度より前の事業年度に係る貸借対照

表、損益計算書又は株主資本等変動計算書に表示すべき事項をいう。）が会計方針の変更その他の正当な理由により当該事業年度より前の事業年度に係る定時株主総会において承認又は報告をしたものと異なっているときは、修正後の過年度事項を反映した事項とすることを妨げない。」（同条3項）とされている。

この「会計方針の変更その他の正当な理由」には、誤謬の訂正も含まれるとされているため、遡及処理後の金額で「直前3事業年度の財産及び損益の状況」の数値を記載することができる。この場合、遡及処理後の数値を記載している旨を明示することが適切と考えられるものとされている（藤原・前掲21頁）。

4　訂正報告書の記載内容

(1)　有価証券報告書の訂正報告書の記載内容

有価証券報告書の訂正報告書では、訂正箇所が多い場合、訂正前と訂正後の数値を示さず訂正後の記載のみとし、訂正箇所に下線を付している事例が多いものと思われる。財務諸表および注記の比較情報も訂正後の数値となる。また、主要な経営指標等の推移以外、「第1　企業の概況」「第2　事業の状況」「第3　設備の状況」も訂正後の数値で記載することになる。

訂正対象期間に四半期会計期間や中間会計期間が含まれる場合、四半期報告書の訂正報告書や半期報告書の訂正報告書を提出することになるが、その開示も有価証券報告書の訂正報告書と同様である。

(2)　訂正報告書と計算書類との関係事例

過去の財務諸表に誤謬があった場合において、金融商品取引法上、訂正報告書を提出したときの訂正後の有価証券報告書の当期の財務諸表と、会社法上、当該過去の誤謬の訂正を当期の財務諸表の期首利益剰余金の調整で行ったときの当期の財務諸表について、同一のものとはならない部分が生じることになる。有価証券報告書は、前期と当期の2期開示であり、計算書類は当期のみの単年度開示であることから、有価証券報告

書における期首残高はすでに正しい残高となっていることになるが、計算書類では、当期において、当期首の残高が正しい残高に修正されることになる。

なお、訂正報告書における訂正報告書の提出理由と計算書類における誤謬の訂正の注記の記載内容が整合している必要があることに留意を要する。

図表1-4-2　有価証券報告書の訂正報告書および計算書類の記載の例示

Ⅰ．前年度

1．有価証券報告書及び計算書類（訂正前）

(1) 貸借対照表（抜粋）

純資産の部
株主資本
　　　：　　　　　　　…
　　利益剰余金　　12,000
　　　：　　　　　　　…

(2) 損益計算書（抜粋）

　売上高　　　　　40,000
　売上総利益　　　 6,000
　営業利益　　　　 3,000
　　　：　　　　　　　…
　当期純利益　　　 1,000

(3) 株主資本等変動計算書（抜粋）

	株主資本

	資本金	…	利益剰余金	…	株主資本合計
当期首残高			11,500		
当期変動額					
：			…		
当期純利益			1,000		
：			…		
当期変動額合計			…		
当期末残高			12,000		

2. 訂正有価証券報告書

(1) 訂正の理由（抜粋）

```
1【有価証券報告書の訂正報告書の提出理由】
  1. 訂正の経緯
      …
  2. 会計処理
      …
2【訂正事項】
      …
3【訂正箇所】
      …
```

(2) 貸借対照表（抜粋）

　純資産の部
　　株主資本
　　　　：　　　　　　　…
　　　利益剰余金　　　11,700
　　　　：　　　　　　　…

(3) 損益計算書(抜粋)

売上高　　　　　　　39,000
売上総利益　　　　　　5,500
営業利益　　　　　　　2,500
　　　：　　　　　　　　：
当期純利益　　　　　　　700

(4) 株主資本等変動計算書(抜粋)

	株主資本				
	資本金	…	利益剰余金	…	株主資本合計
当期首残高			11,500		
当期変動額					
：			…		
当期純利益			700		
：			…		
当期変動額合計			…		
当期末残高			11,700		

Ⅱ. 当年度

1. 有価証券報告書

(1) 株主資本等変動計算書(抜粋)

	株主資本				
	資本金	…	利益剰余金	…	株主資本合計
当期首残高			11,700		
当期変動額			…		
：			…		
当期変動額合計			…		

第1章　会計上の取扱い

当期末残高		12,300	

2. 計算書類

(1) 注記（抜粋）

> 誤謬の訂正に関する注記
> 　当社は、…において不適切な会計処理が判明したことから、外部の専門家を交えた調査委員会を設置し調査を行いました。
> 　　　：
> 　当事業年度に発覚した過年度における不適切な会計処理に関する訂正による累積的影響額は当事業年度の期首の純資産の帳簿価額に反映されております。
> 　この結果、株主資本等変動計算書の利益剰余金の遡及処理後の期首残高は300百万円減少しております。

(2) 株主資本等変動計算書（抜粋）

	株主資本				
	資本金	…	利益剰余金	…	株主資本合計
当期首残高			12,000		
誤謬の訂正による累積的影響額			△300		
誤謬の訂正を反映した当期首残高			11,700		
当期変動額			…		
：			…		
当期変動額合計			…		
当期末残高			12,300		

前年度に係る有価証券報告書の訂正報告書上の株主資本等変動計算書

の訂正後の期末残高 11,700 と当期の計算書類上の株主資本等変動計算書の過去の訂正による累積的影響額の反映後の期首残高 11,700 が一致することになる。

第2章 内部統制報告制度との関係

■本章のポイント

- 過年度決算訂正の原因となった内部統制の不備が、訂正年度における開示すべき重要な不備に該当すると判断される場合には、内部統制報告書の訂正事由となり、内部統制報告書の訂正報告書を提出する必要がある。
- 上記の不備の発覚により、当事業年度において内部統制の評価範囲の見直しを検討する必要がある。また、当該不備について当事業年度中に是正することができない場合、当事業年度末の内部統制評価は有効でないと判断される。
- 内部統制報告書制度においては、内部統制報告書の訂正報告書に対して監査証明は必要とされていない。

第1節　制度概要

　2008年4月以降開始する事業年度から、金融商品取引法に基づく財務報告に係る内部統制報告制度が適用されることとなった。本制度は、端的にいえば、財務諸表を適切に作成するための組織的な取組みである「財務報告に係る内部統制」が適切に機能しているか否かを経営者が自ら評価したうえで、その結果を「内部統制報告書」として開示する制度である。本制度の評価対象となる「財務報告に係る内部統制」はその結果作成される財務諸表と密接に関連性を有することから、財務諸表の「過年度決算訂正」が行われた場合に「内部統制報告書」にどのような影響が及ぶのか、ということが論点になる。

　金融商品取引法24条の4の4では、次のように内部統制報告書の提出義務が規定されている。

図表 2-1-1　内部統制報告書の提出義務

対象	内容
提出主体	金融商品取引法24条1項の規定による有価証券報告書を提出しなければならない会社のうち、同項1号に掲げる有価証券の発行者である会社その他の政令で定めるもの。 具体的には株式等一定の有価証券を上場または店頭登録している発行会社で、典型的には上場会社が該当する。ただし、内部統制報告書の提出義務がない上場会社以外の有価証券報告書提出会社も、任意に内部統制報告書を提出することは可能である。
提出時期	事業年度ごと
提出書類	当該会社の属する企業集団および当該会社に係る財務計算に関する書類その他の情報の適正性を確保するために必要なものとして内閣府令で定める体制について、内閣府令で定めるところにより評価した報告書。 当該会社の属する企業集団および当該会社に係る財務計算に関する書類その他の情報の適正性を確保するために必要な体制として内閣府令で定めるものは、当該会社における財務報告が法令等に従って適正に作成されるための体制をいう。
提出先他	有価証券報告書とあわせて内閣総理大臣に提出しなければならない。

　さらに、金融商品取引法193条の2第2項において、内部統制報告書に対して公認会計士または監査法人による監査証明を受けなければならないことが規定されている。

　また、金融商品取引法24条の4の5において、報告書を訂正すべき事由がある場合における訂正内部統制報告書の提出義務が規定されているほか、金融商品取引法197条の2において、内部統制報告書およびその訂正報告書に関し重要な事項について虚偽の記載のあるものを提出した場合または提出義務を怠った場合に、5年以下の懲役もしくは500万円以下の罰金に処し、またはこれを併科することが規定されている。

　これらのうち、訂正報告書の提出義務や罰則に関する条文は、過年度

決算訂正の対象である財務諸表を含む有価証券報告書の場合と基本的には異なるものではない。すなわち、重要な事項の変更が生じ報告内容を訂正する必要が生じた場合は、訂正報告書を提出する義務があり、重要な事項につき虚偽の記載を行った場合は、罰則が科せられることになる。

　ただし、対象が有価証券報告書ではなく内部統制報告書であることから、訂正に係る重要な事項の内容や判断指針は、財務諸表の場合とは異なってくることになる。

　また、金融商品取引法において、具体的な内容は内閣府令等で定める旨が記載されていることから、過年度決算訂正と内部統制報告書の関係を考察するには内閣府令等の内容もふまえる必要がある。

第2節　訂正報告書と内部統制報告書

　訂正報告書と内部統制報告書の関係は、大きく次の2点に分けて考える必要がある。
　　ⅰ　過年度に提出した内部統制報告書に与える影響
　　ⅱ　当年度に提出する内部統制報告書に与える影響

1　過年度に提出した内部統制報告書に与える影響

　関連法令等のうち、特に金融庁総務企画局が公表している「内部統制報告制度に関するQ&A」（2007年10月1日（最終改訂：2011年3月31日））（以下「Q&A」という）の問67および問71が、過年度決算訂正と内部統制報告書の関係を考える際に参考となる。

> （問67）【評価範囲の外から開示すべき重要な不備が発見された場合の取扱い】
> 　経営者は、基準〔筆者注：金融庁・企業会計審議会「財務報告に係る内部統制の評価及び監査の基準」（2007年2月15日（最終改正：2011年3月30日））（以下「基準」という）〕及び実施基準〔筆者注：金融庁・企業会計審議会「財務報告に係る内部統制の評価及び監査に関する実施基準（2007年2月15日（最終改正：2011年3月30日））（以下「実施基準」という）〕」に準拠して決定した評価範囲について評価を実施したが、内部統制報告書を提出した後に、結果的に、当該評価範囲の外（例えば、その売上高が連結ベースの売上高の概ね3分の2程度に入らない連結子会社）から開示すべき重要な不備に相当する事実が見つかった場合には、内部統制報告書に記載した評価結果を訂正しなければならないのか。また、この場合、監査人が内部統制監査報告書において無限定適正意見を表明していたときには、監査意見も訂正しなければならないのか。
> （答）
> 1. 経営者が、基準及び実施基準に準拠して決定した評価範囲について評価を実施している場合においては、内部統制報告書を提出した後に、結果的に、評価範囲の外から開示すべき重要な不備に相当する事実が見つかったとしても、内部統制報告書に記載した評価結果を訂正する必要は

ないと考えられる。
(注) 実施基準では、開示すべき重要な不備の判断指針（例えば、金額的重要性として、連結税引前利益の概ね5％程度）は、不備が開示すべき重要な不備に該当するか判断する際に用いられるものであり、個別に評価対象に追加する業務プロセスを決定する際に用いる指針として示したものではないことに留意する必要があるとしている（実施基準Ⅱ1②）。したがって、例えば、連結ベースの売上高等の概ね3分の2程度に入らない連結子会社の売上高等が開示すべき重要な不備の判断指針である連結税引前利益の概ね5％程度を超えたことをもって、直ちに当該連結子会社の業務プロセスを評価対象に追加することは求めていない。
2. また、この場合において、監査人は、内部統制監査報告書において無限定適正意見を表明していたとしても、監査人の監査意見を訂正する必要はないと考えられる。
3. なお、当該開示すべき重要な不備に相当する事実が見つかった事業年度においては、評価範囲の決定に際して、当該事象に十分留意する必要があるものと考えられる。

(問71)【有価証券報告書の訂正報告書の提出と内部統制報告書】
　財務報告に係る内部統制は有効である（開示すべき重要な不備がない）と記載した内部統制報告書を、有価証券報告書と併せて提出した後に、財務諸表に記載した数値に誤りがあったとして有価証券報告書の訂正報告書を提出することになった。この場合、「開示すべき重要な不備」がないと記載した内部統制報告書についても併せて訂正報告書を提出しなければならないのか。
(答)
1. 内部統制報告制度の対象とする内部統制は、（連結）財務諸表を中心とした財務報告が法令等に従って適正に作成されるための体制である。
2. したがって、有価証券報告書の訂正報告書が提出されたことをもって、直ちに連動して財務報告に係る内部統制に開示すべき重要な不備がないと記載した内部統制報告書について訂正報告書を提出しなければならないということにはならない。ただし、有価証券報告書の訂正報告書を提出する原因となった誤りを検討し、当該誤りが内部統制の評価範囲内からの財務報告に重要な影響を及ぼすような内部統制の不備から生じたも

> のであると判断される場合には、当該内部統制報告書についての訂正報告書の提出が必要になるものと考えられる。
> 3. なお、適切に決定された評価範囲の外から開示すべき重要な不備に相当する事実が発見された場合には、内部統制報告書に記載した評価結果を訂正する必要はないと考えられる（問67参照）。

　Q&Aから過年度の内部統制報告書に与える影響を考える際のポイントとして、次の４点が指摘できる。

> ⅰ　過年度決算訂正に伴う有価証券報告書の訂正報告書を提出した場合、その誤りが該当年度の内部統制の不備に起因しているか否かを確認する必要があること
> ⅱ　内部統制の不備に起因している場合、該当の不備が該当年度における評価範囲内から生じたものであったか否かを確認する必要があること
> ⅲ　評価範囲内から生じたものであった場合、該当の不備が開示すべき重要な不備に該当するか否か検討する必要があること
> ⅳ　開示すべき重要な不備に該当する場合、内部統制報告書の訂正報告書の提出を行う必要があること

(1) 過年度決算訂正に伴う有価証券報告書を提出した場合、その誤りが該当年度の内部統制の不備に起因しているか否かを確認する必要があること

　過年度決算訂正が内部統制の不備に起因するとは限らない。したがって、内部統制報告書に与える影響を考える際には、まず、その原因が内部統制の不備にあたるか否かの検討が必要である。この検討の際には、基準Ⅰ.3.において、内部統制は複数の担当者による共謀によって機能しなくなる場合や、費用と便益との比較衡量のうえで整備運用されるものであること等、固有の限界を持っていることが明らかにされていること等もふまえる必要がある。

(2) 内部統制の不備に起因している場合、該当の不備が該当年度における評価範囲内から生じたものであったか否かを確認する必要があること

　評価に係る企業負担等にも配慮し、基準Ⅱ.2.(2)等において、本制度における評価範囲は財務報告に対する金額および質的影響の重要性を考慮し合理的に決定すべき旨、またその結果特定された一定の範囲内で内部統制の有効性評価を行う旨が規定されている。したがって、過年度決算訂正が該当年度の内部統制の不備に起因していたとしても、その不備が該当年度における評価範囲外であれば、内部統制報告書の訂正事由にはあたらないことになる。

(3) 評価範囲内から生じたものであった場合、該当の不備が開示すべき重要な不備に該当するか否か検討する必要があること

　過年度決算訂正の原因となる内部統制の不備が該当年度の評価範囲内であった場合、それが開示すべき重要な不備に該当するか否かの検討が必要である。

　基準Ⅱ.1.(3)(4)、Ⅱ.3.(4)において、「財務報告に係る内部統制が有効である」とは「内部統制に開示すべき重要な不備がない」ことと規定されており、さらに「開示すべき重要な不備」とは「財務報告に重要な影響を及ぼす可能性が高い財務報告に係る内部統制の不備」であり、「内部統制の有効性の評価を行った結果、統制上の要点等に係る不備が財務報告に重要な影響を及ぼす可能性が高い場合は、当該内部統制に開示すべき重要な不備があると判断しなければならない。」と規定されている。すなわち、この開示すべき重要な不備こそが、内部統制報告書の有効性の判断に直結する重要な事項であることがわかる。

　また、実施基準Ⅱ.1.②、Ⅱ.3.(4)①ハおよび監査・保証実務委員会報告第82号187項～189項、210項、211項において、次のとおり開示すべき重要な不備に関する判断指針、さらには開示すべき重要な不備に該当するかどうか慎重に判断を要する内部統制の不備例が示されている。

図表 2-2-1　開示すべき重要な不備の有無の判断指針

項目	内容
基本的指針	・　財務報告全般に関する虚偽記載の発生可能性と影響の大きさのそれぞれから判断される
判断上の留意点	・　実際に虚偽記載が発生したかどうかではなく、潜在的に重要な虚偽記載の発生を防止または適時に発見できない可能性がどの程度あるか（潜在性）によって判断される ・　金額的重要性だけでなく質的重要性も考慮する ・　金額的重要性は、たとえば、連結税引前利益であれば、おおむね5％程度にすることが考えられる

図表 2-2-2　開示すべき重要な不備に該当する可能性のある内部統制の不備例

項目	内容
全社的な内部統制	・　経営者が財務報告の信頼性に関するリスクの評価と対応を実施していない ・　取締役会または監査役もしくは監査委員会が財務報告の信頼性を確保するための内部統制の整備および運用を監督、監視、検証していない ・　財務報告に係る内部統制の有効性を評価する責任部署が明確でない ・　財務報告に係るITに関する内部統制に不備があり、それが改善されずに放置されている ・　業務報告プロセスに関する記述、虚偽記載のリスクの識別、リスクに対する内部統制に関する記録等、内部統制の整備状況に関する記録を欠いており、取締役会または監査役もしくは監査委員会が、財務報告に係る内部統制の有効性を監督、監視、検証することができない ・　経営者や取締役会、監査役または監査委員会に報告された全社的な内部統制の不備が合理的な期間内

開示すべき重要な不備に該当するかどうか検討すべき内部統制の不備の状況		に改善されない
	・	前期以前の財務諸表につき重要な修正として公表した場合
	・	企業の内部統制により識別できなかった財務諸表の重要な虚偽記載を監査人が検出した場合
	・	上級経営者層の一部による不正が特定された場合
不備が発見された場合に、開示すべき重要な不備に該当する可能性を慎重に検討すべき分野	・	会計方針の選択適用に関する内部統制
	・	不正の防止・発見に関する制度
	・	リスクが大きい取引を行っている事業または業務に係る内部統制
	・	見積りや経営者による予測を伴う重要な勘定科目に係る内部統制
	・	非定型・不規則な取引に関する内部統制

　これらの判断指針および例示は、過年度決算訂正の場合であっても異なることはないと考えられる。したがって、これらをふまえ、過年度決算訂正の原因となる内部統制の不備が開示すべき重要な不備に該当するか否かを検討することが考えられる。

(4) 開示すべき重要な不備に該当する場合、内部統制報告書の訂正報告書の提出を行う必要があること

　ここまでの検討の結果として、過年度決算訂正の原因となった内部統制の不備が開示すべき重要な不備に該当すると判断される場合には、内部統制報告書の訂正事由にあたることから、内部統制報告書の訂正報告書を提出する必要性が生じることになる。

2　当年度に提出する内部統制報告書に与える影響

　Q&Aから、過年度決算訂正が当年度（発表年度）の内部統制報告書に与える影響を考える際のポイントとして、次の2点が指摘できる。

> i 該当の内部統制の不備が開示すべき重要な不備に相当する場合、該当の不備に係る業務プロセス等は当事業年度の評価範囲に含めなければならない可能性が高くなること
> ii 結果として、当事業年度までに当該開示すべき重要な不備を是正することができない場合、当事業年度末の内部統制評価は有効でないと判断すべきこと

(1) 該当の内部統制の不備が開示すべき重要な不備に相当する場合、該当の不備に係る業務プロセス等は当事業年度の評価範囲に含めなければならない可能性が高くなること

　実施基準Ⅱ.2.(2)等において、本制度における内部統制の評価範囲は、重要な事業拠点や企業の事業目的に大きくかかわる勘定科目といった概念を用いて一定の範囲に限定することができる旨が規定されている。ただし、重要な事業拠点か否かを問わず、財務報告への影響を勘案した場合に重要性の高い業務プロセスについては個別に評価対象とすべきとも規定されており、評価範囲の決定にあたっては実質的な判断を重視していることがうかがえる。ここで、過年度の決算訂正の原因となった内部統制の不備が開示すべき重要な不備に相当する場合、該当の不備が生じた業務プロセス等は重要性が高いと考えることが自然であることから、当該不備が生じた業務プロセス等を当事業年度の評価範囲に含める必要性が生じることになる。なお、仮に当該不備が開示すべき重要な不備に相当しなかったとしても、より慎重な評価範囲の再考が必要である。

(2) 結果として、当事業年度までに当該開示すべき重要な不備を是正することができない場合、当事業年度末の内部統制評価は有効でないと判断すべきこと

　過年度の決算訂正の原因となった内部統制の不備は、当該訂正事由が発覚した際に初めて発見されることが多い。したがって、当該不備は発見した時点ではいまだ是正されていない可能性が高い。過年度の決算訂正の原因となった内部統制の不備が開示すべき重要な不備に相当する場

合に、当該不備が生じた業務プロセス等は基本的には評価範囲に含まれるということになると、当事業年度末までに不備の是正が間に合わない可能性がある。この場合、当事業年度末に開示すべき重要な不備が残存することとなることから、当事業年度末の内部統制は有効でないという結論となり、開示すべき重要な不備の内容を開示する必要性が生じることになる。

3 実際の開示状況

図表2-2-3　損益影響が累積当期純利益（訂正前）に与えるインパクト別分類

損益影響額が 累積当期純利益（訂正前） に与えるインパクト	有価証券報告書 訂正報告書件数	内部統制報告書再提出		
		無	有	不明
0.0%～±1.0%	22件	15件	6件	1件
±1.0%～±2.0%	6件	2件	4件	－
±2.0%～±3.0%	9件	4件	5件	－
±3.0%～±4.0%	11件	5件	6件	－
±4.0%～±5.0%	4件	1件	3件	－
±5.0%～±10.0%	18件	7件	11件	－
±10.0%～±20.0%	15件	6件	9件	－
±20.0%～±30.0%	9件	1件	8件	－
±30.0%～±40.0%	5件	1件	4件	－
±40.0%～±50.0%	5件	1件	4件	－
±50.0%～±100.0%	12件	5件	7件	－
±100.0%～	10件	2件	8件	－
合計	126件	50件	75件	1件

　図表2-2-3は、訂正報告書の損益影響額が、訂正前の累積当期純利益に与える割合のレンジ別に内部統制報告書に係る訂正報告書の提出件数を分類したものである。

1⑷のとおり、過年度決算訂正の原因となった内部統制の不備が、「開示すべき重要な不備」に該当する場合、内部統制報告書の訂正報告書の提出を行う必要がある。「開示すべき重要な不備」に該当するか否かは、当該不備が及ぼす金額的重要性に加えて、質的重要性も考慮することとなる。

　訂正報告書を提出した際、損益影響額が累積当期純利益（訂正前）に与えるインパクトが大きいほど、内部統制報告書の訂正報告書を提出する割合が高くなっている。一方、損益影響額が累積当期純利益（訂正前）に与えるインパクトが比較的小さい場合（5.0％未満）であっても、内部統制報告書を再提出するケースがある。この場合は、当該不備による潜在的影響額が大きい場合や、質的重要性を考慮し、内部統制報告書の訂正報告書を提出しているものと推察される。

第3節　内部統制監査への影響

1　過年度の内部統制監査との関係

　第2節1(3)のとおり、有価証券報告書の財務諸表に対する訂正報告書を提出する原因となった誤りが、内部統制の評価範囲内からの財務報告に重要な影響を及ぼすような内部統制の不備から生じたものであると判断される場合や、内部統制の評価範囲自体が、結果として適切に決定されていなかった場合には、当該内部統制報告書についての訂正報告書が提出されることもある。

　一方で、内部統制報告制度においては、内部統制報告書の訂正報告書に対して監査証明は必要とされていないため、監査人は、過年度の内部統制報告書の訂正報告書に対する内部統制の監査を実施する必要はない（内部統制府令ガイドライン1-1）。

2　当年度の内部統制監査との関係

　有価証券報告書の財務諸表に対する訂正報告書を提出する原因となる不正または誤謬が内部統制の評価範囲内から発生し、財務報告に重要な影響を及ぼすような内部統制の不備であると判断された場合や内部統制の評価範囲自体が、結果として適切に決定されていなかった場合、会社が当年度の内部統制評価に与える影響を十分に検討しているか確認することとなる。

　すなわち、当該不備が内部統制の評価範囲内から発生した場合は、当該不備の改善状況について内部統制監査上も確認することとなる。また、当該不備が内部統制の評価範囲外から発生した場合、内部統制監査の評価範囲を見直し、必要に応じて評価範囲を拡大し、内部統制の有効性について評価することとなる。

第3章 税務上の取扱い

■本章のポイント
- 不適切会計に基づき、課税所得・法人税額を過大に申告・納税していた場合であっても、過大納税額の還付に関する更正の請求を行うことができる。
- 更正の請求手続による還付請求の成否は、不適切会計の事実を、裏づけとなる根拠資料とともに、いかに税務当局に対して明確に説明できるかで決まるといえる。
- 還付請求が可能な期間は、法定申告期限から5年以内である。なお、不適切会計の場合は、通常の還付請求手続と異なり、修正の経理要件が設けられていること、また、原則的に即時還付が認められず、将来の納税額からの税額控除により過大納税額が精算されることに留意を要する。
- 法人税のみならず、消費税や地方税（法人住民税および法人事業税）も還付請求の対象となる。

第1節 企業会計基準第24号と税務

1 確定決算主義との関係

　法人税法では、各事業年度終了の日の翌日から2月以内に、税務署長に対し、確定した決算に基づき、確定申告書を提出しなければならないとされている（法税74条1項）。これは、会社法上、各事業年度の決算（計算書類）が定時株主総会または取締役会の承認により確定することから、この定時株主総会または取締役会で承認された計算書類に基づいて、法人税の課税所得を計算して確定申告することを意味し、一般に「確定決算主義」と呼ばれている。

　過去の不適切会計が発覚し、企業会計基準委員会「企業会計基準第24号『会計上の変更及び誤謬の訂正に関する会計基準』」（2009年12月4日）（以下「企業会計基準第24号」という）の適用により、過去の誤謬

を訂正する場合であっても、過去の確定した決算そのものは修正されないケースがほとんどである。企業会計基準第24号の適用と、過去の決算の確定・未確定に直接的な関係はないことから、企業会計基準第24号が適用されたとしても、過去の確定した決算内容に基づいて、正しく課税所得の計算が行われている限り、過去に遡って法人税確定申告書を修正することは要しない。

したがって、不適切会計が発覚し、過年度に遡及して訂正処理が行われた場合には、その訂正項目に関する税務上の取扱いについて分析を行い、過去の課税所得の計算に誤りがあったか否かを判断する必要がある。たとえば、過年度の売上計上漏れ、費用の過大計上があったような場合には、会計上の誤謬であるとともに、過去の課税所得の計算に誤りがあったことになり、修正申告により過去の課税所得を是正しなければならない。

2　過年度の誤りがある場合の税務処理

企業会計基準第24号4項(8)において、「誤謬」とは、「原因となる行為が意図的であるか否かにかかわらず、財務諸表作成時に入手可能な情報を使用しなかったことによる、またはこれを誤用したことによる、次のような誤りをいう。」と定義されている。

　ⅰ　財務諸表の基礎となるデータの収集または処理上の誤り
　ⅱ　事実の見落としや誤解から生じる会計上の見積りの誤り
　ⅲ　会計方針の適用の誤りまたは表示方法の誤り

過去の誤謬に係る遡及処理はさまざまなケースが考えられるため、税務上の是正を要するか否かは一概にはいえない。たとえば、引当金の計上や減損損失の計上のように、訂正されたとしても税務上は損金不算入となり、一時差異として調整されることで、課税所得計算に影響しないものもあれば、売上の過少計上のように課税所得に影響するものも想定される。

したがって、過去の誤謬の遡及処理については、その訂正項目に関す

る過去の税務処理が税法規定に従った正しいものであるかを個別に検証して、是正の要否を判断することになる。

　(a)　設例1：過去の誤謬の遡及処理（減損損失）

> 前期において土地の減損損失（税務上は損金不算入）1,000の計上漏れがあり、会計上の誤謬となることから、会計上、土地と利益剰余金の期首残高を1,000減額する修正再表示を行った。

【前期の申告処理】

　土地の減損損失の計上漏れについて、会計上は誤謬として修正再表示がなされた場合であっても、税務上、土地の減損損失は原則として損金不算入であり、税務上は一時差異として調整されることから、課税所得に影響はないため、前期の法人税申告の訂正は不要となる。

［前期の確定申告書］

別表五（一）

区分	期首	減	増	期末
諸資産				600
繰越損益金				1,400
差引合計額				2,000

【当期の申告処理】

　土地の期首残高について、会計と税務で減損損失相当額（1,000）だけ差異が生じているため、別表五（一）の期首残高を調整する必要がある。

［当期の確定申告書］

別表五（一）

区分	期首	減	増	期末
諸資産	600			
土地（減損損失）	1,000			
繰越損益金	400			
差引合計額	2,000			

過年度遡及による影響額1,000（土地）と当期の期首繰越損益金400の合計額1,400は、前期の期末繰越損益金1,400と一致する。

(b) 設例２：過去の誤謬の遡及処理（売上計上漏れ）

> 前期に計上すべき売上 1,000 が計上漏れとなっており、会計上の誤謬となることから、会計上、売掛金と利益剰余金の期首残高を 1,000 増額する修正再表示を行った。

【前期の申告処理】

前年度の売上計上漏れは、会計上の誤謬であると同時に、税務上も課税所得を是正すべきものであるため、修正申告書を提出することにより、前年度の法人税申告の訂正が必要となる。

[前期の修正申告書]
別表四

区分		総額	留保分	社外流出分
当期利益又は当期損失の額		3,000	3,000	
加算	売上計上漏れ	1,000	1,000	
減算				
所得金額又は欠損金額		4,000	4,000	

別表五（一）

区分	期首金額	当期減	当期増	期末金額
売掛金（修正申告）			1,000	1,000
繰越損益金			3,000	3,000
差引合計額			4,000	4,000

【当期の申告処理】

会計上、修正再表示により、売掛金と利益剰余金の期首残高が 1,000 増額されるため、前期の修正申告により生じた会計・税務の一時差異が解消する（記載例における説明上は調整項目を総額表示している）。

[当期の確定申告書]

別表五（一）

区分	期首金額	当期減	当期増	期末金額
売掛金（修正申告）	1,000			
売掛金（過年度遡及）	△1,000			
繰越損益金	4,000			
差引合計額	4,000			

> 当期の期首繰越損益金4,000は、前期の修正申告により計上された売掛金1,000と前期の期末繰越利益損益金3,000との合計額4,000と一致する。

3　過去の確定申告書の修正手続（修正申告・更正）

(1) 概要

　過年度の確定申告書に記載された課税所得・税額の計算に誤りがあった場合には、過去に遡って課税所得・税額を修正する手続が必要となる。この修正の手続は、納税額が増加する場合と減少する場合で異なり、さらに、納税者が行うものと税務署長が行うものとで異なる。

(2) 納税額が増加、または、欠損金額が減少する場合

(a)　納税者が行う手続（修正申告）

　過年度の確定申告書に記載された課税所得・税額の計算に誤りがあり、納税額が過少、または、欠損金額が過大であったときは、納税者は、修正申告書を提出することができる（税通19条）。つまり、過去の税務処理の誤りを是正することで納税額が増加、または、欠損金額が減少する場合には、納税者は修正申告により、過去の申告内容を是正することになる。

(b)　税務署長が行う手続（増額更正）

　税務署長は、納税者が提出した確定申告書に記載された課税所得・税額の計算に誤りがある場合には、職権により課税所得・税額を更正することができる（税通24条）。

　税務署長の職権により、過去の確定申告書の内容を修正することを「更正」、納税額を増加、または、欠損金額を減少させる更正を「増額更

図表3-1-1　修正申告・更正のフローチャート

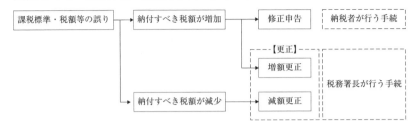

正」という。

(3) 納税額が減少、または、欠損金額が増加する場合

(a) 納税者が行う手続ⅰ（更正の請求）

過年度の確定申告書に記載された課税所得・税額の計算に誤りがあり、納税額が過大、または、欠損金額が過少であったときは、納税者は、その確定申告書の法定申告期限から5年以内（ただし、欠損金額に関するものは9年以内（なお、2018年4月1日以後開始事業年度において生じる欠損金額については10年以内））に限り、更正の請求をすることができる（税通23条）。

納税額が減少、または、欠損金額が増加する場合は、納税者側から修正申告書を提出することはできず、税務当局に対して更正の請求書を提出し、職権による更正を受ける手続となる。

なお、更正の請求は、税務当局に対して拘束力を有するものであり、税務署長は更正の請求があった場合には、その請求内容について調査したうえで、更正をし、または、更正すべき理由がない場合には、その旨を納税者に通知しなければならない（税通23条4項）。

更正の請求期限は、更正の期間制限（時効）と一致しているが、更正の請求書の提出があったとしても税務上の時効は中断しない。更正の請求をした事業年度について、更正処分がされる前に時効が到来してしまえば、減額更正を受けることができないため留意が必要である。

図表 3-1-2　更正の請求手続フロー

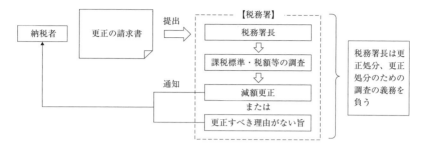

(b)　納税者が行う手続ⅱ（更正の申出）

　2011 年 12 月の税制改正において、納税者がする更正の請求について、請求をすることができる期間が法定申告期限から 5 年以内（改正前 1 年以内）に延長された。これは改正前、税務当局は減額更正を 5 年間できるのに対し、納税者側からの更正の請求については、原則として法定申告期限から 1 年以内とされていたため、法定申告期限から 1 年経過後は、非公式に税務当局に対して税額の減額変更を求める「嘆願」といった実務慣行が存在していた。2011 年 12 月の改正によって、こうした法定外の「嘆願」という実務慣行を解消し、納税者が更正の請求をすることができる期間を法定申告期限から 5 年以内（改正前 1 年以内）に延長することとされた。なお、2011 年 12 月 2 日より前に法定申告期限が到来する事業年度については、更正の請求をすることができる期間が、従前どおり、法定申告期限から 1 年以内とされていることから、すでに更正の請求期限が到来済みであるため、更正の請求はできない。

　しかし、更正の請求期限は過ぎたとしても、更正の期限（時効）（詳細は 4 参照）が到来していない事業年度であれば、職権による更正自体は可能である。

　このようなケースに対する税務当局の運用上の措置として、2011 年 12 月 2 日より前に法定申告期限が到来する事業年度については、更正の申出書を提出することにより、職権による減額更正を受けるという手続が設けられている。

図表 3-1-3　更正の申出手続フロー

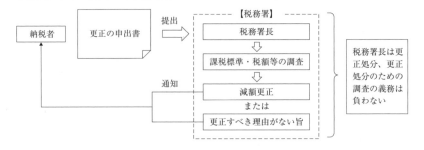

　更正の申出は、更正の請求とは異なって法的拘束力はないが、税務署長が、その申出内容を調査のうえ、更正手続を行うこと自体は変わらない。なお、この更正の申出制度は、従来、実務的な対応として納税者から税務署長に対して行われていた「嘆願」が制度化されたものである。

(c)　税務署長が行う手続（減額更正）

　税務署長は、納税者が提出した確定申告書に記載された課税所得・税額の計算に誤りがある場合には、職権により課税所得・税額を更正することができる（税通24条）。

　税務署長の職権により、過去の確定申告書の内容を修正することを「更正」、納税額を減少、または、欠損金額を増加させる更正を「減額更正」という。

4　更正の期間制限（税務上の時効）

　更正ができる期間には制限が設けられており、法定申告期限から一定期間を経過すると時効が成立し、更正することができなくなる（税通70条）。基本的に、納税者による修正申告・更正の請求ができる期間と税務当局による増額更正・減額更正ができる期間は一致する。

　なお、法人税については、法人税額を増減させる更正については、法定申告期限から5年以内とされているが、欠損金の額を増減させる更正については、繰越欠損金の有効期間と一致するよう法定申告期限から9年以内（2018年4月1日以後開始事業年度において生じる欠損金額について

は10年以内）とされている。また、移転価格税制に係る更正については6年以内とされている。また、消費税の更正は、法定申告期限から5年以内とされている。

図表3-1-4　国税の更正の期間制限

税目		期間（※1）	起算日
法人税	原則（法人税額に係る更正）	5年	法定申告期限の翌日
	欠損金の額に係る更正	9年（※2）	
消費税		5年	

（※1）　偽りその他不正（脱税）があった場合の更正の期間制限は考慮していない。
（※2）　2018年4月1日以後開始事業年度において生じる欠損金額については10年となる。

5　仮装経理があった場合の更正の請求

(1)　概要

過去に事実を仮装して経理した、いわゆる粉飾決算を行っており、課税所得・法人税額を過大に申告・納税していた場合には、過去の確定申告書の内容に誤りがあったことになるため、納税者から税務当局に対して更正の請求書を提出し、更正処分がされれば、過誤納税金の還付を受けることができる。

法人税法では、いわゆる粉飾決算を「仮装経理」と定義しており、仮装経理に関する減額更正の手続は、一般の更正の請求とは異なる。

まず、税務署長は、仮装経理に基づく過大申告があった場合、納税者が仮装経理の是正処理を行うまでの間は、更正をしないことができるとされている（法税129条1項）。つまり、税務当局は、納税者が仮装経理により課税所得・税額が過大申告していた事実を認識したとしても、納税者自身が過去の仮装経理の事実を認め、修正の経理を行うことによってこれを是正しない限り、減額更正しないということである。

次に、減額更正が行われたとしても、仮装経理に基づく過誤納税金の

図表 3-1-5　仮装経理があった場合の更正手続フロー

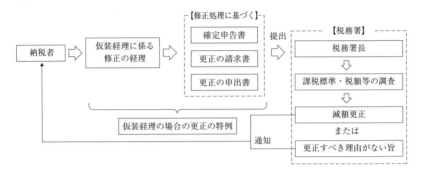

即時還付は一定のケースを除き認められない（法税135条）。これは一種の制裁的な措置であり、仮装経理に基づく過誤納税金は、減額更正の日の属する事業年度から5年間にわたって法人税額から順次控除され、5年経過後に控除しきれなかった残額があれば還付される。

(2) 仮装経理の範囲

法人税法における仮装経理は、企業会計上の粉飾決算よりも範囲が狭い。たとえば、減損損失や引当金の未計上といったことは、あくまでも会社の内部処理の範疇であることから仮装経理には含まれず、架空売上の計上や、売上原価の過少計上といった外部取引を操作するものが仮装経理に含まれると解されている。

図表 3-1-6　仮装経理の範囲

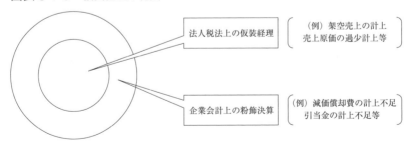

(3) 修正の経理

　仮装経理に基づく過大申告について減額更正を受けるためには、仮装経理に係る「修正の経理」を行い、かつ、その修正の経理をした事業年度に係る確定申告書を提出する必要がある（法税 129 条）。

　この修正の経理は、企業会計基準第 24 号が導入される前は、確定した決算において「前期損益修正損」等として経理することとして取り扱われていた。これは、仮装経理を修正した事案を明確に表示することを義務づけることにより、粉飾を防止する趣旨によるものである。なお、財務諸表上、特別損益の項目で前期損益修正損等として計上せずに、帳簿上、単なる反対仕訳により訂正する場合には、修正の事実を明示していないことから、修正の経理には該当しないとされている。

　企業会計基準第 24 号の導入後は、過去の誤謬の訂正は、原則として修正再表示により行われ、過年度の累積的影響額は期首利益剰余金に反映されるため、前期損益修正損として経理処理されなくなったが、この場合の修正の経理の取扱いについては、国税庁が公表した「法人が『会計上の変更及び誤謬の訂正に関する会計基準』を適用した場合の税務処理について」（2011 年 10 月 20 日）で、修正再表示による処理は、「前期損益修正損」等により経理した結果と同一の結果を表示するものであるため、法人税法 129 条に定める「修正の経理」として取り扱うことが明らかにされている。さらに、重要性の判断に基づき、過去の誤謬に関する修正再表示をしない場合には、損益計算書、営業損益または営業外損益として計上することが一般的であり、その場合には、従来どおりの「修正の経理」（「前期損益修正損」等により会計処理したうえで、法人税確定申告書の別表四で同額を加算・留保処理すること）が行われることも明らかにされている。

設例：仮装経理に係る修正の経理

> 前提
>   前期に架空売上1,000が計上されていることが発覚し、会計上の誤謬となることから、会計上、売掛金と利益剰余金の期首残高を1,000減額する修正再表示を行った。

【当期の申告処理】

　前年度の架空売上は、会計上の誤謬であると同時に、税務上も課税所得金額を是正すべきものであるため、前年度の法人税申告の訂正が必要となるが、是正により課税所得・納税額が減少することになるため更正の請求を行うことになる。

　仮装経理に基づく過大申告の減額更正は、修正の経理を施した確定申告書の提出が要件であるため、修正再表示の対象となった売掛金1,000を、当期の確定申告書の別表五（一）の期首残高に記載する。この時点では、会計・税務の一時差異が生じた状態となる。

[前期の確定申告（更正前）]

別表四

区分	総額	留保分	社外流出分
当期利益又は当期損失の額	2,000	2,000	
加算			
減算			
所得金額又は欠損金額	2,000	2,000	

別表五（一）

区分	期首金額	当期減	当期増	期末金額
繰越損益金	1,000	1,000	3,000	3,000
差引合計額	1,000	1,000	3,000	3,000

［当期の確定申告（修正の経理）］

別表四

区分	総額	留保分	社外流出分
当期利益又は当期損失の額	1,500	1,500	
加算			
減算			
所得金額又は欠損金額	1,500	1,500	

別表五（一）

区分	期首金額	当期減	当期増	期末金額
売掛金（修正の経理）	1,000			1,000
繰越損益金	2,000	2,000	3,500	3,500
差引合計額	3,000	2,000	3,500	4,500

過年度遡及による影響額1,000と当期の期首繰越損益金2,000との合計額3,000は、前期の期末繰越損益金3,000と一致する。

【前期の更正処分】

　前期の法人税の更正処分がされることで、当期の別表五（一）に計上されていた会計・税務の一時差異（売掛金）が解消する（記載例の説明上は調整項目を総額表示している）。

［前期の確定申告（更正後）］

別表四

区分		総額	留保分	社外流出分
当期利益又は当期損失の額		2,000	2,000	
加算				
減算	売上過大計上	1,000	1,000	
所得金額又は欠損金額		1,000	1,000	

第3章　税務上の取扱い

別表五（一）

区分	期首金額	当期減	当期増	期末金額
売掛金（売上過大計上）			△1,000	△1,000
繰越損益金			3,000	3,000
差引合計額			2,000	2,000

［当期の確定申告（更正後）］

別表四

区分	総額	留保分	社外流出分
当期利益又は当期損失の額	1,500	1,500	
加算			
減算			
所得金額又は欠損金額	1,500	1,500	

別表五（一）

区分	期首金額	当期減	当期増	期末金額
売掛金（修正の経理）	1,000			1,000
売掛金（売上過大計上）	△1,000			△1,000
繰越損益金	2,000	2,000	3,500	3,500
差引合計額	2,000	2,000	3,500	3,500

> 当期の期首繰越損益金2,000は、前期の更正により計上された△1,000と前期の期末繰越損益金3,000との合計額2,000と一致する

(4) 仮装経理に基づく過大申告の場合の還付の特例

(a) 原則的取扱い（税額控除）

仮装経理に基づく過大申告の減額更正が行われた場合、過去の過誤納税金については、ただちに全額は還付されず、減額更正の日の属する事業年度開始の日前1年以内に開始する事業年度分の確定法人税額に相当する金額のみが還付され、残額は、減額更正の日の属する事業年度以降

図表3-1-7 仮装経理の更正に伴う税額控除

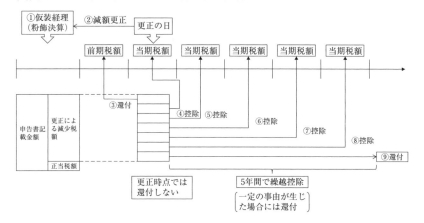

の各事業年度の法人税額から順次控除される。

そして、減額更正の日の属する事業年度開始の日から5年を経過する日の属する事業年度において控除しきれない金額がある場合には、その残額が還付される。

なお、仮装経理に関する減額更正を受けた法人が会社清算する場合等、一定の事実が生じた場合には、5年経過を待たずに、所定の期限経過後に還付される。

図表3-1-8 一定の事実

還付される事実	還付の期限
更正の日の属する事業年度開始の日から5年を経過したこと	5年を経過する日の属する事業年度の確定申告書または連結確定申告書の提出期限
残余財産が確定したこと（連結法人を除く）	残余財産の確定の日の属する事業年度の確定申告書の提出期限
合併による解散をしたこと（連結法人の解散および適格合併を除く）	合併の日の属する事業年度の確定申告書または連結確定申告書の提出期

第3章 税務上の取扱い

	限
破産手続の開始決定による解散をしたこと（連結法人の解散を除く）	破産手続開始決定の日の属する事業年度の確定申告書の提出期限

(注) 上記のほか連結法人、公益法人等について、仮装経理法人税額の還付について一定の定めがある。

(b) 例外的取扱い（即時還付）

仮装経理に関する減額更正を受けた法人について、会社更生法による更正手続開始決定等の一定の事実が生じた場合には、過年度の過誤納税金の即時還付が認められる。

図表 3-1-9　法的整理等の一定の事実

法的整理等の一定の事実
特別清算開始の決定
会社更生法の規定による更正手続開始決定
民事再生法の規定による再生手続開始決定

(注) 上記のみならず、上記の事実に準ずる一定の事実が生じた場合にも即時還付の適用がある。

(5) **消費税**

仮装経理により過年度の消費税を過大申告していた場合についても、減額更正による還付が認められる。消費税は、法人税とは異なり、仮装経理に関する特別な取扱いはなく、通常の更正の請求の手続に従って還付請求を行うことになり、また、減額更正された場合には、過誤納税金は即時還付される。

第2節　過誤納税金の還付手続と実務上の留意点

1　概要

　不適切会計が発覚した場合、仮装経理に基づく過大申告がされていた可能性があるため、税務の観点から不適切会計の内容を分析して、還付請求の可否を検討すべきこととなる。

　仮装経理があった場合の還付請求手続は、大まかには、ⅰ仮装経理の事実確認、ⅱ修正の経理、ⅲ修正の経理をした事業年度の確定申告書・更正の請求書の提出、ⅳ税務当局による調査、ⅴ更正処分、という流れで進むことになるが、仮装経理が行われていた期間の長短、仮装経理の事実を示す資料の整備状況等によっては、手続に長期間要することもあり、実務的な難易度は高いことが多い。

　税務当局は、更正処分をするにあたり、更正通知書に更正理由を附記しなければならないため、その基礎となる事実を正確に把握する必要がある。したがって、還付請求手続の成否は、不適切会計の事実について、その裏づけとなる証拠資料をもって、税務当局に明確に説明できるか否かで決まるといえる。

　また、税務当局による調査手続がスムーズに進むよう、事前相談を行って、不適切会計の内容を説明しておくとともに、提出資料の範囲やスケジュールについてすり合わせしながら手続を進めることが肝要である。

2　不適切会計の全体像の把握と還付請求のスケジューリング

　仮装経理があった場合の還付請求手続は、最初に不適切会計の全体像を把握し、税務上の論点整理することから始まる。この段階で確認すべきポイントとしては以下が考えられる。

(1)　会社の状況・会社担当者の協力可否

　不適切会計の事実を正確に把握するためには、その目的・手法を十分に説明できる会社担当者の協力が不可欠である。会社担当者の協力が得

図表 3-2-1　仮装経理に基づく過大申告の場合の更正手続の全体概要

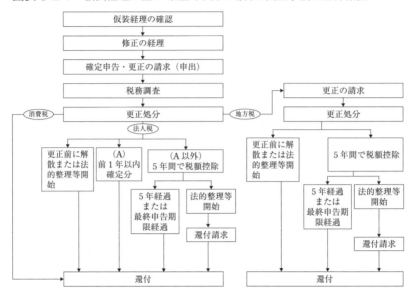

られなければ、不適切会計が行われていた期間、手法、証拠資料の有無を特定することは難しいと考えるべきであろう。そのため、不適切会計に関与していた者の在籍の有無、また、その者の協力を得られるか否かは最初に確認すべき重要なポイントである。

なお、不適切会計が発覚した後、会社が破産に追い込まれることも珍しくない。このような場合には、会社担当者へのアクセス、過去の会計データや証拠資料の収集がより難しくなることが想定されるため、早期の対処が必要となる。

(2) **不適切会計の時期**

更正には期間制限があり、税額に関する更正期限は確定申告期限から5年（欠損金額に関する更正期限は9年）となっているため、これを経過している事業年度については、たとえ、仮装経理による過大申告の事実があったとしても、過誤納税金の還付は認められない。したがって、不適切会計が行われていた事業年度を特定し、また、その事業年度の更正

期限について整理しておく必要がある。

(3) 不適切会計の手法

還付請求するにあたり、税務当局に対して不適切会計の事実を説明する必要がある。たとえば、架空売上の計上であれば、架空の証憑(注文書、請求書、納品書等)に基づいて不正仕訳が計上されていること、また、その不正仕訳が財務諸表に反映されていることをもって、売上が架空であったと説明することになる。

したがって、不適切会計の手法(資料の改ざん、循環取引、グループ間取引等)を把握・整理して税務当局への説明に備えておく必要がある。なお、不適切会計の手法が多岐にわたる場合には、すべてを網羅することが困難な場合も少なくないが、説明不能なものについては、減額更正を受けることはできないため、関係者へのヒアリングや関連資料の閲覧を通じて可能な限り整理しておく必要がある。

(4) 証拠書類の状況

不適切会計の事実の裏づけとなる証拠書類を税務当局に提出することになるため、その不適切会計を裏づける資料(関与者の電子メール、契約書・請求書等の証憑)、会計データの保存状況を確認しておく必要がある。なお、会計システムのデータが消失している場合には、IT専門家によるデータ復元が可能であるか否かの検討も要する。

(5) 税務申告の状況

不適切会計があった場合には、法人税のみならず、消費税、法人住民税・法人事業税にも影響が生じうるため、不適切会計の対象となった事業年度の確定申告・納税状況について網羅的な確認が必要となる。

過去の不適切会計を是正した場合の、各事業年度の課税所得・還付税額の見込み額を整理しておくのはもちろんのこと、他の税目(たとえば固定資産税等)についても未納税金がないかは確認しておく必要がある。

(6) 還付請求のスケジューリング

不適切会計が行われた事業年度を特定し、これらの事業年度の更正期限をふまえて、減額更正を受けるまでのスケジュールの策定を行う。

第1節5(1)のとおり、仮装経理に基づく過大申告の場合には、修正の経理を施した確定申告書を提出するまでは、更正の請求書を提出したとしても、減額更正は受けられないことから、当該確定申告書を提出するまでの期間をスケジュールに織り込む必要がある。

また、更正の請求書の提出から更正処分が決定されるまでの期間については、税務調査も行われることから、通常数か月程度は要すると考えられる。また、更正の請求書を提出しても時効は中断しないことから、更正処分がされるまでの間に時効が到来した事業年度は減額更正を受けられないため、この点をふまえてスケジューリングをする必要がある。

3　税務当局への事前相談

不適切会計の全体像の整理ができた段階で、税務当局に対する事前相談を行う。仮装経理に係る還付請求手続は、対象期間が複数年度にわたり、また、訂正項目の多さから提出資料が相当なボリュームになることも珍しくない。

このような状況下で、税務当局による調査をスムーズに進めるためには、あらかじめ、税務当局に対して、不適切会計および訂正予定項目の内容を説明しておき、修正の経理を施した確定申告書および更正の請求書を提出するタイミング、税務調査のスケジュール、提出資料の内容・範囲（サンプルチェックとする等）について合意をとっておくことが有効である。

事前相談の段階で、提出資料の内容・範囲のすり合わせをしておくことは、資料準備を効率的に行うことができるし、また、この段階である程度の資料を提出して訂正内容の合意がとれれば、税務調査の期間も短縮され、担当者の事務負担も減少すると考えられる。

4　説明資料の整備、各種税務書類の作成・提出

(1)　説明資料の整備

仮装経理に係る更正の請求の場合、更正の請求書だけでなく、そのサ

ポート資料として、不適切会計に関する経緯書、訂正項目に関する説明資料、課税所得是正額の計算資料をあわせて提出することが実務的に行われている。

不適切会計に関する経緯書は、不適切会計の発覚、社内外による調査（社外調査委員会による調査等）、調査で確認された不適切な会計処理の概要等をまとめたものであり、案件概要を理解してもらうために提出するものである。

訂正項目の説明資料は、更正の請求の対象とする訂正項目について、取引内容、不正経理の手法・内容、会計・税務の訂正をする理由、訂正金額、証憑資料の有無といった事項を記載した論点整理資料であり、個々の訂正項目について、税務上の是正が必要となる論拠を示すものである。

課税所得是正額の計算資料は、是正前後の課税所得・納税額を示すものである。適宜の様式で問題ないが、税務当局側の受け入れやすさからすれば、法人税申告書の別表（別表4、別表5(1)等の課税所得計算に必要な別表）の様式で作成することが好ましいと考えられる。

なお、法人のみならず、消費税も訂正がある場合には、消費税の訂正項目についても説明資料等に織り込む必要がある。

また、この説明資料の裏づけとなる証憑資料（会計伝票、契約書、請求書等）も税務調査に備えて整備・保存しておく必要がある。

(2) **各種税務書類の作成・提出**

仮装経理に係る更正の請求では、修正の経理を施した確定申告書と更正の請求書を提出する必要がある。特に修正の経理に関する会計処理・税務処理が適切に行われていなければ、更正を受けられないという事態となるため、特に注意すべきポイントである。

また、提出した更正の請求書の内容と、事前相談した訂正項目の内容に乖離があると混乱を招く可能性があるため、更正の請求書の提出前に、事前相談の一環としてドラフト版を税務当局に提出して確認してもらうことも実務的に行われている。

図表 3-2-2　地方税の更正手続フロー

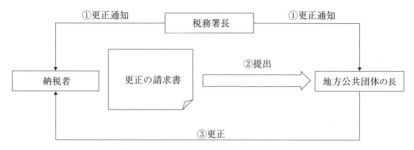

5　税務当局の調査対応

　更正の請求書の提出後、税務当局による調査が行われるが、この場合の調査は通常の税務調査とは異なり、訂正項目の内容確認のみ行われることが多い。

　提出資料については、事前に税務当局より通知されるが、一般的には、過年度の確定申告書一式、会計帳簿、訂正項目に関する証憑一式（会計伝票、契約書、請求書等）が基本的なパターンであろう。なお、税務調査で追加資料の提出を求められることが当然に想定されるが、税務調査を長期化させず、想定スケジュール内で決着させるためには、資料開示は積極的に行うことが望ましい。

6　地方税の更正の請求

(1)　地方税の更正手続

　法人事業税の所得割と法人住民税の法人税割は、法人税に連動して計算されるため、法人税の更正がされるまで、地方税の更正はされない。法人税について更正があった場合には、更正通知書の発行日から2月以内に限り、納税者から地方税の更正の請求をすることができる（地税53条の2、72条の33の2、321条の8の2）。

　ただし、納税者が地方税の更正の請求をしない場合であっても、地方公共団体は、法人税の更正内容に基づいてみずから地方税の更正をするため、地方税の更正の請求は必ずしなければならないものではない。し

図表 3-2-3　地方税の仮装経理の更正に伴う税額控除

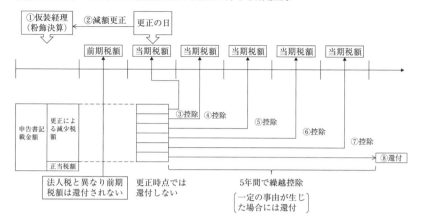

かしながら、納税者から地方税の更正の請求をすることは、地方税の減額更正ならびに還付を早期に受けるためには有効な手段といえる。

なお、地方税の更正期限（時効）は、法定納期限から5年とされているが、特例として、法人税の更正があった場合には、法人税の更正処分があった日から2年間は更正することができる（地税17条の5、17条の6）。

(2) **地方税の仮装経理の更正に伴う還付手続**

法人住民税と法人事業税についても、法人税と基本的に同様の扱いとなっており、原則として即時還付は認められず、一定に期間に渡って税額控除が行われる。なお、法人税とは異なり、更正の日の属する事業年度の前期分の税額については還付されない点に留意する必要がある。

巻末資料

不正の徴候発見のための
内部統制チェックポイント

本巻末資料は、過去の不適切会計に関連して公表された調査報告書等において、不正の発生原因とされた内部統制の不備を分析・集約し、不正の徴候を発見するための内部統制のチェックポイントとしてまとめたものである。

チェックポイントを、不備がある場合に不正の発生の根本原因となりうる全社的な内部統制（全般事項）と、不正が発生しやすい勘定科目、プロセス等に関する具体的な内部統制等を抽出した個別事項に分けて記載しており、親会社による企業グループ全体の状況把握のみならず、各子会社、事業部、支店等における個別状況の把握に利用することを想定して作成している。

なお、上記のように不正の発生原因とされることが多い項目を集約したものであり、不正の徴候発見および未然防止のための内部統制を網羅するものではないことを申し添える。

I　全般事項

1	誠実性および倫理観、経営者の意向および姿勢	チェック欄
①	経営者や内部統制内部統制において重要な役割を担う者が、組織の内外に「コンプライアンス、適正な財務報告を重視する」ということを明確なメッセージとして繰り返し発信しているか ――年頭挨拶や全社会議等で社長みずからが適正な財務報告の重要性について言及している　等	
②	経営者や内部統制内部統制において重要な役割を担う者が、コンプライアンスおよび適正な財務報告の重視という観点で、みずから範を示すように行動しているか ――どれだけ業績が厳しかったり、予算をあと少しで達成する、という場合でも決して不適切な会計処理を助長するような言動をとらない　等	
③	適正な財務報告の重視について、上記のメッセージ以外でも、従業員等に日々の行動のなかで周知徹底しているか ――不正事案が発覚した場合に、適切に処分が行われ、処分結果が社内に十分周知されている ――ポスター等の掲示物を職場の目につきやすい場所に	

	掲示する。社内研修等を定期的行う　等	
2	経営方針および経営戦略	チェック欄
①	各種予算・事業計画は、現実を考慮した達成可能性なものとなっているか	
②	各種予算・事業計画に対して、過度のプレッシャーは与えられていないか ――各種予算・事業計画の必達を必要以上に強調していないか　等	
③	各種予算・事業計画が達成できなかったとしても、その原因を分析し、当該原因に応じた評価がなされるようになっているか	
3	取締役会および監査役または監査委員会の有する機能	チェック欄
①	取締役会および監査役会等では自由活発な議論が行われ、その構成員は実質的に経営者や特定の利害関係者から独立して意見を述べることができるか ――取締役会・監査役会等においては、事前議題になくてもその時その時に必要な事項を十分議論しているか ――経営者がワンマン的な存在となっていないか ――特定の役員に業務が集中する等情報が偏重していないか ――監査役等のモニタリングが形式的なものとなっていないか。また、特に子会社等で、監査役が業務から独立しているか　等	
②	社外を含む取締役および監査役等には、モニタリングに必要な正しい情報が適時かつ適切に共有されているか	
③	経営者・監査役等および内部監査人等との間で適時かつ適切に意思疎通が図れており、報告および指摘事項が組織において適切に取り扱われているか	
4	組織構造および慣行	チェック欄
①	人事・報酬制度において変動報酬部分の占める割合について、役員および従業員の動機づけとなる一方で不正リスク要因にならない程度の比率にとどめているか	

②	特定部門・子会社において特有の組織慣行（申請書類や承認行為の省略等特定の組織のみに許容された例外処理等）が醸成されないようにしているか ――組織内の人材を流動化させ、組織内の風通しをよくするための人事ローテーションの実施　等	
③	組織の慣行を所与のものとして扱うのではなく、常に先入観を持たず、公平・公正な観点で客観的に評価するとともに、組織の存続・発展の障害となる要因があると判断された場合には、適切な理念、計画、人事の方針等を示し、すみやかに当該要因を取り除くよう改善策を立案し対処しているか ――内部監査やリスク管理部署によるモニタリング活動　等	
5	権限および職責	チェック欄
①	事業活動の目的に適合した権限および職責が設けられ、適切な者に割り当てられているか	
②	一部の従業員に権限と職責が集中している場合には、裁量により内部統制が無効化されるリスクを評価し、当該リスクに対処する必要があるか否かを検討しているか	
③	権限と職責が集中する従業員を特定したうえで、モニタリング等により異常な取引を行っていないか、異常な行動様式となっていないか、といったことを確認しているか	
6	人的資源に対する方針と管理	チェック欄
①	人的資源に対する方針（雇用、昇進、給与、研修等）が適切に定められているか	
②	人事ローテーションが適切な頻度で実施されているか	
③	人事ローテーションが行えない部署については、権限と職責を分けることで職務分掌を明確にすること等により、容易に不正が行えないような体制を構築しているか	
④	人事ローテーションが行えない部署で職務分掌を明確に分けることができるほどの人員もいない場合、モニタリ	

	ング等により異常な取引を行っていないか、異常な行動様式となっていないか、といったことを確認しているか	
7	リスクの評価と対応	チェック欄
①	適切なリスク管理部署が設置され、不正リスクを含む会計的なリスクについてもリスク・マネジメントの対象となっているか	
②	リスク管理部署において、不正リスクについて検討しているか ――同業他社の不正事例をリスク・マネジメントにおけるリスク評価で考慮しているか　等	
③	事業内容、会計方針や業務プロセスの変更の際に、リスク管理部署に適時適切に情報が共有され、リスク評価が見直される体制となっているか	
8	統制活動	チェック欄
①	各担当者の権限および職責を明確にし、各担当者が権限および職責の範囲において適切に業務を遂行していく体制を整備しているか（重要プロセスについては、Ⅱ参照）	
②	重要な業務については牽制機能が働く体制となっているか ――資金管理業務における二重チェック ――承認権限を有する者がみずから業務を実施する場合における、より上位者の承認　等	
9	情報と伝達	チェック欄
①	不正または誤謬等の発生に関する情報等内部統制に関する重要な情報が、経営者および組織内の適切な管理者に適時かつ適切に伝達される仕組みを整備しているか	
②	買収が行われた場合、既存のグループ内の情報の伝達のみならず、新規に買収した子会社に対しても適時かつ適切に伝達される仕組みを整備しているか	
10	内部通報制度・外部通報制度	チェック欄
①	内部通報制度・外部通報制度を有効に機能させるために、通報者を保護する仕組みを整備するとともに、通報内容	

	を調査する方法等も明確にし、必要な是正措置等をとるための方針および手続を整備しているか	
②	内部通報制度・外部通報制度の所在が従業員や取引先等の利害関係者に適切に周知され、利用する機会を得られるようにしているか。内部通報制度・外部通報制度が形骸化していないか（通報がないことに安心していないか）	
11	ITを利用した統制	チェック欄
①	ITシステムの全体像、ITシステムにおける統制機能を組織として適切に評価しているか	
②	ITシステムを過信することなく、必要な手作業による内部統制を構築しているか	
③	不備のあるITシステムについては、不備の重要度に応じ適時適切に不備が修正されているか	
12	内部監査	チェック欄
①	リスク・アプローチによる内部監査が実施されているか ——リスクの高い拠点を重点的に監査することでその実効性を確保しているか ——組織内外の環境に重大な変化が生じた場合には、必要に応じリスク評価の結果を見直しているか　等	
②	内部監査において、不正リスクについて検討しているか ——潜在的な不正および違法行為の発生可能性の識別 ——不正および違法行為に関するコントロールの整備状況および運用状況の評価 ——不正の徴候があった場合の適時の経営者への報告　等	
③	内部監査の対象範囲は適切か ——非中核部門や子会社も対象範囲とされているか　等	
④	会社の業務の理解度のみならず、必要に応じ語学力の観点からも適切な人材が配置されているか	
⑤	監査役等および会計監査人と連携し、リスク評価等について議論しているか	

⑥	会計方針や統制活動が変更された場合に、内部監査部署に適時適切に情報が共有され、変更の合理性を検討しているか	
⑦	内部監査による指摘事項に対して、適時に問題解決に向けた検証や再発防止策の策定が行われる体制となっているか	

13	財務諸表分析	チェック欄
①	管理部門において、各部署、事業部、支店、関係会社等の財務数値等を分析し、異常点の有無を検討できる体制となっているか ——過去5年程度の比較的長期間にわたる趨勢分析 ——営業債権、棚卸資産、営業債務等の主要な貸借対照表項目の分析 ——他部門・他事業との比較　等	

Ⅱ　個別的事項

1　仕訳入力

仕訳入力に関する統制		チェック欄
①	仕訳入力にあたり、牽制機能が働く体制となっているか ——少なくとも起票者以外の第三者が承認しないと会計システムに反映されない仕組みとなっているか（自己承認による仕訳入力ができない統制となっているか） ——特権ID（一般ユーザーが持っていない特別な権限を付与されたアカウント）による仕訳入力・修正はできない仕組みになっているか。できるとした場合、特権IDの利用履歴・特権IDによる入力・修正内容は適切にモニタリングされているか　等	
②	定型的ではない仕訳起票する場合は、適切に内容を確認できる体制となっているか ——通常ありえない勘定科目の組み合わせ（在庫／売上、	

	原価／原価、在庫／固定資産、資産勘定／費用勘定（経過勘定目の計上を除く）等 ──赤黒伝票、マイナス伝票 ──金額が異常に多額な伝票　等	
③	本来入力すべき定型的な仕訳が入力されない場合に、それが判明する体制になっているか	

2　資金管理

(1)	銀行口座管理	チェック欄
①	銀行口座の新規開設、解約は権限者により承認されているか	
②	承認権限者であったとしても1人で資金移動、銀行口座の新規開設・解約ができない体制となっているか ──インターネットバンキングにおけるパスワード管理　等	

(2)	現物管理	チェック欄
①	現金、預金通帳、手形、小切手帳、手形帳、有価証券、その他容易に換金できるものは、安全な金庫に保管され、適時現物管理がなされているか	

3　販売管理

(1)	新規取引	チェック欄
①	新規の取引先と取引先を開始する場合には、信用調査も含め、取引先の背景調査が適切に行われたうえで、稟議等所定の取引を経て取引が開始されているか	
②	仕入先に販売する場合には循環取引でないことを事前に検討しているか	
③	与信限度額や取引条件の新規設定および変更の承認が、権限者により、形骸化することなく、内容を吟味したうえで行われているか	
	通常と異なる条件で取引を行う、あるいは、事後的に条	

	④	件が変更される場合には、事前に承認を行う体制となっているか	
	⑤	役員、所属長等が、みずからの意思に基づいて強く推進する、いわゆる「トップ案件」についても、内部統制が有効に機能しているか	
(2)		販売価格	チェック欄
	①	販売価格の妥当性（市場価格との比較等）が検討されているか	
	②	販売価格の値引は、定められた販売管理手続に従い決定され、権限者により承認されているか	
(3)		受注	チェック欄
	①	注文書の受領、注文請書の発行が適正に行われているか	
	②	受注を電話等で行う場合、受注の事実が社内的に記録されているか	
(4)		出荷	チェック欄
	①	適切な出荷指示書に基づいてすべての商品・製品等の出荷が行われているか	
	②	売上の計上に際し、収益認識時点を特定する証憑が適切に整備されているか	
(5)		請求	チェック欄
	①	作成した請求書の正確性がチェックされているか	
	②	請求書発行は、適正な承認手続を経ているか	
(6)		回収・債権管理	チェック欄
	①	売掛金について、個別製品ごとに消込み管理が行われているか（総額で計上の古いものから消し込んでいないか）	
	②	売掛金について、相手先別・滞留期間別に把握・管理されているか	
	③	未回収代金について、理由、今後の回収予定等が把握されているか	
	④	定期的に残高確認の手続が実施されているか、また、会社の記録と得意先の回答に差異が生じている場合には、	

| | 適切に差異内容の分析・修正が行われているか | |

4 購買管理

(1)	仕入先選定	チェック欄
①	取引条件（例：購入価格、品質、購買量、納期、仕入先の財務状況、信用状況）を満たす仕入先は、原則的に相見積りが実施されており、選定の妥当性（価格面、技術面、サービス面）がわかる証憑が残されているか	
②	取引条件は、権限者により取引開始前に適切に承認されているか	
③	支払先の口座登録の際には、申請者以外による実在性の確認が行われているか	
(2)	仕入価格	チェック欄
①	仕入単価について定期的に見直され、仕入価格の妥当性（市場価格との比較等）が検討されているか	
②	仕入価格の変更は、定められた購買管理手続に従い決定され、権限者により承認されているか	
(3)	発注	チェック欄
①	承認済の契約書や注文書により発注されており、口頭発注は原則禁止となっているか	
②	発注については上席者による適切な承認がなされているか	
(4)	検収	チェック欄
①	発注者と検収者は分離されているか。発注者と検収者が同一人物である場合、発注者の上席者が検収に立ち会っているか	
②	定められた検収手続（物品受領時およびサービス受領時、外部倉庫への受入時も含む）に基づき検収が実施されているか	
③	直送品についても、適切な検収プロセスが定められ、実行されているか	

④	仕入計上に際して、決裁書、検収書等の根拠資料に基づき処理が行われているか	
(5)	支払い	チェック欄
①	請求書の内容について、受入記録等との照合が行われているか	
②	請求書については経理部門が直接受け取る体制となっているか	
③	支払手続は適正な承認手続を経ているか	
④	支払通知書は、購買物流部門と独立した経理部門で作成されているか。購買物流部門で作成している場合は、作成担当者以外による確認が行われているか	
⑤	仕入先に対して、現金の払出しによる支払いとなっていないか。現金による払出しとなっている場合、適切な現金払出しの管理が行われているか	
⑥	諸口支払いといった雑勘定科目を使用した支払いが行われていないか	
⑦	買掛金(未払金)の消込み作業が適正に行われているか	
⑧	定期的に残高確認の手続が実施されているか、また、会社の記録と得意先の回答に差異が生じている場合には、適切に差異内容の分析・調整が行われているか	

5 棚卸資産管理

(1)	現物管理	チェック欄
①	生産計画等と比較して棚卸数量は妥当な水準の数量となっているか	
②	実地棚卸の対象から除かれている棚卸資産はないか、また除かれている場合にはそれが適切かどうか検討されているか	
③	実地棚卸による棚卸差損益は要因を分析し、適切に処理されているか	
④	複数事業所で棚卸を実施する場合、可能な限り、各事業	

		所で一斉に現物のカウントを行うように計画しているか	
	⑤	期末日前に実地棚卸を実施している場合は、実地棚卸後に異常な棚卸数量の増減がないかを確認しているか	
	⑥	外部保管在庫の実地棚卸について、担当者だけでなく第三者が確認しているか	
	⑦	棚卸作業について担当部署以外の第三者のチェックが入っているか	
	⑧	実地棚卸実施後のシステムへの入力において、正しく入力されていることを第三者が確認しているか	
	⑨	期末棚卸資産の計算に適用されている在庫単価は異常な単価となっていないか確認しているか	
	⑩	保有する棚卸資産(不動産)の評価において専門家を利用する場合、専門家の評価が適切に行われていることを検証しているか	
	⑪	子会社の棚卸に関する担当部署を明確化する等、子会社への指導や棚卸結果の検証を実施する体制となっているか	
(2)	原価計算		チェック欄
	①	異常な原価(多い場合、少ない場合)の発生がないかを確認できる体制となっているか ——工期や過去の原価の発生状況からして異常な原価 ——異常なマイナス項目 ——予算との異常な乖離　等	
	②	工程管理は適切に行われているか ——工程(フェーズ)の設定が適切に行われているか。担当者が自由に工程の設定を変更できるようになっていないか ——作業工程管理上の進捗度と財務会計上の進捗度の間の乖離は合理的かを確認しているか　等	
	③	原価の振替えを行う仕訳は適切な根拠に基づき適切な承認を得た後実施されているか。原価の振替えが行われた場合に、それを把握し、妥当性を検証できる仕組みと	

		チェック欄
	なっているか	
④	ITシステム登録後の発生原価の修正は適切な承認に基づき実施されているか	
⑤	原価差額が適切に分析・処理されているか ――予算と今後発生見込原価を含む実績原価の乖離が適時適切に分析されているか ――発生した原価差額の原因分析が行われ、適切に予定原価・標準原価に反映されているか ――発生した原価差額の会計処理は妥当か　等	
⑥	予定原価・標準原価の変更は適切に実施されているか。変更がまったく行われなかったり、期中で合理的な理由なく頻繁に変更されてはいないか	
⑦	原価計算の実施者以外が、原価計算結果をチェックする体制となっているか	

6　経費

経費支払いの統制	チェック欄
① 役員、所属長クラスも含め権限規程に基づく社内決裁が順守されているか	

7　関連当事者取引

関連当事者取引の管理	チェック欄
① 会社と役員および同族者個人との間に取引関係はないか。取引関係がある場合には、経済的合理性はあるか。取引条件は公正妥当か	
② 会社と役員および同族者が個人的に所有している会社、代表取締役を兼任している会社との間に取引関係はないか。取引関係がある場合には、経済的合理性はあるか。取引条件は公正妥当か	
③ 関係会社との重要な通例でない取引はないか。また、重要な通例ではない取引が実行される場合に、事前にその合理性を確認できる体制となっているか	

8　関係会社管理

(1) 担当部署	チェック欄
① 関係会社管理の担当部署は明確化されているか	
(2) 全般管理	チェック欄
① 関係会社の事業計画、業績見直し等について適時適切に把握・管理しているか	
② 関係会社の業績動向、財政状態等について適時適切に把握・管理しているか。特に、前期比較、予算比較等の趨勢分析やヒアリングを実施し、異常点があれば確認を行う体制が構築されているか	
③ 関係会社の経営上の重要な決定事項に関する取扱い(事前承認、報告等)は、明確化されており、適切に運用されているか	
④ 管理部門の出向者は、関係会社において、適切な牽制機能を発揮できる職制・能力を有しているか。また、出向者は適切に人事ローテーションされているか	
⑤ 支配権を有しない関係会社の財務数値を、十分に把握するための仕組みが構築されているか	

9　新規事業

新規事業に対する内部統制	チェック欄
① 従来実施していた事業と関連性の低い新規事業への進出がなされる場合、事業リスクが適切に識別されているか	
② 経理部門等の管理部門が事後的に計数的にモニタリングするとともに、監査役等・内部監査によるモニタリングを実施しているか	

10 M&A関連

子会社の買収における統制		チェック欄
①	買収価額の算定は適切に行われているか。また当初見込んだのれんについて、その後も適切に評価されているか	
②	M&A実行前の法務、財務、税務等のデューデリジェンスは適切な範囲、コスト、人員で実施されているか	
③	M&A実行後の統合プロセス（PMI：Post Merger Integration）のなかで、買収後のデューデリジェンス（買収前にアクセスできなかった重要情報や高リスク領域に関する元データを収集・分析により、買収先の実態を早期に把握する取組み）が適切に実施されているか	

事項索引

アルファベット

Attorney Client Privilege ……………… 119
BI ツール（Business Intelligence Tools）・ 90
ESOP（Employee Stock Ownership Plan）………………………………… 45
IT
　──（情報技術）への対応 ………… 51
　──システム ………………… 34, 76
　──や環境に関するデューデリジェンス ………………………………… 77
M&A …………………………………… 95
PPA（Purchase Price Allocation）……… 79

あ 行

アシュアランス業務 …………… 80, 82
アドバイザリー業務 …………… 80, 82
一事不再理の原則 …………………… 171
一定の事実 …………………………… 289
違法配当 ……………………………… 195
インサイダー取引規制 ……………… 105
インセンティブ報酬 ………………… 61
売上早期計上 ………………………… 11
エディット・バリデーション・チェック
　…………………………………………… 34
大株主の状況 ………………………… 251

か 行

海外子会社 ………………… 50, 67, 86
会計上の変更 ………………………… 237
会計上の見積り ……………… 11, 94, 238
会計不正 ………………………… 11, 12
会計方針 ……………………………… 237
戒告 …………………………………… 172
解雇予告手当 ………………………… 173
開示すべき重要な不備 … 22, 249, 265, 268
会社の民事責任 ……………………… 183
会社法上の責任 ……………………… 193
改善報告書 …………………………… 223

回転期間分析 ………………………… 48
外部調査委員会 ……………………… 112
外部通報制度 ………………………… 70
外部評価 ……………………………… 88
架空売上 ………………………… 11, 48
確定記録の閲覧・謄写 ……………… 139
確定決算主義 ………………………… 275
過誤納税金 …………………………… 291
過去の誤謬の訂正 …………………… 235
仮装経理 ……………………………… 283
課徴金 …………………………… 210, 195
課徴金額の減算措置 ………………… 136
過年度損益訂正 ……………………… 2
ガバナンス・プロセス ……………… 80
株価 …………………………………… 45
株式の減損 …………………………… 242
株式報酬制度 ………………………… 46
株主資本等変動計算書 ………… 253, 254
株主総会 ……………………………… 152
　──の延期 ………………………… 153
　──の続行 ………………………… 153
監査・保証実務委員会研究報告第 25 号
　………………………………………… 107
監査・保証実務委員会報告第 82 号 … 249
監査意見 ………………………… 25, 208
監査基準委員会報告書 63 ………… 245
監査基準委員会報告書 240 …… 91, 235
監査基準委員会報告書 510 ………… 108
監査基準委員会報告書 540 ………… 94
監査基準委員会報告書 610 ………… 87
監査における不正リスク対応基準 …… 2
監査人の交代 …………………… 26, 107
監査報告書 …………………………… 25
監査役監査 …………………………… 86
監査役等 ……………………………… 60
監査リスク …………………………… 82
監督者の処分 ………………………… 179
関連当事者 ……………………… 39, 250
機会 …………………………… 36, 39, 42
企業会計基準第 12 号 ……………… 241

事項索引　315

企業会計基準第 24 号 …… 18, 142, 206, 235, 249, 252, 275
企業会計基準第 27 号 …………………… 242
企業会計基準適用指針第 14 号 ………… 252
企業会計基準適用指針第 24 号 …… 18, 236
企業等不祥事における第三者委員会ガイドライン ………………………… 112, 176
企業買収 ………………………………………… 77
企業風土 ………………………………………… 29
基準日 …………………………………………… 152
キャッシュ・フロー計算書 …………………… 48
供述証拠 ……………………………………… 118
業績管理 ………………………………… 30, 90
業績予想 …………………………… 17, 45, 46
業績連動報酬制度 ……………………………… 39
業務監査 ………………………………… 82, 86
業務プロセス …………………………… 33, 72
金融商品取引所による処分 ………………… 220
グループ・ガバナンス ………………………… 35
経営研究調査会研究報告第 51 号 ………… 100
経営戦略 ………………………………………… 59
経営方針 ………………………………………… 59
計算書類 ……………………………… 18, 143, 246
　　──の確定手続 ………………………… 145
刑事責任 ……………………………………… 201
継続会 ………………………………………… 153
決算短信等の訂正 …………………………… 167
決算の確定 …………………………………… 145
減額更正 ……………………………………… 282
原価計算 ………………………………………… 93
原価の付替え ………………………… 11, 91, 93
減給 …………………………………………… 172
権限と職責 ……………………………… 63, 72
けん責 ………………………………………… 172
降格 …………………………………………… 172
更正 …………………………………………… 279
　　──の期間制限 ……………………… 282
　　──の請求 …………………………… 280
　　──の申出 …………………………… 281
後任監査人 ……………………………………… 26
公表措置 ……………………………………… 222
広報対応 ……………………………………… 132
コーポレートガバナンス・コード ………… 60
子会社および関連会社 ………………………… 14
子会社に対する調査 ………………………… 122
固定資産の減損 ……………………………… 242
誤謬 ………………………………… 235, 253, 276
コンプライアンス違反 ………………………… 65

さ 行

在外子会社 ……………………………………… 14
在外支店 ………………………………………… 14
再決算 ………………………………………… 247
最終事業年度 ………………………………… 145
再発防止策 …………………………………… 169
財務諸表
　　──監査 ……………………………… 86
　　──の組替え ………………………… 237
　　──の訂正 …………………………… 141
財務制限条項 …………………………… 38, 250
財務デューデリジェンス ……………………… 77
財務報告に係る内部統制の評価及び監査に関する実施基準 ……………… 49, 51, 249
財務報告に係る内部統制の評価及び監査の基準 ………………………………………… 51
事業報告 ……………………………………… 255
時系列分析 ……………………………………… 47
自己正当化 ……………………………………… 31
資産の流用 …………………… 10, 12, 12, 28, 41
姿勢・正当化 …………………………… 36, 40, 42
自宅待機命令 ………………………………… 104
四半期財務諸表 ……………………………… 241
社外役員 ………………………………………… 60
修正再表示 ………………… 141, 237, 239, 253
修正申告 ……………………………………… 279
修正の経理 …………………………………… 285
集団訴訟 ……………………………………… 197
重要性の判断 ………………… 241, 246, 249
出勤停止 ……………………………………… 172
循環取引 ……………………………… 10, 48, 94
証券訴訟 ……………………………………… 196
証拠保全 ……………………………………… 103
上場会社における不祥事対応のプリンシプル→不祥事対応プリンシプル
上場契約違約金 ……………………………… 222
上場廃止 ……………………………… 27, 163, 226

――基準	250	――の不支給	176
承認特則規定	145	――の返還	177
消費税	290	棚卸資産	92
情報管理	104	嘆願	281
情報と伝達	51, 69	端緒	99
職務分掌	33, 63	地方税	296
初動対応	100	中間財務諸表	241
新規事業	73	注記	252, 253, 254
新興市場	7	懲戒解雇	172
人事ローテーション	33, 64	懲戒処分	120, 169, 170
人的資源	63	調査協力義務	120
趨勢分析	89	調査対象	109
ストック・オプション制度	45	調査報告書	28, 124
スルー取引	10	聴取メモ	118
税額控除	288	通報制度	31
税金費用	242	訂正の公告	165
制限付株式報酬制度（RS：Restricted Stock）	46	訂正報告書	256
税効果	243	適時開示	24, 46, 127
税効果会計に関するQ&A	243	――事由	167
責任減免	121	デューデリジェンス	77, 95
――措置	176	電子データの調査	117
セグメント損益	16	動機・プレッシャー	36, 38, 42
善管注意義務	193	当局に対する自主申告	136
先行売上計上	11	統制活動	51, 68
前任監査人	26, 108	統制環境	29, 51, 57
増額更正	279	特設注意市場銘柄指定	224
捜査・調査機関対応	134	特定適格消費者団体	197
遡及処理	236	特別調査委員会	112
遡及適用	237, 253	取締役会	60
即時還付	290	取引所の上場基準	38
組織			
――の慣行	61	**な 行**	
――の気風	57	内部監査	80
組織構造	61	――計画	84
組織風土	78	――の対象範囲	84
		内部監査基準	80
た 行		内部通報	
第三者委員会	112	――制度	70
――報告書	42	――窓口	31
第三者調査委員会	112	内部統制	
第三者に対する調査	122	――監査	274
退職金		――の基本的要素	51
		――のデザイン	55

──の評価範囲 …………………… 271
──の不備 ……………………… 267
内部統制報告書 …………… 20, 262
──の訂正 ……………………… 165
──の訂正事由 ………………… 262
内部統制報告制度 ……………… 262
内部統制報告制度に関するQ&A … 265
内部評価 ………………………… 88
二重処分禁止の原則 …………… 104
日本版司法取引 ………………… 134
任務懈怠責任 …………………… 193
ノンコア事業 …………………… 15

は 行

買収価格 ………………………… 77
ヒアリング ……………………… 118
ビジネスデューデリジェンス …… 77
非新興市場 ……………………… 7
非中核部門 …………………… 67, 83
1株当たり純資産（BPS：Book-value Per Share） …………………… 45
1株当たり純利益（EPS：Earnings Per Share） …………………………… 45
1株当たり配当金（DPS：Dividend Per Share） …………………………… 45
表示方法 ………………………… 237
表明保証 ………………………… 96
フォレンジック ………………… 117
不実開示責任 …………………… 183
不祥事対応プリンシプル … 112, 114, 130
不正 ……………………………… 235
──な財務報告 …………… 11, 28, 41
──の徴候 ……………………… 43
──のトライアングル ………… 36
──リスク ……………………… 82
──リスク要因 ………… 28, 36, 42

不適切会計の徴候 ……………… 98
不法行為責任 ……………… 185, 193
文書提出命令 …………………… 140
弁護士依頼者間秘匿特権 … 123, 119
報告セグメント ……………… 15, 44
法人税確定申告書 ……………… 276
法務デューデリジェンス ……… 77
法令違反 ………………………… 65
ポジション・ペーパー ………… 132

ま 行

モニタリング（監視活動） …… 31, 51
モラル・ハザード ……………… 169

や 行

役員
──等の責任 ………………… 190
──の任期 …………………… 156
有価証券報告書 ………………… 245
──等の虚偽記載罪 ………… 135
──等の提出期限の延長 …… 161
──等の訂正 ………………… 107
諭旨解雇 ………………………… 172

ら 行

リスク
──・アプローチ ………… 82, 87
──・マネジメント ………… 80
──の識別 …………………… 66
──の評価と対応 ………… 51, 66
──の分析 …………………… 66
──の分類 …………………… 66
リテンション・ノーティス …… 103
臨時株主総会 …………………… 157
類似不正行為 …………… 115, 121
連結計算書類 …………… 143, 146

編者・執筆者紹介

■編者
長島・大野・常松法律事務所
　長島・大野・常松法律事務所は、企業活動に伴って発生する法律問題全般にわたって、複数の弁護士が協力して最高の質を有する法的サービスを提供する日本有数の総合法律事務所です。東京、ニューヨークをはじめとする海外オフィスにおよそ400名の弁護士を配し、訴訟・仲裁といった紛争解決から金融、税務、事業再生やM&Aまであらゆるニーズに応え、効率的で質の高い法的サービスを提供しています。
● URL：http://www.noandt.com/index.html

■執筆者
杉本文秀（すぎもと・ふみひで）
　弁護士
　1985年　早稲田大学法学部卒業
　1993年　Columbia Law School 卒業（LL.M.）
　1993～1994年　Simpson Thacher & Bartlett LLP（New York）勤務
　1995年　S.G. Warburg Securities Ltd（現・UBS）（東京）勤務

荒井紀充（あらい・のりみつ）
　弁護士
　1993年　早稲田大学法学部卒業
　2001年　University of Washington School of Law 卒業（LL.M.）
　1999～2000年　通商産業省（現・経済産業省）産業政策局産業組織課勤務
　2001～2002年　Steinhart & Falconer（現・DLA Piper US LLP）（San Francisco）勤務

垰　尚義（たお・たかよし）
　弁護士
　1992年　慶應義塾大学法学部法律学科卒業
　1995～2000年　検事
　2004年　Duke University School of Law 卒業（LL.M.）

2004〜2006 年　Schiff Hardin LLP（New York）勤務
2007〜2008 年　金融庁・証券取引等監視委員会事務局市場分析審査課課長補佐

伊藤昌夫（いとう・まさお）

弁護士

1992 年　慶応義塾大学経済学部卒業
1991〜1997 年　太田昭和監査法人（現・新日本有限責任監査法人）勤務
2008 年　USC Gould School of Law 卒業（LL.M.）
2009〜2010 年　株式会社東京証券取引所上場部勤務

入谷　淳（いりたに・あつし）

弁護士

1988 年　京都大学法学部卒業
1992〜1996 年　井上斎藤英和監査法人（現・あずさ監査法人）勤務
1998〜2002 年　地方検察庁検事（横浜、福島、東京）
2002〜2004 年　国連ウィーン事務局犯罪防止センター勤務
2004〜2005 年　法務省刑事局付
2005〜2007 年 7 月　東京地方検察庁特別捜査部検事
2009〜2012 年　東京国税局調査第一部勤務（国際調査課、調査審理課）

木内　敬（きうち・たかし）

弁護士

1993 年　京都大学理学部数学科卒業
1995 年　京都大学大学院理学研究科修士課程修了（理学修士）
1998 年　京都大学大学院理学研究科博士課程単位認定退学
1998〜2004 年　あずさ監査法人勤務
2011〜2013 年　金融庁検査局勤務

深水大輔（ふかみず・だいすけ）

弁護士

2005 年　東京都立大学（現・首都大学東京）法学部卒業
2007 年　東京大学大学院法学政治学研究科修了
2015 年　The Dickson Poon School of Law, King's College London 卒業（LL.

M.)
>2015～2016 年　Kirkland & Ellis LLP（Chicago）勤務

澤田裕生（さわだ・ゆうき）
>弁護士
>2009 年　慶應義塾大学法学部法律学科卒業
>2012 年　早稲田大学大学院法務研究科修了

山口茉莉子（やまぐち・まりこ）
>弁護士
>2009 年　東京大学経済学部経済学科卒業
>2012 年　早稲田大学大学院法務研究科修了

脇谷太智（わきや・たいち）
>弁護士
>2010 年　東京大学法学部卒業
>2012 年　東京大学大学院法学政治学研究科修了

渡辺　翼（わたなべ・つばさ）
>弁護士
>2013 年　慶應義塾大学法学部法律学科卒業

湯浅　諭（ゆあさ・ゆう）
>弁護士
>2011 年　慶應義塾大学法学部法律学科中退（3 年次修了後法科大学院へ進学）
>2014 年　東京大学大学院法学政治学研究科修了

■編者
有限責任 あずさ監査法人
　有限責任 あずさ監査法人は、全国主要都市に約6,000名の人員を擁し、監査や各種証明業務をはじめ、株式上場支援、財務関連アドバイザリーサービス等を提供しています。また、金融、情報・通信・メディア、製造、官公庁等、業界特有のニーズに対応した専門性の高いサービスを提供する体制を有するとともに、4大国際会計事務所の1つであるKPMGインターナショナルのメンバーファームとして、152か国に拡がるネットワークを通じ、グローバルな視点からクライアントを支援しています。
● URL：https://home.kpmg.com/jp/ja/home/about/azsa.html

■執筆者
田中弘隆（たなか・ひろたか）
　公認会計士　監査プラクティス部長
　1994年　慶應義塾大学経済学部卒業
　1994年　中央新光監査法人入社
　2007年　あずさ監査法人入社、現在に至る

波多野直子（はたの・なおこ）
　公認会計士
　1993年　一橋大学経済学部卒業
　同年　井上斎藤英和（現・あずさ監査法人）入社、現在に至る

吉形圭右（よしかた・けいすけ）
　公認会計士
　1994年　大阪工業大学工学部卒業
　1996年　朝日監査法人（現・あずさ監査法人）入社、現在に至る

田中淳一（たなか・じゅんいち）
　公認会計士
　1996年　中央大学商学部卒業
　同年　朝日監査法人（現・あずさ監査法人）入社、現在に至る

紀平聡志（きひら・さとし）
 公認会計士
 1998 年　同志社大学商学部卒業
 同年　朝日監査法人（現・あずさ監査法人）入社、現在に至る

深見英二（ふかみ・えいじ）
 公認会計士
 2000 年　京都大学経済学部卒業
 2003 年　朝日監査法人（現・あずさ監査法人）入社
 2015 年　日本取引所自主規制法人出向
 2017 年　あずさ監査法人帰任、現在に至る

坂本幸寛（さかもと・ゆきひろ）
 公認会計士
 2004 年　あずさ監査法人入社、現在に至る
 2015〜2017 年　法務省民事局調査員（非常勤）

今井尚子（いまい・なおこ）
 公認会計士
 2000 年　金沢大学経済学部卒業
 2005 年　あずさ監査法人入社、現在に至る

森　博一（もり・ひろかず）
 公認会計士
 1994 年　大阪大学法学部卒業
 同年　第一勧業銀行（現・みずほ銀行）入社
 2008 年　あずさ監査法人入社、現在に至る

■編者

KPMG 税理士法人

　KPMG 税理士法人は、東京、大阪、名古屋を主な拠点に約 700 名の人員を擁する国内最大級の税理士法人です。多様化するクライアントのビジネスニーズに柔軟に対応するため、通常の税務コンプライアンス業務、アドバイザリー業務に加え、M&A、企業組織再編、事業再生、不動産流動化、グローバル租税戦略、移転価格等それぞれの分野に精通した専門家チームを編成しており、各分野での豊富な知識と経験をもとに税の観点から企業経営におけるさまざまな局面において、包括的なサービスを提供しています。

● URL：https://home.kpmg.com/jp/ja/home/about/tax.html

■執筆者

大和田智（おおわだ・さとし）
　税理士
　1997 年　法政大学経済学部卒業
　1998 年　KPMG ピートマーウィック（現・KPMG 税理士法人）入社、現在に至る

澤田正行（さわだ・まさゆき）
　税理士
　2003 年　明治大学政治経済学部卒業
　2004 年　KPMG 税理士法人入社、現在に至る

（執筆協力）
株式会社 KPMG FAS フォレンジック部門
　KPMG FAS フォレンジック部門は、企業等における不正・不祥事に関する専門的知識と豊富な経験を有し、平時における不正防止体制構築支援から有事の不正調査、E ディスカバリを含めた国内外の訴訟サポート、さらにはサイバーセキュリティにおけるインシデント対応支援等を専門に行うプロフェッショナル集団です。
● URL：https://home.kpmg.com/jp/ja/home/services/advisory/risk-consulting/investigation-prevention-fraud.html

不適切会計対応の実務
―― 予防・発見・事後対応

2018年3月20日　初版第1刷発行

編　者	長島・大野・常松法律事務所 有限責任 あずさ監査法人 KPMG税理士法人
発行者	塚　原　秀　夫
発行所	株式会社　商　事　法　務 〒103-0025　東京都中央区日本橋茅場町 3-9-10 TEL 03-5614-5643・FAX 03-3664-8844〔営業部〕 TEL 03-5614-5649〔書籍出版部〕 https://www.shojihomu.co.jp/

落丁・乱丁本はお取り替えいたします。　　　印刷／広研印刷㈱
© 2018 長島・大野・常松法律事務所 et al.　　Printed in Japan
Shojihomu Co., Ltd.
ISBN978-4-7857-2599-0
＊定価はカバーに表示してあります。

[JCOPY] <出版者著作権管理機構　委託出版物>
本書の無断複製は著作権法上での例外を除き禁じられています。
複製される場合は、そのつど事前に、出版者著作権管理機構
（電話 03-3513-6969、FAX 03-3513-6979、e-mail: info@jcopy.or.jp）
の許諾を得てください。